全国中等职业技术学校汽车维修专业教材

汽车故障诊断

人力资源和社会保障部教材办公室组织编写

中国劳动社会保障出版社

简介

本书的主要内容包括：故障诊断基本知识、发动机故障诊断、底盘故障诊断、电气设备故障诊断等，通过典型案例使学生掌握汽车故障诊断的一般方法，了解常见故障及其解决方法，为学生后续工作奠定扎实的基础。

本书由王来立主编，王永副主编，赵莉莉、隋大海、矫龙、李红、孙萍、王丽丽、王爱荣、柳晓霞参加编写；祖国海主审，张斌参加审稿。

图书在版编目(CIP)数据

汽车故障诊断/王来立主编. —北京：中国劳动社会保障出版社，2010
全国中等职业技术学校汽车维修专业教材
ISBN 978-7-5045-8421-2

Ⅰ.①汽… Ⅱ.①王… Ⅲ.①汽车-故障诊断-专业-学校-教材 Ⅳ.①U472.42

中国版本图书馆 CIP 数据核字(2010)第 132898 号

中国劳动社会保障出版社出版发行
（北京市惠新东街 1 号 邮政编码：100029）
出 版 人：张梦欣
*
北京市科星印刷有限责任公司印刷装订 新华书店经销
787 毫米 ×1092 毫米 16 开本 10.75 印张 253 千字
2010 年 7 月第 1 版 2024 年 12 月第 15 次印刷
定价：19.00 元

营销中心电话：400-606-6496
出版社网址：http://www.class.com.cn
http://jg.class.com.cn

前　言

随着汽车的逐步普及和交通运输业的发展，汽车保有量大幅增加，社会对汽车维修专业技能人才的需求日益增大，对其知识和能力的要求也在不断提高，这就对相应的职业教育和培训提出了更高、更新的要求。为了更好地满足社会对汽车维修专业技能人才的需求，满足中等职业技术学校汽车维修专业的教学需要，我们在广泛调研的基础上，组织行业专家、职业教育研究人员、学校一线骨干教师共同开发了本套全国中等职业技术学校汽车维修专业教材。

本套教材包括：《汽车文化》《汽车结构》《汽车识图》《机械常识与维修基础》《钳工与焊工基本技能》《汽车电路知识与基本操作技能》《汽车发动机构造与维修》《汽车电控发动机构造与维修》《汽车发动机拆装与维修实训》《汽车底盘构造与维修》《汽车底盘拆装与维修实训》《汽车底盘与车身电控技术》《汽车电气设备构造与维修》《汽车电气设备拆装与维修实训》《汽车自动变速器构造与维修》《汽车维护实训》《汽车故障诊断》等。

本套教材具有以下特色：

第一，以相关国家职业标准为依据，结合企业的用工要求，科学定位教材内容，体现汽车维修的技术发展和时代特征。

第二，综合考虑专业能力培养和教学操作性。本套教材采用模块化的教学设置，分为基础、发动机、底盘、电气、维护和选修6大模块。在车型选择上，尽量选用具有代表性的常见车型，增强教学的适用性。

第三，注重综合职业能力的培养。一方面选取了大量来源于企业和工厂的实际案例，营造真实的工作情景；另一方面设置了较大篇幅的实训内容，针对发动机、底盘、电气、维护还开发了相应的实训教材，培养学生扎实的汽车维修技能。

第四，教材编写采取新的模式，注重激发学生的学习兴趣，引导学生自主学习。教材编写中制作和拍摄了大量高质量的图片，避免大段文字的罗列，实训教材采用图表化的编写体例，符合学生的认知规律。

第五，本套教材配套开发了完善的教辅资源，包括习题册、教学参考书、多媒体教学课件等。

本套教材的编写得到了广东、广西、山东、山西、江苏、河北、陕西、四川、内蒙古等省（自治区）人力资源和社会保障部门，以及众多职业技术学校的支持和帮助，对此我们表示衷心的感谢。

人力资源和社会保障部教材办公室
2010 年 7 月

目　录

模块一　汽车故障诊断基本知识

单元1　汽车故障诊断概述

学习目标：

1. 了解汽车故障的分类、成因、症状等知识。

2. 熟悉汽车故障诊断步骤和原则。

一、汽车故障诊断相关知识

汽车是一个复杂的技术系统，由许多总成、机构有序构成。在使用过程中，由于某一种或几种原因的影响，汽车的动力性、经济性、安全性和可靠性将会逐渐或急剧下降，排放污染性也会恶化。随着故障率的增加，不仅影响到汽车的运行安全、运输成本和运输效率，还直接影响到汽车的使用寿命。因此，研究汽车故障的变化规律，探讨汽车故障诊断技术，及时而准确地判断出故障部位和原因并加以排除，就成为汽车运用技术的一项重要内容。

1. 汽车故障

汽车故障是指汽车部分或完全丧失工作能力的现象，本质上是汽车零件本身或零件之间的配合状态发生了异常变化。

汽车的工作能力是汽车在技术状况良好的情况下，在动力性、经济性、安全环保和可靠性能等方面的总称。

常见汽车故障的分类如下：

(1) 局部故障和完全故障

这是按照丧失工作能力的程度进行划分的。局部故障是指汽车部分丧失了工作能力，降低了使用性能的故障。完全故障是指汽车完全丧失工作能力，不能行驶的故障。

(2) 一般故障、严重故障和致命故障

这是按照故障产生的后果的严重程度进行划分的。一般故障是指在汽车运行中可能排除或不能排除的局部故障，对行车的影响不大。严重故障是指在汽车运行中无法排除的完全故障，可导致汽车停驶或使故障进一步发展。致命故障是指能够导致汽车产生严重损坏的故障。

2. 汽车故障的成因

汽车故障的形成，主要有自然因素和人为因素。

(1) 自然因素

汽车在正常的使用和维护下，由于不可抗拒的原因而形成的故障，属于自然因素引发的。这是因为汽车在使用过程中，不可避免地会在零件或零件之间产生自然磨损；在载荷以及温度残余内应力的作用下，零件会产生变形；长期在交变载荷作用下，零件会产生疲劳；

另外，无论是金属或者电子器件都会老化。以上这些因素，都会引起故障。

(2) 人为因素

由于人为的不慎而引起的汽车故障，属于人为因素产生的故障。这些不慎的因素体现在汽车设计、制造、使用和维护过程中，具体如下：

1）设计制造上的因素。尽管车辆设计者考虑得非常周到细致，在汽车设计中，仍然难以避免出现薄弱环节和不足之处。例如，发动机水套内的冷却液流向欠合理而影响散热，导致个别气缸磨损严重；因总体布置不合理或其他原因导致制动侧滑。

2）维护维修影响的因素。汽车在使用过程中，不可避免地要进行维护和维修。随着中国汽车保有量的急剧增长，维修配件的需求量也大幅度增加。由于一些假冒伪劣配件的出现，从而引发了各种各样的故障。例如，同一台发动机的各燃烧室容积不等，导致发动机工作不稳、动力不足或爆震；凸轮轴正时齿轮的键槽位置超差，破坏了正常的配气相位，降低了发动机的动力性；空气滤清器的质量差，会引起进气量少或过滤效果差，造成动力不足或过度磨损。维护维修者质量意识差，工作间环境卫生差，都会埋下隐患，从而产生故障。

3）燃油、机油选用因素。根据车型选用符合规定的燃油和机油，是保证汽车可靠使用的必要条件。例如，规定使用93号汽油的车辆，若使用了90号的汽油，发动机会出现动力不足、爆震、冲坏气缸垫或烧损活塞顶；柴油机冬天选用高凝固点的柴油，会造成不易启动或不能启动故障；若机油牌号选用不对，会造成冬天黏度过大，阻力增加。

4）使用因素。车辆使用者对汽车知识了解的多少以及责任意识的高低，会对汽车的技术状况造成截然不同的结果。例如，使用带有涡轮增压的发动机，若启动以后，马上高速运行发动机，或高速运行以后立刻熄火，都会影响涡轮增压器的寿命；有的人开车，总习惯于把脚放在离合器踏板上，这样不但加速了离合器片的磨损，还影响了车辆的动力性能。

5）管理方面的问题。由于使用单位和个人不了解或不严格执行车辆技术管理规定，导致车辆使用不合理，维护不及时，修理跟不上，从而导致人为故障不断。在汽车使用过程中，不重视日常维护，不执行出车前、行驶中、收车后的“三检”工作，不定期进行“三清”工作，都会使车辆的故障频率增加，不但影响了车辆的寿命，而且还危及行车安全。

3. 汽车故障的症状

(1) 异响

异响是指汽车总成或零部件在工作过程中产生的超出正常技术状况以外的不正常的响声。有些故障，往往可以引起汽车发动机或底盘部分的不正常响声，这种故障症状明显，一般可以及时发现。应当指出的是，有些声响异常的故障可能酿成机件事故，故必须认真对待。经验表明，凡声响沉重并伴有明显振抖的现象，多数是恶性故障，应立即停车并查明原因。一般的声响常因成因不同而带有不同的特征，在判断时应当仔细查听，正确分辨。

(2) 异味

汽车在运行中，如有制动拖滞或离合器打滑等故障，则会散发出摩擦片的焦臭味；发动机过热或润滑油、制动液（带有真空增压器的液压制动系）燃烧时，会散发出一种特殊气味；电路短路、搭铁导致导线烧毁时，也会产生异味。行车中一经发觉车内有特殊气味，应立即停车并查明故障的位置。

(3) 泄漏

泄漏是指汽车上有密封要求的部位漏气、漏液量超过规定量的现象。通常指汽车的燃油、机油、冷却液、制动液（或压缩空气）以及动力转向系油液的渗漏现象。这也是一种明显可察的故障症状。渗漏易造成过热、烧损及转向、制动失灵等故障，一旦发现应及时排除。

（4）过热

过热是指汽车总成或零部件工作时，温度超过技术文件规定的现象。过热现象通常表现在发动机、变速器、驱动桥和制动器等总成上。在正常情况下，无论汽车工作多长时间，这些总成均应保持一定的工作温度。除发动机外，若手触时感到烫疼难忍，即表明该处过热。发动机过热说明冷却系存在故障，如不及时排除，会引起爆震、早燃、行驶无力，甚至造成拉缸、活塞等部件的烧熔事故。驱动桥过热通常是由装配不良或缺少润滑油等故障所致，如不及时排除，将引起齿轮及轴承等零件烧损。因此，对过热症状不可掉以轻心。

（5）失控

失控是指汽车总成或零部件工作时出现操纵失灵、无法控制的现象。

（6）乏力

乏力是指汽车运行过程中，动力明显不足、加速迟缓的现象。

（7）费油

费油是指汽车燃油、润滑油消耗量超过技术文件规定的现象。燃油、润滑油消耗异常，也是一种故障症状。燃油消耗增多，一般为发动机工作不良或底盘（传动系、制动系）调整不当所致。润滑油的消耗过甚，除了渗漏原因之外，常常体现在发动机上，这时常常伴有加机油口处大量“冒气烟”，排气烟色不正常等现象，其原因主要是活塞与气缸壁的配合间隙过大或活塞与气缸壁有严重损伤。若发动机在工作中，润滑油的消耗量有增无减，可能是润滑系统中掺入冷却液或汽油。因此，燃油、机油消耗异常是发动机存在故障的一个重要标志。

（8）振动

振动是指汽车工作中产生不正常的自身抖动的现象。汽车或总成工作时，可能出现操纵困难或失灵，有时可能出现自身振抖。例如，由于前轮定位不正确而出现前轮振摆或跑偏；由于曲轴或传动轴动不平衡而相应使发动机或传动系统在运转中产生振抖等。

（9）污染

污染是指汽车工作过程中产生的有害排放物和噪声超过技术文件规定的现象。

（10）工况突变

工况突变是指汽车的工作状况突然出现不正常现象，这是比较常见的故障症状。例如，发动机突然熄火后再发动困难，甚至不能发动；发动机在行驶中动力突然降低，使汽车行驶无力；汽车在行驶中突然制动失灵或跑偏等。这种故障虽然症状容易察觉，但其成因复杂，而且往往是由渐变到突变，因此在诊断时，必须认真调查分析突变前有无可疑症状，去伪存真，判明故障的位置。

（11）排烟颜色不正常

发动机在工作过程中，正常的燃烧生成物的主要成分应当是二氧化碳和少量的水蒸气。如果发动机燃烧不正常，废气中会掺有未燃烧完全的碳粒、碳化氢、一氧化碳及氮氧化物等。对于汽油机而言，正常的废气应无明显的烟雾。但是，气缸上机油时，废气呈蓝色；燃烧不完全时，废气呈黑色；油中掺水时，废气呈白色。柴油发动机的排气颜色不正常时，通常是喷油正时发生了偏移，伴随发动机无力或不易发动的现象。

（12）汽车外观异常

将汽车停放在平坦场地上，检查其外形状况，如有横向或纵向歪斜等现象，即为外观异常，其原因多数是车架、车身、悬挂、轮胎等出现异常。汽车外观异常会引起方向不稳，行驶跑偏，重心转移，车轮吃胎等故障。

二、汽车故障诊断步骤和原则

1. 汽车故障诊断

汽车故障诊断是在整车不解体的情况下，利用现代检测手段，运用汽车理论知识和经验加以分析，以便确定汽车故障的原因和故障部位，从而确定汽车的技术状况，是一门重要的汽车应用技术。

汽车故障诊断过程，需要通过检查、检测、分析、判断等一系列方法步骤后才能完成，其基本方法主要有两种：直观诊断法和仪器设备诊断法。

（1）直观诊断法

这种方法又称为人工经验诊断法，是指诊断人员凭借丰富的实践经验和一定的理论知识，通过询问，借助简单的工具，采取眼看、耳听、手摸等方法手段，进行检查、分析、试验，查明故障原因和故障部位，以便确定汽车技术状况的诊断方法。如图 1—1 所示。

图 1—1　直观诊断法

（2）仪器设备诊断法

仪器设备诊断法是在直观诊断法的基础上，借助于现代仪器设备而发展起来的一种故障诊断方法。它是指在不解体的情况下，利用检测仪器、设备和工具，检测整车、总成或相关的参数、曲线以及波形，为分析、判断汽车技术状况提供定量依据的诊断方法。如图 1—2 所示。

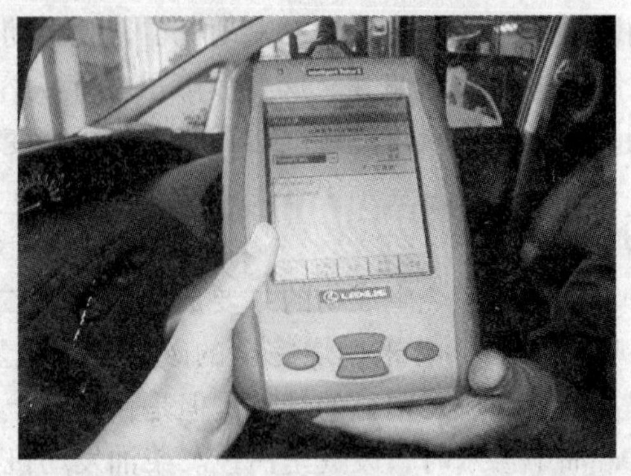

图 1—2　仪器设备诊断法

在生产实践中，上述两种方法经常同时使用，没有严格的界限，故又称为综合诊断法。

2. 汽车故障诊断步骤

（1）读取故障码。查阅该车型故障码表，掌握故障码的确切含义，确定故障的产生部位。

（2）如无故障码输出（显示正常码），可以利用故障诊断仪读取相应的数据流和波形图线以及废气分析仪得来的参数，再根据掌握的该车型的相关资料、故障现象，用排除法逐一排除故障部位，最后找出故障。

（3）根据以上线索，查找故障源。对已确诊的故障进行调整测试、维修；排除故障后，清除故障码，并试车验证故障是否排除。

3. 汽车故障诊断原则

（1）先思后行

先对汽车的故障现象进行综合分析，在初步了解故障原因的基础上，再进行故障检查，以避免故障诊断的盲目性。

（2）先外后内

汽车出现故障时，先对能够看到的可疑部位予以检查，然后视情况再对系统内的可能故障部位进行检查。

（3）先简后繁

直观检查最为简单，可以用看、摸、听等直观检查将一些较直观的故障迅速地找出来。

看：用眼睛观察，看线路是否松脱，断裂；油路是否漏油；进气管路是否破损漏气等。

摸：用手摸一摸可疑线路插接器连接是否松动；摸一摸火花塞的温度，喷油器的振动来判断其是否工作；摸一摸线路连接处是否有不正常的高温以判断该处是否接触不良等。

听：用耳朵或借助于螺丝刀、听诊器等听是否有漏气声、发动机是否有异响，喷油器是否有有规律的“喀喀”声等，直观检查未找出故障，需借助于仪器仪表或其他专用工具来进行检查时，也应对较易检查的、能够就车检查的项目先进行。

（4）先熟后生

对常见的故障部位先检查。汽车某一故障现象可能是以某一个总成或部件的故障最为常见，先对熟悉的部件进行检查，往往可以迅速找到故障，省时省力。

（5）代码优先

一些电控系统有故障自诊断功能，如果出现“检测发动机”等警告灯报警，则表明故障自诊断系统已诊断出故障，并以代码储存，只要用故障诊断仪将故障码读出来，查找其含义，即可进行故障排除。

（6）积累资料

积累资料是指在检修该车型前，应准备好与该车型有关的检修数据，维修后进行记录。

单元2　维修工作的安全知识

学习目标：

1. 掌握工作环境、个人安全防护、维修工作中的安全知识和规则。
2. 了解维修工具设备的安全使用。

3. 了解汽车危险性废料处理的方法。

在汽车维修厂（场）内有许多机械设备和危险性的物品，如果在汽车维修过程中操作、程序不当，对人身和车辆以及设备都会造成严重伤害和损坏，所以要严格遵守汽车维修安全规则，并掌握一定的应急常识。

安全生产工作是指在生产过程中保障人身和设备安全的过程。人身安全是消除危害人身安全健康的一切不利因素，保障员工的安全和健康；设备安全是消除损坏设备、产品和其他财产的一切危险因素，保证生产顺利进行。

一、汽车维修工作安全

1. 工作环境的安全

整洁的工作场所和有条理的生产组织对安全很重要。可以想象油水和零件满地、电缆管道交错混乱、光线不足、空气不流通的场所必然隐藏着很多不安全的隐患，一旦发生意外就会造成巨大损失。对维修车间的一般要求是：

（1）维修企业建筑布局和结构应当合理，维修工位和车辆通道有合理的搭配，使维修车辆进出方便；配有完善的消防设施、消防安全通道和应急逃生通道。

（2）每个维修工位要有足够的面积和高度，一般轿车维修工位的面积不小于4 m×7 m，高度不小于4 m。机修车间应配备专用汽车尾气排放设备，喷漆车间应当配有专用的通风装置，以保证通风良好。

（3）维修车间的地面应当采用水泥或水磨石，不要采用光滑的瓷砖地面。采光应当良好，灯光应当齐全，并达到一定的亮度，避免出现死角。维修车间应当有合理的供排水系统。

（4）维修车间应有车辆的专用通道、车辆的移动路线，并设置必要的限速牌、转弯处的反光镜等交通设施。维修车间的车辆通道上不要停放车辆，不要摆放任何物品。

（5）电力配置合理，插座布局满足要求，配有漏电保护器。

2. 个人安全防护

维修人员应当严格遵守相关安全操作规程，防止发生安全事故。具体的安全要求是：

（1）维修企业应当教育和督促全体人员严格执行本单位的安全生产规章制度和安全操作规程，依法为从业人员办理工伤保险。

（2）维修企业的特种作业人员，必须按国家有关规定经专门的安全作业培训，取得特种作业资格证书，方可上岗作业。在工作场所进行工作时，应当穿戴防护用品，包括：护目镜、工作帽、手套、工作鞋和合身的工作服等。

（3）维修人员应当接受安全生产教育和培训，掌握安全生产知识，提高安全意识，增强事故预防和应急处理能力。

（4）维修人员应了解作业场所和工作岗位存在的危险因素、防范措施以及事故应急措施，及时对维修企业的安全生产工作提出建议。维修作业时，应当严格遵守本企业的安全生产规章制度和操作规程，服从管理，正确使用劳动防护用品。

（5）维修人员发现事故隐患或不安全因素，应当及时向现场管理人员汇报，接到报告的人员应当及时处理。企业管理人员不得违章指挥，不能违反安全生产法律、法规，侵犯维修人员合法利益。

（6）搬运重物时要量力而行，确认抓牢物体后贴身用脚力抬升，搬运途中不要扭腰变向，必要时可整个身躯转向。放下重物时要保持物体贴身，挺背弯膝放下，切勿朝前弯腰，扭身放下。利用机械搬运重物时，应当注意机械的承载能力、机械和重物的平衡与稳定。

3．维修操作过程中的安全

（1）维修手册中规定的安全注意事项和操作规程，要求维修人员都要熟知并严格遵守。

（2）当进行车辆检修时，要拔下点火钥匙，防止他人启动车辆。

（3）检修电喷发动机的燃油系统时，必须先对油路进行泄压处理，以防汽油泄漏飞溅到漏电的高压线或高温物体上，引起燃烧。检修安全气囊时必须断开蓄电池负极线，拆装安全气囊时必须轻拿轻放。对车身进行电焊作业时，应当断开蓄电池负极，以防损坏车用计算机。

（4）维修运转状态的发动机时，应注意防止风扇叶片打伤或高温件烫伤人体。发动机水温很高时，不能用手直接打开散热器盖，以防有压力的高温液体烫伤人员。

（5）发动机启动前应检查机油、冷却液是否符合要求；变速杆是否在空挡位置；拉紧手制动。在室内启动应打开门窗，使空气畅通。启动后，应注意各仪表工作情况是否正常，以免发生机械事故。当柴油机调速器失灵时，应立即切断油路或气路，以免发生“飞车”事故。试验发动机时，不得在车下作业。

（6）制动系统放气时，应当在放气螺栓上接上专用的储液瓶，以防制动液飞溅损伤眼睛或飞溅到轮胎、油漆上而造成损失。制动系统维修后应进行制动系统放气或踩几脚制动踏板，当制动踏板合适时，方可挂挡行驶。

（7）检修汽车电路时，不可乱拉电线。对于经常烧断熔丝的故障，应当查明故障原因，不可换上大容量的熔丝或用铜丝代替熔丝。

（8）在车下工作时，须确保汽车支承可靠，严禁用硬滑、易碎物支撑汽车。若车上车下的人同时工作，上下人员应当相互照应，以防车上掉落物体或操作时伤及他人。在拆装笨重总成部件时应当使用托架托稳，操作中绝不能用手指试探螺孔、销孔，以防发生擦伤或轧断手指的意外。不要直接躺在地上，应尽量使用卧板。有条件时，采用地沟或汽车举升器。

（9）在烤漆房烤漆时，汽车的烤漆时间一般是 30 ~ 40 min，温度一般是 60 ~ 70℃，防止时间过长或温度过高引起车用计算机损坏或线路老化。

（10）修理油箱需要放油时，周围应严禁烟火，并停止电焊作业。

（11）在装配总成时，要采用正确的操作方法，以免受伤，甚至发生重大伤亡事故。

（12）在运转零件旁边工作时，要始终注意与运转件的安全工作距离，特别是在电动冷却风扇旁边操作更要格外当心，以防风扇突然转动。修理用的擦布、工具等物体不能放在运转件的旁边，以防物件滑落到运转件中发生危险。

（13）拆卸高温高压状态下的零部件，先要进行降温降压，以防高温烫伤或高压喷射伤人。操作时带有易燃、化学有毒等危险物品，如汽油、清洗剂、香蕉水、乙炔、电解液、防冻液、制动液、空调制冷剂、安全气囊等，应特别小心，严格遵守有关操作规定。

4．汽车路试安全规则

（1）路试必须由安全意识和驾驶技术好的正式驾驶员担任，不允许未经批准的人员随意移动车辆或试车。

（2）试车前，应检查制动、转向是否齐全有效；风扇叶片、发动机罩未装固可靠，不准进行试车。

(3) 仪表和各部件装配不符合要求或工作不正常，应排除后方可试车。

(4) 路试车辆必须有明显的试车标牌。密切注意交通情况，尤其是在测试制动效果时，务必注意车后方情况，并在允许试车的路段上进行。

(5) 行驶一段路程后，应停车检查车况，当发现有不正常的情况时，应修复后再继续试车。路试过程中，要密切注意冷却液温度、机油压力等信息，发现异常，立即停车检查排除。

二、维修工具设备的安全使用

汽车维修工终日与工具、设备打交道，许多工伤事故是因为对工具设备使用不当、维护不善和使用粗心大意而引起的。因此，必须引起足够的重视，才能防止发生安全事故。

1. 一般维修工具的安全规则

(1) 作业中应使用大小合适的扳手。使用时，应对扳手施加垂直的、均匀的拉力。若必须推扳手，则用手掌根部，不要用手指抓住扳手。不要用管子来加长扳手使用，在过大的作用力下，扳手或螺栓会打滑或断裂。不要把扳手当锤子使用。扭力扳手只用于拧紧有力矩要求的螺栓或螺母，不应把它当做一般的扳手来使用。

(2) 一字或十字旋具只能用来拧螺钉，切勿当做冲子或撬棍使用。确保旋具的刀刃完全固定到螺钉槽中。不正确的配合可能损坏螺钉槽和旋具刀刃。保持旋具刀刃垂直于螺钉槽，使滑移量减至最少。

(3) 鲤鱼钳有固定、夹紧、挤压和剪切作用，但不能用于转动。不要用鲤鱼钳代替扳手，因鲤鱼钳会打滑而损坏螺栓头或螺母。

(4) 当使用切削工具时，一定要使金属屑朝飞离身体的方向飞出，使双手以及手指处在刀口的后边。手柄应清洁、干燥及确保牢固地握住。

(5) 动力、手动或冲击工具的套筒不应互换使用，否则会导致损坏或伤害。

(6) 切勿用锤敲击锉刀或把锉刀当做撬棍使用。使用锉刀时，锉削行程总是朝向远离自己的方向并用锉刷刷净锉刀。

(7) 使用敲击工具时，要戴合适的眼睛保护装置。应用软锤敲击坚硬表面。切勿用一手锤敲打另一手锤，否则手锤将会损坏，飞出的碎片可能引起伤人事故。

(8) 切勿把尖的或削尖的工具放在衣袋里。

2. 维修设备的安全要求

(1) 维修企业必须对安全设备进行经常性的维护，并定期检测，保证设备正常运行。选购设备时应考虑有自动安全控制保护装置，如汽车举升机的自锁防坠落装置。维修车间的设备应当布置有序，各设备使用时不得有干涉现象。设备的总用电量应小于维修车间设计用电容量，以防发生火灾。

(2) 对设备的操作不了解或未经正确使用培训，切勿操作动力设备。开动设备前，应确信没有别的物件会碰到设备的运转部件。

(3) 操作机器设备时要全神贯注，不要环顾四周或与人交谈。操作某些设备时，应按规定佩戴安全眼镜、手套、面罩等保护用品。如在砂轮机修磨机件时必须戴安全眼镜。

(4) 随车千斤顶和移动式举升器常用来做汽车的局部举升。使用前要检查千斤顶、举升器有无损坏，确保完好方可使用。举升前要用楔块在不举升车轮的前后部，将车轮楔住，防止车辆前后移动。车辆举升后用安全支架支撑好方可工作，绝不能仅用千斤顶做支撑。

（5）使用举升机进行维修作业时，务必严格遵守举升汽车安全操作规则。要确定正确的支撑位置；举升到适合的高度后，必须锁止；降落前，必须确认车下无人，地面上无杂物；切勿超载；每天检查举升机的机械、液压、电气装置和部件，特别是举升机的锁定机构。

3．安全用电和防火安全常识

（1）安全用电常识

现代汽车修理广泛采用电动工具和电气设备。如果没有安全用电常识，不遵守电器用电安全规定就很容易发生触电事故，严重时可导致人员伤亡。因此，任何人都不可忽视用电安全问题。怎样安全使用电动工具和设备，每个汽车修理企业都有规定。除遵守企业规定外，还要注意以下几点：

1）使用电动工具设备前要核对电动工具的使用电压与电源电压是否相符。使用电动工具设备时发现异常，应由专业电工检修，切不可擅自修理或勉强使用。

2）汽车修理的局部近距离照明和可移动照明只能采用电源为 36 V 及以下的安全电压。

3）各种电动设备，尤其是移动式电动设备，应建立经常的、定期的检查制度。如发现设备有故障或与有关规定不符时，应及时加以处理。

4）严禁使用导线头上不带插头的灯具和电气设备。湿手赤脚时不准接触电器开关及其他电气设备。

5）未经过专门训练取得上岗证者，不准进行交流电工、焊工工作。

6）使用移动式电动工具和气动工具，必须熟悉其安全操作规程，将工具移动到工作地点后，才能接电使用。工作完毕后，应先将电源开关切断（关闭），再用手把插头拔下。

7）全部电动工具，都必须有接地措施。动力工具设备正在运转或电源接通时，切勿试图调整、上油或清洁等。在机器完全停转以后，方可离开现场。不用动力工具设备时，应拔出电源插头，并把所有设备放到适当位置。

（2）防火安全常识

火灾具有很大的破坏作用，一旦起火，会在很短的时间内烧毁大量的物资和建筑物，还可能会造成人员伤亡。为了防患于未然，汽车维修人员应该掌握必要的用火防火安全知识。

燃烧的三个条件是：有可燃物，有氧气，有一定的温度。

防火就是排除着火的条件。只要加强对易燃易爆物品和各种火源的管理，严格遵守有关防火的规章制度和操作规程就能有效防止火灾的发生。当不幸发生火灾时，在确保安全的前提下，应迅速组织进行扑灭。若无法迅速扑灭火场，要及时报告消防部门。

1）防火知识

①严禁一切低燃点的油、气、醇与照明设施及带电的线路接触。

②严禁用塑料桶盛装易燃液体，防止静电引发火灾。

③进行电、气焊作业时，应当远离易燃易爆物品，并做好防火准备。

④维修作业现场要严禁烟火，要有消防设施和消防标志。

⑤严禁使用汽油清洗机件和擦洗地板。

2）灭火工作。要根据不同的可燃物和客观条件采用不同的灭火方法和器材。

3）汽车维修常用灭火器类型。有手提泡沫灭火筒，鸭嘴或开关灭火器，干粉灭火器，手提式 1211 灭火器等。灭火器的使用方法（见图 1—3）如下：

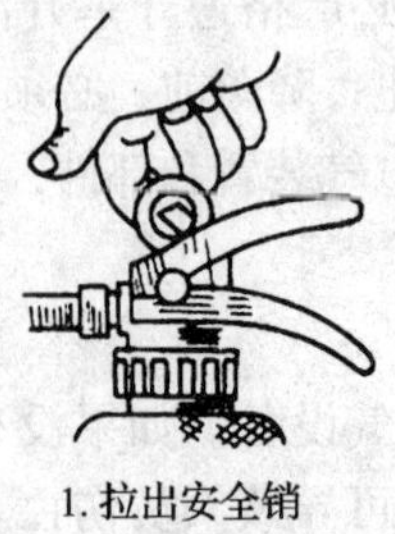

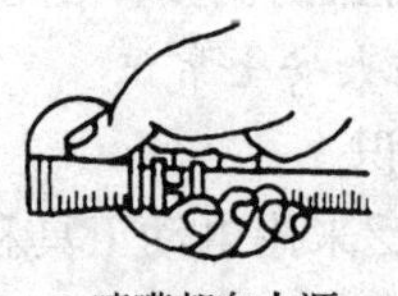

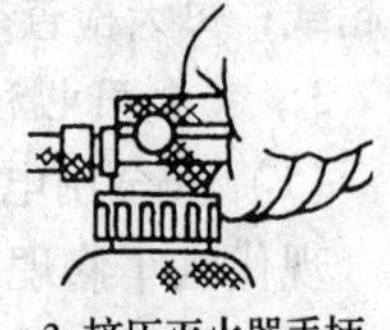

图 1—3　灭火器的使用方法

①使用手提泡沫灭火筒救火时，应用一只手握着灭火筒上端，另一只手握着灭火筒的底边，把灭火筒倒转过来并摇动几下，灭火泡沫就会从喷嘴喷射出来进行灭火。

②干粉灭火器使用时，先将干粉灭火器送到现场，需要将其上下颠倒几次，在离火点 3 ~4 m远处撕去灭火器上的封记，拔出保险销，一手握紧喷嘴对准火源，另一只手的大拇指将压把按下，干粉即可喷出。迅速摇摆喷嘴使粉雾横扫整个火区，由近而远向前推移可很快灭火。

③鸭嘴式开关灭火器使用时，先将灭火器提到着火处，将喷嘴对准火源，拔出开关的保险销，握紧喇叭柄，将上面的鸭嘴向下压，二氧化碳气体即从喷嘴喷出灭火。

一旦不幸遇到起火时，要牢记两点：如果大火已对你的人身安全造成威胁，要立即撤离现场并报警呼救；假如你能安全有效地切断火焰的来源，应大胆地去做；对于电引起的火灾，应首先关闭电源。电气设备着火时，应立即切断电源，然后救火。对可能带电的电气设备应使用干粉灭火器、二氧化碳灭火器或四氯化碳灭火器灭火，不能用水或泡沫灭火器扑救，因为水和泡沫是导电的。不带电的电气设备火灾可用水扑救。汽油着火不可用水扑救，应该使用泡沫、二氧化碳、干粉、沙、石棉毯等灭火剂和器材扑救。少量汽油着火，可以利用现场的沙土、麻袋、衣物等覆盖到燃烧物表面，以隔绝空气，从而实现灭火。千万不要随手扔掉燃烧物，使火源扩大。

三、汽车危险性废料处理

汽车维修时，有许多带有毒性、腐蚀性、易燃性和污染环境的废料更换后就不能再使用，这些物料称为危险性废料。汽车维修企业的危险品主要有：燃油添加剂、发动机机油、变速器油、制动液、油漆、乙炔气等。所有危险性废料都应该按有关规定进行收集、销毁，具体做法如下：

1. 危险品要存放于专用的危险品库，且有专人负责管理。危险品库内应有消防器材。

2. 危险品在运输、使用、存放时应注意密封良好、轻拿轻放，避免强光照射，避免高温。

3. 每一次用不完的危险品应及时回收，不得临时存放于车间。

4. 绝不能使用下列方法处理：将危险性废料倒入杂草丛中进行销毁；将危险性废料倒到砂石路面用来防止起尘；将危险性废料扔进垃圾箱；在指定的处理地点以外，随地处理危险性废料；将危险性废料倒进下水道、厕所、阴沟。

5. 在车间内启动发动机时，应该将房门或排风装置打开，以便随时将废气排出车间。如果在露天作业，也不要在工作着的发动机排气管附近长时间停留。

6. 在作业中，千万不要用嘴去吸汽油，若将汽油吸入人体内，会导致中毒或死亡。万一吸入，应逼迫自己呕吐并及时到医院治疗。

7. 如果误食防冻液，应立即呕吐处理并马上到医院治疗。平时应注意对防冻液的保存，防止儿童误食。

8. 大部分化油器清洗剂中都含有甲基氯化物、芳香族类和乙醇。这些物质都有一定的毒性，吸入或溅在皮肤和眼睛上都是有危险的。

9. 配制电解液时必须使用陶瓷或玻璃容器，并将硫酸慢慢倒入水中，绝对禁止将水倒入硫酸中，否则水倒入硫酸中后温度会急剧升高，产生大量蒸汽，使硫酸四溅，烧伤皮肤和衣物，甚至使容器炸裂造成事故。若电解液不慎溅入眼睛、皮肤上，应立即用清水冲洗干净并到医院请医生处理。

10. 制动液有一定的毒性，对眼睛、皮肤也是有害的，要避免制动液与人的眼睛、皮肤接触，更不要误入口中，以免中毒。制动液对汽车的漆膜有损害作用，能很快地溶解漆膜。另外，现代汽车制动液多为合成型制动液，在使用中应注意各种不同的制动液不能混存、混用，以免因此造成质量变化，使制动失灵。制动液在存放和加注时，应远离火源，以免发生火灾。

模块二　发动机故障诊断

单元1　发动机易发故障诊断

学习目标：

了解发动机曲柄连杆机构、配气机构、润滑系、冷却系及电子点火系常见故障现象，并掌握常见故障的一般检测方法。

知识回顾

发动机是将燃料的化学能转化为机械能的装置，是一部由许多机构和系统组成的复杂机器。发动机是汽车最主要的总成之一，它是动力的来源。发动机的作用是将燃料与空气进行混合并在其机体内燃烧，推动活塞往复运动再驱动曲轴旋转，从而将化学能转化为机械能向汽车提供动力。

现代汽车发动机的结构形式很多，即使是同一类型的发动机，其具体构造也是不同的。但是，就其总体功能来说，大致是由以下的机构和系统组成：曲柄连杆机构、配气机构、供给系、润滑系、冷却系、起动系和点火系（汽油发动机）。

发动机常见的故障有：不易启动，怠速不稳，加速不良，发动机润滑油消耗多，发动机异响等。

一、曲柄连杆机构常见故障现象及诊断

1．发动机曲轴轴承故障现象诊断

故障现象：

发动机机体下部有连续明显的沉重“镗镗”声，并伴有发动机运转抖动现象，且随着发动机的转速升高，响声变大。发动机负荷变大时，声响也更加明显。发动机曲轴轴瓦如图2—1所示。

故障原因：

（1）发动机曲轴轴承与曲轴轴颈磨损，使得两者之间配合间隙增大，发出撞击声。

（2）曲轴轴承的紧固螺栓松动。

（3）曲轴轴承润滑不良造成合金烧毁或脱落。

（4）曲轴轴向间隙过大，导致曲轴前后窜动，使曲轴轴向定位端面与止推垫圈相互撞击而发出声响。

（5）曲轴弯曲、折断，运转时产生撞击声。

（6）飞轮紧固螺栓松动。

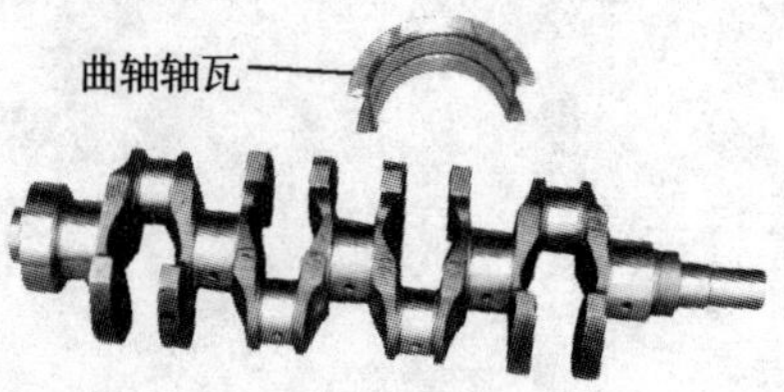

图2—1　曲轴轴瓦

故障诊断：

(1) 利用单缸断火法检验，响声没有变化，然后进行相邻两缸断火试验。

(2) 若某两缸断火后，声响明显变弱，说明是此两缸之间的曲轴轴承响。

(3) 踩下加速踏板，机体抖动加剧，同时机油压力会明显下降，这说明曲轴轴承间隙过大或轴承合金层脱落。

(4) 放尽机油，拆下油底壳检查：

1) 若在放出的机油中或油底壳壁上发现轴承合金颗粒，说明曲轴轴承合金脱落。

2) 检查曲轴轴承盖螺栓是否松动。

3) 检查轴承间隙是否过大。

(5) 在踩下离合器踏板时，响声明显减弱或消失。用撬棒撬动飞轮或曲柄臂。若轴向窜动量过大，说明止推片磨损严重，应更换止推片。

(6) 随着发动机工作温度的升高，响声明显增大，当发动机高速转动时，发动机出现杂乱的声响时，说明曲轴产生弯曲。

(7) 若响声出现在发动机的后端，且在发动机转速突然改变时发出一声撞击声，说明飞轮紧固螺栓松动。

2. 发动机连杆轴承故障现象及诊断

故障现象：

发动机运转中，产生一种连续而短促的敲击声，在突然加速时，敲击声随着增大；当发动机负荷增加时，响声也随着增大；当发动机温度发生变化时，响声不变；断火后响声会明显减弱甚至消失。发动机活塞连杆组如图 2—2 所示。

图 2—2　活塞连杆组

故障原因：

(1) 发动机连杆轴承径向间隙过大。

(2) 连杆紧固螺栓松动或折断。

(3) 连杆轴承润滑不良使合金烧毁或脱落。

(4) 连杆轴颈失圆，使轴颈与轴承之间接触不良。

(5) 曲轴主油道堵塞或润滑系有故障，造成油压过低、轴承润滑不良等现象。

故障诊断：

(1) 怠速运转时，发动机发出短促的“嗒嗒”声，发动机转速由怠速升至中速时，声响连续且更加清晰，随着转速升高，敲击声更明显，若在加机油口处查听，能听到明显而清脆的“嘡嘡”声。

(2) 断火法试验。若某缸断火时声响减弱或消失，且在该缸恢复点火的同时响声又立刻出现，说明是该缸的连杆轴承响。

(3) 放尽机油，拆下油底壳检查：

1) 发现机油中或油底壳壁上有轴承合金颗粒，说明连杆轴承合金脱落。

2) 检查连杆轴承盖螺栓是否松动，若松动则应立即按规定力矩拧紧，若连杆轴承盖未发现松动，可用手上下推拉轴承盖检查，感觉旷量较大，说明连杆轴承磨损过大。

(4) 查听声响的同时，应注意观察机油压力，若过低，说明润滑不良，应立即查找原因，声响部位如图 2—3 所示。

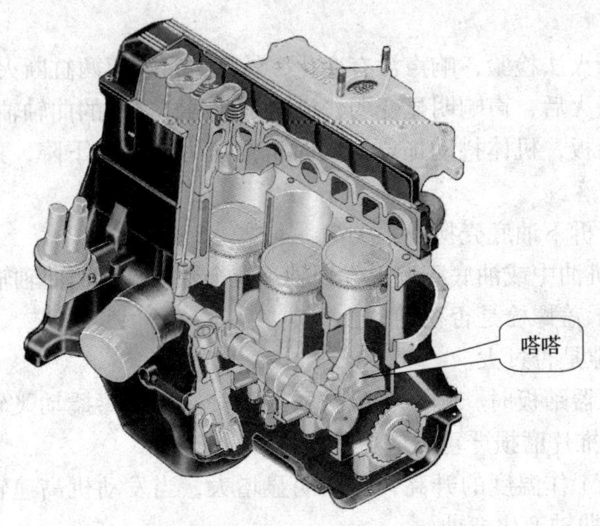

图 2—3　润滑系不良造成响声部位

3．活塞环响故障诊断

故障现象：

启动后出现钝哑的“啪啪”声，且随发动机转速升高，声响加大，并且变成嘈杂的声响，在机油加注口处查听较为明显，单缸断火时，声响减小，但不消失。

故障原因：

（1）发动机出现活塞环折断。

（2）活塞环与活塞环槽之间间隙过大。

（3）活塞、缸壁磨损后，缸壁顶部出现凸肩，重新调整连杆轴承后，使活塞环与缸壁凸肩相碰。

（4）活塞环端口间隙过大或各环的端口重合。

（5）活塞环弹性过弱或缸壁有沟槽。

（6）活塞环粘在活塞环槽上而抱死。

故障诊断：

（1）利用单缸断火法试验。若某缸断火时声响减小，但不消失，用听诊器或者是试棒触在火花塞上查听，若活塞环折断，会发出“啪啪”声响，诊断如图 2—4 所示。

（2）若活塞环碰撞气缸凸肩响，会发出“噗噗”的声响，断火后没有变化，缸盖上有明显的振动。

（3）发动机冷车启动时，发出“嘣嘣”声响。在机油加注口处，可见蓝烟脉动冒出，做断火试验时，响声消失，且仍有漏气声，机油加注口处冒烟减轻，甚至消失，即可判断为该缸活塞环漏气响。

（4）发动机温度升高，若仍有明显的窜气响，再做断火试验，窜气虽减弱，但机油加注口处仍有明显漏气现象，可诊断为活塞环与缸壁密封不良。若在此缸内（拆下该缸火花塞）注入少量机油，并在启动后较短时间内响声减弱或消失，可进一步诊断为该缸活塞环与气缸壁密封不良。若注油后烟不但不消失反而更大，可诊断为活塞环对口、活塞环弹力不足或活塞环抱死。

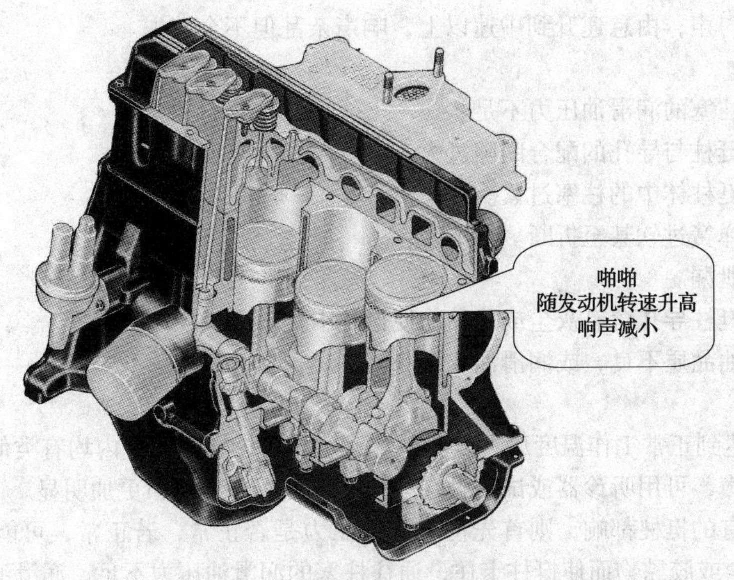

图 2—4　活塞环折断响的诊断

（5）放尽机油，拆下油底壳和缸盖检查，将有故障的活塞连杆组拆除。检查活塞环槽内是否由于积炭过多而使活塞环卡死，并检查活塞环弹力、开口间隙及缸壁磨损情况。

二、配气机构常见故障现象及诊断

1．气门响的故障现象及诊断

故障现象：

当发动机怠速运转时发出有节奏的“嗒嗒”声；发动机转速升高时变得杂乱；发动机工作温度变化时，声响无明显变化。

故障原因：

（1）发动机气门杆端和调整螺钉或摇臂发生磨损。

（2）气门间隙调整不当。

（3）凸轮磨损过度，运转中挺柱产生跳动。

（4）气门座圈脱落；气门导管积炭过多而咬住气门。

（5）气门挺柱固定螺母松动或调整螺栓端面不平。

故障诊断：

（1）使发动机处于怠速运转，在气门室罩处查听，声响随着发动机转速的变化而变化，并且存在明显且有节奏的“嗒嗒”声。若稍加大节气门，响声更明显，逐渐加油时响声随转速的提高节奏加快，在发动机温度变化时或做断火试验，响声无变化，则说明气门响。

（2）拆下气门室罩，检查气门间隙，若气门间隙正常，说明气门杆端处润滑不良；气门与气门导管配合间隙太大或气门座圈松动。

（3）往发响的气门杆端处加少许机油，启动发动机并怠速运转。若响声减弱或消失，说明响声系润滑不良所致，清洗油道后再检查。若响声不减弱，说明气门座圈松动。

2．液压挺柱故障现象及诊断

故障现象：

发动机在工作温度正常的情况下，以各种转速运转时，在气门室内均有类似气门响的有节奏的"嗒嗒"声；由怠速升到中速以上，响声杂乱但不会消失。

故障原因：

（1）通往柱塞的润滑油压力不足。

（2）液压挺柱与导孔的配合间隙过大。

（3）液压挺柱体中的柱塞过紧。

（4）柱塞弹簧过软甚至折断。

（5）球阀泄漏。

（6）液压挺柱导孔含有灰尘或胶黏物使挺柱卡住。

（7）润滑油品质不良，或润滑油起泡沫。

故障诊断：

当发动机达到正常工作温度后，以各种转速运转时，在气门室内均有类似气门响的有节奏的"嗒嗒"声，可用听诊器或试棒触在气门室罩处听诊，响声更加明显。

（1）若所有的挺柱都响，则首先检查机油压力是否正常，若正常，可能是由于液压挺柱导孔含有灰尘或胶黏物而使挺柱卡住，通往柱塞的润滑油压力不足，润滑油品质不良，或因润滑油起泡沫所致。可拔出润滑油标尺，检查其上润滑油是否有泡沫。若有，说明润滑油中有水或油面太高（太低），应拔出机油尺检查油面高度及油品质量。

（2）若一个或几个挺柱响，可断定是液压挺柱损坏或液压挺柱与导孔的配合间隙过大造成的。

三、润滑系常见故障现象及诊断

发动机启动前或停机 10 ~ 15 min 后，将车辆停放在水平地面上。拔出机油标尺，用干净抹布擦去机油标尺上面沾附的机油，将机油标尺再次插入油底壳，后拔出机油标尺，观察机油标尺的机油沾附高度。机油标尺上的两条刻线，上刻线"F"表示机油的最多量；下刻线"L"表示机油的最少量。若机油油迹处于上下线之间，说明机油量合适；若机油油迹低于下刻线，则表示油量不足，应添加相同的机油；若机油油迹高于上刻线，则表示油量过多，应适当放出。发动机润滑系如图 2—5 所示。

启动发动机，待达到发动机正常工作温度后停机。拔出机油标尺，将机油标尺上沾附的机油滴在纸上（最好是滤纸），放置一定的时间后观察油滴的扩散情况及油斑中心的颜色。油滴的核心部分呈深灰色、褐色且透明则为正常，机油可继续使用。若油滴呈乳液状且油滴的扩散范围较大，外围颜色较浅，说明机油中掺入了汽油或冷却液，则机油已不能再继续使用，应更换。若油斑上积聚了较多金属微粒或黑色沉淀物，说明机油老化变质。

启动发动机，使其运转至正常工作温度，在不同的运转工况下检查机油压力是否正常。在车辆仪表盘上装有机油压力表，可通过机油压力表检查发动机不同工况下的机油压力值。

当发动机处于怠速工况时，机油压力应为 0.125 MPa 左右；汽车行驶时，机油压力一般保持在 0.2 ~ 0.5 MPa；发动机温度较高而转速较低时，油压应不低于 0.2 MPa。

汽车机油更换周期一般为 5 000 km，但车辆运行条件不同，换油的周期也不相同。如车辆行驶在灰尘多的道路上、寒冷季节、潮湿地区等，应适当缩短换油周期。

对于一次性整体旋装式滤清器，车辆每行驶 5 000 km，视情况更换，车辆每行驶 10 000 km必须更换。

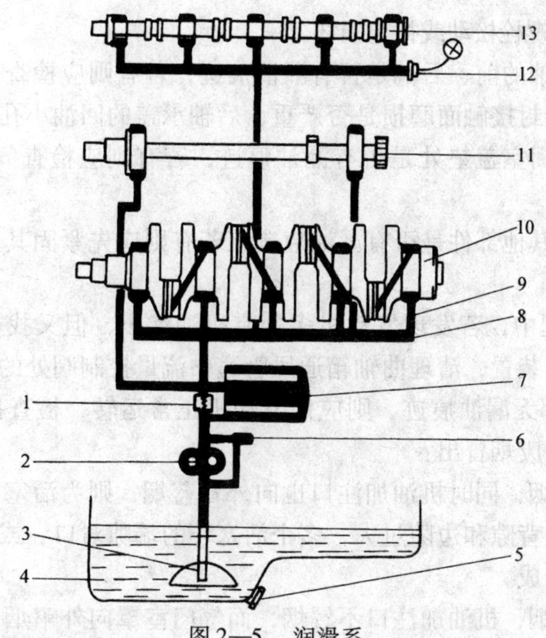

图 2—5　润滑系

1—旁通阀　2—机油泵　3—集滤器　4—油底壳　5—放油螺栓
6—溢油阀　7—机油滤清器　8—主油道　9—分油道　10—曲轴
11—中间轴　12—限压阀　13—凸轮轴

1. 机油消耗异常的故障现象及诊断

故障现象：

车辆正常行驶，但每天检查机油时均发现机油消耗量过多；排气管冒蓝烟，机油加注口也出现脉动冒烟（见图 2—6）；燃烧室积炭增多。

故障原因：

（1）活塞与缸壁间隙过大。

（2）活塞环弹力不足或磨损量过大。

（3）扭曲活塞环装反。

（4）活塞环抱死或活塞环端隙对口。

（5）气门杆油封损坏。

（6）进气门导管与气门杆间隙过大。

（7）曲轴箱通风不良。

（8）正时齿轮室、曲轴前后油封、凸轮轴后端油堵等密封不严而漏油。

（9）油底壳或气门室盖密封不严漏油。

（10）空气压缩机的活塞与缸壁间隙过大。

（11）空气压缩机曲轴的前、后端盖漏油；润滑系各零部件外漏。

图 2—6　机油加注口位置图

故障诊断：

（1）首先检查发动机外表是否有漏油痕迹：

1）检查发动机油底壳周围是否有漏油痕迹，

若有则说明油底壳固定螺栓松动或衬垫损坏。

2）检查发动机曲轴的前、后端是否有漏油痕迹，若有则应检查曲轴的前、后油封是否损坏，曲轴皮带轮与油封接触面磨损是否严重，后轴承盖的回油小孔是否被堵塞等。

3）检查发动机气门室盖垫处是否有漏油痕迹，若有则应检查气门室盖螺栓是否松动，密封衬垫是否损坏等。

4）检查润滑系的其他部件是否有漏油痕迹，若有则应先紧固其固定螺栓，再检查其密封垫是否损坏。

（2）上述检查过程中，若发现发动机多处有机油渗出，但又找不出明显的漏油处，则应检查曲轴箱强制通风装置，清理曲轴箱通风管道中流量控制阀处的积炭和结焦。

（3）若发动机外部无漏油痕迹，则应使发动机正常运转，检查排气管排出的废气颜色和机油加注口处是否有废烟冒出：

1）若排气管冒蓝烟，同时机油加注口也向外冒蓝烟，则为活塞、活塞环与气缸壁磨损过大，活塞环的端隙、背隙和边隙过大，多个活塞环的端隙对口，或扭曲环装反等情况，使机油窜入燃烧室燃烧造成。

2）若排气管冒蓝烟，机油加注口不冒烟，而气门室罩向外窜烟，则应检查气门导管处的气门油封是否有损坏，气门导管与气门杆的间隙是否过大等。

（4）在安装有机油散热器的发动机上，若在冷却系中发现有机油，则应检查散热器的散热管是否脱焊、腐蚀或破裂。

2. 机油变质过快的故障现象及诊断

故障现象：

车辆行驶不足 5 000 km，机油出现了脏、变色、变稀，机械杂质增多等故障；取样检查时，机油颜色变黑，用手指捻搓，失去黏性并有杂质；机油呈乳浊状且有泡沫。

故障原因：

（1）活塞与缸壁间间隙过大、活塞环密封不严造成漏气，废气漏入曲轴箱内与机油长时间接触，造成机油变质加快。

（2）曲轴箱通风不良。

（3）发动机冷却不良或机油压力过低，造成摩擦表面温度过高，使得机油的温度过高，加速了机油的氧化变质。

（4）机油滤清器过脏堵塞，造成润滑油短路；气缸垫或气缸体损坏，造成冷却液进入曲轴箱，使机油变质。

（5）发动机工作不良，未燃烧的燃料流入曲轴箱，造成机油黏度下降。

故障诊断：

（1）拔出机油标尺，将数滴机油滴在中性滤纸上，观察其扩散后的油迹。若油迹中心黑色较严重且有较多杂质，说明机油含有较多的尘土及金属微粒和氧化物等。机油正常颜色如图 2—7 所示。

（2）检查机油压力是否偏低，发动机是否经常处于高温工作状态，活塞与缸壁的间隙是否过大，曲轴箱通风装置工作是否正常等。

（3）若机油已经乳化，说明机油中渗进了水分。则应拆下火花塞，检查表面是否有水珠。若有水珠，说明有水分进入气缸内。应检查气缸垫是否损坏；水套与燃烧室是否相通；

气缸套上的密封垫是否漏水等。

（4）若机油变质的同时，伴随着机油压力过低，则应检查机油滤清器是否堵塞，机油滤清器旁通的弹簧是否过软；机油泵的泵油能力是否下降等。

3．机油压力过低的故障现象及诊断

故障现象：

发动机在正常工作温度和转速下运转时，机油压力表读数始终低于规定值。

故障原因：

（1）机油量不足或机油黏度太低。

（2）机油粗滤器堵塞且旁通阀打不开；机油泵齿轮磨损、泵盖磨损或泵盖衬垫太厚，使供油压力过低，或机油泵外壳裂缝漏油，机油泵轴与连接键销断裂。

（3）机油集滤器滤网堵塞或集滤器漏气。

（4）内、外管路或放油螺塞处漏油，曲轴主轴承、连杆轴承或凸轮轴轴承间隙过大。

（5）机油限压阀调整不当、关闭不严或弹簧折断，汽油泵膜片破裂使汽油漏入油底壳或燃烧室内未燃的气体漏入油底壳内，使机油的黏度下降。

（6）气缸垫或气缸体损坏，使冷却液漏入油底壳，将机油稀释，机油压力表或其传感器连接导线断路或接触不良。

故障诊断：

行车中，应随时观察机油压力表或机油压力过低报警灯，若发现机油压力为零或报警灯闪亮，则应立即熄火、停车检查。

（1）拔出机油标尺（见图 2—8），检查机油量及品质。若机油液面低于“L”或“MIN”线以下，说明机油量不足，应及时添加或更换机油；若机油颜色无变化，而黏度降低，且有燃油气味，说明机油中渗进了燃油；若机油呈乳浊状并有泡沫，说明机油中渗入进了水分，应查明漏水部位并修复，再更换新的机油。

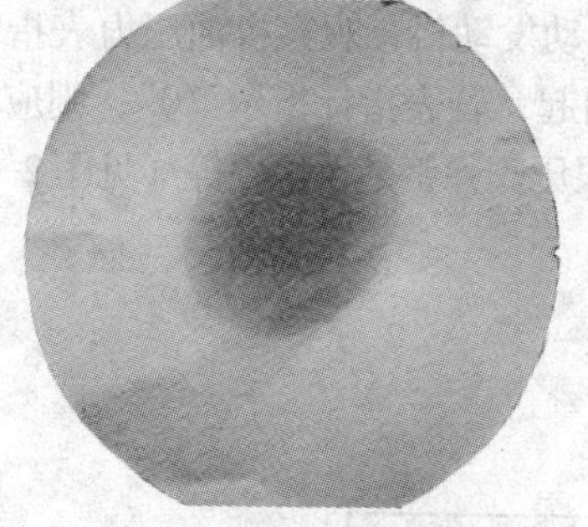

图 2—7　机油正常颜色

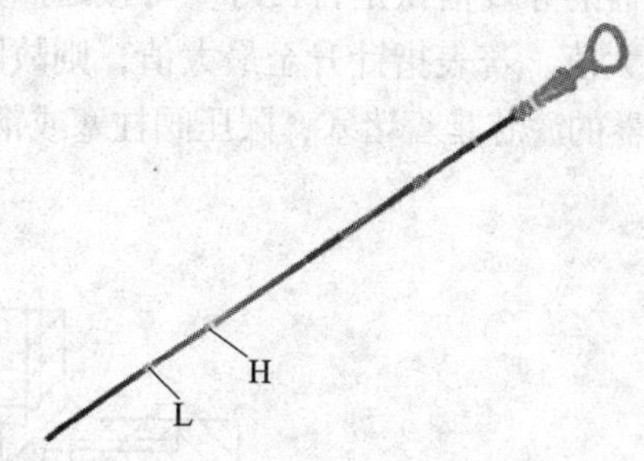

图 2—8　机油标尺

（2）检查机油压力表和机油压力传感器的工作状况。检查压力表、机油压力传感器的连接导线是否松脱。若连接良好，则应将传感器端的导线拆下，并将其搭铁，接通点火开关，观察机油压力表的状态，若机油压力表的指针急速上升，说明机油压力表良好；若机油压力表指针不动，则应根据仪表的控制电路进行检查。在仪表指示正常的条件下，检查传感器工作是否正常，测量传感器的电阻值，其值应在规定范围内（具体车型参照维修手册）。

（3）若上述检查均正常，则应拧松压力传感器，启动发动机，观察连接处机油流出的情况。若机油流出有力，则应进一步检查机油压力的示值是否准确；若机油流出无力，应检查润滑系各工作部件的工作状况：

1）若机油限压阀安装在发动机缸体的外部，可将发动机熄火，将其拆卸下来并对限压阀进行检查。检查限压阀的调整弹簧是否过软、折断或调整不当；检查限压阀柱塞磨损是否过度、钢球密封是否严密。

2）检查机油滤清器的滤芯是否堵塞、旁通阀是否发卡或堵塞。

3）拆下油底壳，检查机油集滤器滤网是否过脏，机油泵限压阀的状况是否正常，各连接管路是否存在漏油现象，机油泵的工作是否正常等。

（4）若发动机已接近或超过大修间隔里程，则应检查曲轴主轴承、连杆轴承、凸轮轴轴承间隙是否超差；检查其他压力润滑的部位的零件配合间隙是否超差等。

4. 机油压力过高的故障现象及诊断

故障现象：

接通点火开关，机油压力表即显示压力值；发动机在正常工作温度和转速下运转，机油压力表读数始终高于规定值；发动机在运转过程中，机油压力突然升高。

故障原因：

（1）机油黏度过大；限压阀调整不当或移动发卡。

（2）通往各摩擦表面的分油道内积垢堵塞。

（3）曲轴主轴承、连杆轴承或凸轮轴轴承间隙过小。

（4）机油压力表或传感器工作不良。

（5）机油粗滤器滤芯堵塞且旁通阀开启困难等。

故障诊断：

发动机运转过程中，若发现机油压力过高应熄火排除故障，否则压力过高的机油容易冲坏机油滤清器及其连接部件。

（1）发动机运转过程中，机油压力突然升高，但没有其他异常现象，应首先检查机油压力传感器的导线搭铁是否良好。可接通点火开关，但不启动发动机，观察机油压力表指针是否升至最大值。若表指针升至最大值，则故障系导线搭铁引起，若表指针指示“0”，则应检查机油滤清器的滤芯是否堵塞，限压阀柱塞或钢球是否卡死，限压阀弹簧是否过硬等（见图2—9）。

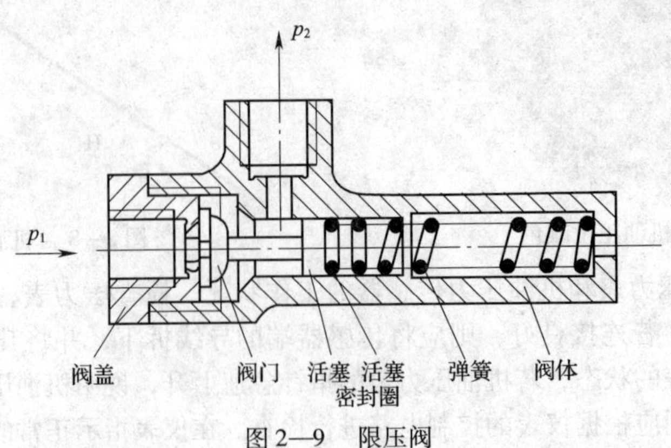

图2—9　限压阀

（2）发动机运转过程中，机油压力表指示始终偏高，则应接通点火开关，检查机油压力表的指针是否指“0”。若指针不在零位，则应拆下机油压力传感器上的导线，再检查机油压力表的指针指示状态。若压力表指针仍有指示，说明压力表工作状况不良，若指针指示“0”，则说明压力传感器有故障。

（3）检查机油的黏度是否过大，若机油黏度过大，则应更换规定牌号和规格的机油。

（4）检查机油压力限压阀是否调整不当或不能正常开启。

（5）若过高的机油压力已冲坏机油滤清器的密封垫，而机油压力表的读数却较低，则为机油粗滤器的滤芯堵塞且旁通阀开启困难或缸体上的油道堵塞。

（6）对于大修后新装的发动机，若曲轴主轴承、连杆轴承或凸轮轴轴承间隙过小，会引起机油压力偏高。

四、冷却系（见图2—10）常见故障现象及诊断

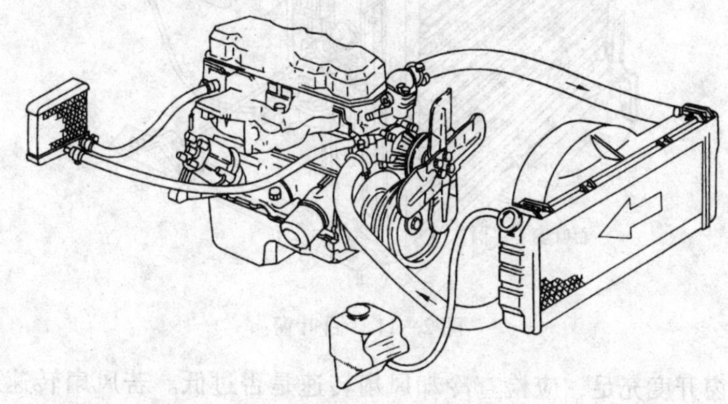

图2—10　冷却系

1. 冷却液充足但发动机过热故障现象及诊断

故障现象：

发动机出现冷却液充足，但行驶过程中发动机无力，冷却液温度过高；汽车行驶中发动机温度正常，一旦停车冷却液立即沸腾。

故障原因：

（1）百叶窗开度不足。

（2）风扇皮带打滑。

（3）散热器出水胶管老化吸瘪或内壁脱落堵塞。

（4）冷却风扇装反、扇叶角度变小或新换的风扇规格不对。

（5）电动冷却风扇不转，或硅油风扇离合器损坏，风扇转速过低。

（6）节温器失效。

（7）水套内水垢过多，分水管堵塞，分水不畅。

（8）散热器内水管堵塞。

（9）水泵损坏。

（10）气缸垫烧穿，使相邻两缸串通，或缸体、缸盖出现裂缝，使高温高压气体进入冷却系产生气阻。

（11）点火时间过迟；混合气过稀或过浓。

（12）燃烧室积炭过多。

（13）车辆长时间大负荷工作。

故障诊断：

（1）首先检查百叶窗开度是否充足。若百叶窗开度不足，应检查连杆机构运动是否灵活或调整是否适当，检查部位如图 2—11 所示。

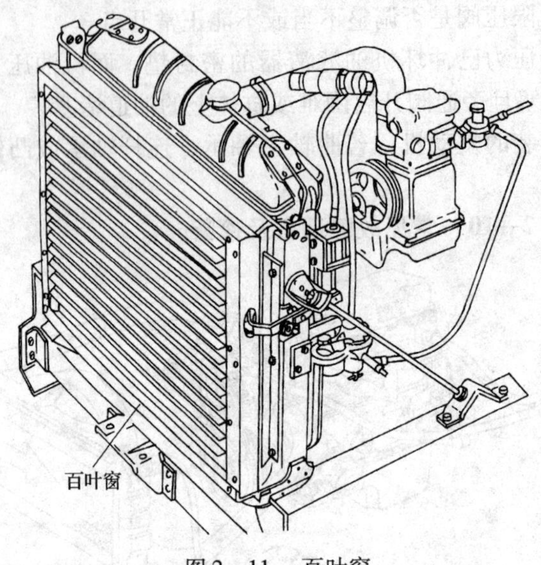

图 2—11　百叶窗

（2）若百叶窗开度充足，应检查冷却风扇转速是否过低。若风扇转速过低，则应检查风扇皮带是否因过松、油污、磨损过度而打滑；检查硅油风扇离合器工作是否正常；电控风扇的热敏开关、直流电动机、控制电路工作是否良好。

（3）风扇转速正常，则应检查风扇的风量。风扇转动状态下，将一张薄纸放在散热器前面，若纸被吸住，说明风量足够。否则应检查风扇叶片方向是否装反，风扇叶片角度是否正确，集风罩是否损坏等。

（4）在风量充足的条件下，检测散热器及发动机的温度。若散热器温度过低，而发动机温度过高，说明冷却液循环不良。逐渐提高发动机的转速，观察散热器出水胶管是否被吸瘪。若胶管被吸瘪，说明散热器的进水管堵塞严重，而应进行清洗。散热器出水管良好，则应拆下散热器进水管，提高发动机的转速，冷却液应有力地喷出，否则说明水泵或节温器有故障。拆下节温器重复试验，若排水量明显增加，则应进一步检查水泵的工作性能、气缸体水套内的水垢是否过厚等。

（5）散热器进水管冷却液喷出有力，则应检查散热器各部温度是否均匀。如果散热器冷热不均，则应检查散热器芯管是否堵塞。

（6）若以上检查正常，在水温过高的同时，发动机动力明显下降，则应检查点火时间是否正确；混合气是否过稀、过浓，进、排气门间隙是否过大，燃烧室积炭是否过多等。

（7）对于长期未清洗水垢的发动机，应检查水套内积垢是否过厚。检查方法是：将冷却液全部放出，再加满冷却液并测量注入冷却液的体积。若比规定量明显减少，则减少的体积即为水垢所占据的容积，若水垢过厚，应对发动机水套进行清洗。

（8）若发动机及冷却液温度正常，而水温表指示水温过高，则应检查水温表、冷却液温度传感器及控制电路是否正常。

2. 冷却液不足发动机过热故障现象及诊断

故障现象：

发动机冷却系容纳不了规定的冷却液量，或在运行中冷却液消耗异常，使发动机过热。

故障原因：

(1) 汽车发动机冷却系水套或散热器积垢过多或堵塞。

(2) 散热器盖的进、排气阀失效。

(3) 在低温季节，散热器内冷却液在停车时未放净而结冰。

(4) 散热器漏水。

(5) 水泵水封密封不严。

(6) 冷却系其他部位漏水。

(7) 气缸垫水道孔与气缸沿窜通。

(8) 个别进气通道破裂漏水。

故障诊断：

(1) 首先检查冷却系中的冷却液容量。若冷却液液位正常，则应考虑冷却系内的水垢是否过多。

(2) 冷却液液位过低（冷却液液位应在“MAX”与“MIN”之间，如图2—12所示），应检查冷却系是否存在漏水部位。观察散热器、软管和水泵等是否有漏水部位。

(3) 加入适量的冷却液（高温时不超过“MAX”，发动机冷态时不低于“MIN”），启动发动机，观察散热器盖的密封状况。

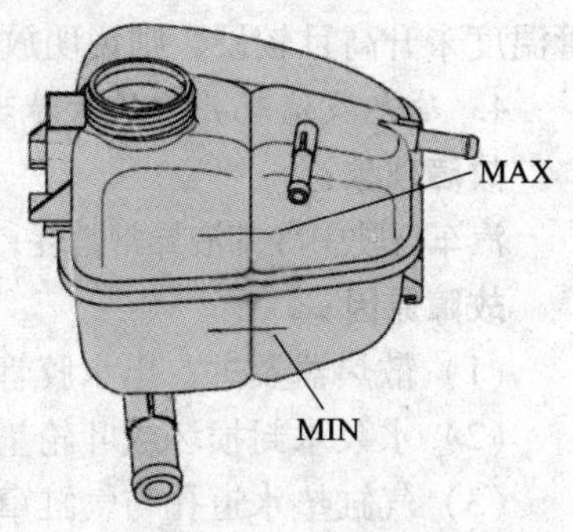

图2—12　膨胀水箱

(4) 若冷却系外部无漏水部位，则应检查冷却系是否存在内漏现象。拆下风扇皮带，停止水泵转动，启动发动机怠速运转，在散热器注液口处检查是否有气泡出现；检查排气管处的发动机尾气是否呈水汽状。检查发动机是否有工作不良的气缸。拆下工作不良缸的火花塞，检查火花塞电极处是否存在水珠。若有上述现象存在，则应检查发动机的气缸垫是否损坏，水道与气缸间是否相通。拔出机油标尺，检查油底壳内的机油中是否有水，同时检查冷却液中是否出现油珠。若机油中掺入了水分，冷却液中应有油珠出现，应检查气缸垫是否损坏。

(5) 在寒冷季节行驶的车辆，应注意检查散热器、冷却系水套是否结冰。

3. 发动机突然过热的故障现象及诊断

故障现象：

汽车行驶中，水温表指针很快指示到高温位置；发动机冷启动后，冷却液温度迅速升高并沸腾。加足冷却液后恢复正常。

故障原因：

(1) 风扇皮带断裂。

(2) 节温器主阀门脱落。

(3) 水泵轴与叶轮松脱。

(4) 冷却系严重漏水。

(5) 气缸垫损坏，水套与气缸沟通。

（6）风扇离合器失灵。

故障诊断：

（1）着车状态下，观察充电指示灯的工作状态。若充电指示灯常亮，说明水泵皮带断裂，使发电机和水泵同时不工作。

（2）停车后检查冷却风扇转动是否正常。若为硅油离合器或电磁离合器，应检查离合器是否损坏；若为电控风扇，应检查热敏开关、风扇电动机及其控制电路是否正常。将发动机熄火，用手触摸发动机和散热器，若感觉发动机温度很高，而散热器温度却较低，说明水泵轴与叶轮松脱或节温器失效；若感觉发动机与散热器温差不大，则应检查冷却液是否泄漏，查找漏水部位。

（3）汽车行驶途中，发动机温度升高，同时排气管有“突突”声，且发动机动力明显不足，可停车检查排气管及散热器、火花塞等。若排气管冒白烟且排出水珠；散热器口向外溢水或排气泡，且呈沸腾状态；某些缸火花塞电极处有水珠，说明气缸垫烧穿或缸盖破裂。

（4）若冷车启动后温度迅速升高，冷却液沸腾，可用手触散热器出水胶管。若感觉胶管温度未升高且较硬，则说明放水不彻底或冷却液凝点过高而发生冻结。

4．冷却液消耗异常的故障现象及诊断

故障现象：

汽车行驶中冷却液异常消耗；或在冬天出车前，已加满冷却液，但途中发现冷却液明显消耗。

故障原因：

（1）散热器及进、出水胶管破裂漏水。

（2）水泵水封损坏或叶轮垫圈磨损过度而漏水。

（3）气缸垫水道孔与气缸窜通。

（4）在低温季节，散热器的冷却液在停车时未放净而结冰。

故障诊断：

（1）发动机运转状态下，首先检查冷却系外部是否漏水。

（2）若外部无漏水部位，则应检查排气管处的尾气状态。若尾气中含有水蒸气，且散热器盖处有水溢出，拔出机油尺发现机油中有水，则为水套破裂或气缸垫水道孔破损，致使冷却液进入气缸及曲轴箱。

（3）寒冷季节，若散热器内的冷却液在停车时未放净而结冰，在重新加注冷却液时，会感到加入的冷却液的量明显减少。发动机运转后，可以感觉出散热器的上部烫手而下部发凉。

5．冷却液温度过低故障现象及诊断

故障现象：

汽车冬季行驶时冷却液长时间温度过低，发动机启动困难，汽车行驶无力，消声器有时放炮。

故障原因：

（1）寒冷季节行车，散热器前未加装保温罩或百叶窗不能关闭。

（2）冷却系中未装节温器或节温器失灵，使低温时冷却液仍在进行大循环。

（3）风扇离合器或电控装置使冷却风扇始终高速运转。

（4）水温表或冷却液温度传感器损坏。

故障诊断：

（1）在冬季行车时，首先检查百叶窗是否开闭自如。若百叶窗不能关闭，则应检查拉杆机构运动是否灵活或调整是否正常。

（2）在冷却液温度较低时，使发动机处于怠速运转状态，检查冷却液是否进行大循环。若冷却液进行大循环，则应检查节温器是否失灵。

（3）对安装电控风扇的冷却系，应检查冷却风扇的转动状况。若冷却液温度较低，而风扇处于工作状态，则应检查温控开关及控制电路工作是否正常。

（4）上述检查正常，而水温表指示温度较低，可用手触摸散热器。若感觉冷却液温度不低，则应检查水温表或传感器的工作是否正常。

五、点火系常见故障分析（以桑塔纳 2000GSI 为例）

1. 冷车不易启动，怠速不稳，加速闯车，高速时提速困难

故障现象：

一辆桑塔纳 2000GSI 时代超人轿车，行驶里程 8 万 km，早晨冷车不易启动，启动后怠速运转不稳，热车后加速闯车，车速超过 120 km/h 后提速困难。

故障原因：

（1）燃油压力不正常。

（2）燃油系统堵塞。

（3）节气门脏堵。

（4）点火电路故障。

故障诊断：

1）试车，热车加速闯车，且提速困难。经了解该车不久前刚进行过保养，更换过火花塞。

2）首先拆下变速杆下部的防尘罩，将解码器连接到诊断座上，故障码显示如下：00561015，混合气自适应值超过调节界限下限/SP；00561012，混合气自适应值超过调节界限上限/SP。

3）启动发动机，保持怠速运转状态。读取动态数据流，观察氧传感器 G39 反馈电压信号，该信号能够在 0.1～1.0 V 之间波动，但变化频率很慢。

4）对油路油压进行测试，怠速油压为 0.25 MPa。加速时油压表在 0.28～0.30 MPa，关闭点火开关 10 min 后，燃油系统压力保持在 0.18 MPa。油压值均符合标准，表明燃油泵及油压调节器工作良好。

5）经了解得知该车行驶 8 万 km，但未清洗过燃油系统。使用免拆清洗机对燃油系统进行彻底清洗后，故障有所减轻。检查火花塞、各缸高压线都正常。

6）将其清洗后进行基本设置，但仍不见成效。接着检查空气流量计，更换氧传感器后故障依旧。

7）仍难以启动。检查时发现 1、4 缸火花塞火花较弱，考虑到此车 1、4 缸共用一个点火线圈，更换点火线圈 N152 后，故障彻底排除。

维修总结：

点火线圈工作不良造成 1、4 缸点火能量不足，导致混合气燃烧状况变差是该故障的根本原因。

2. 桑塔纳 2000GSI 时代超人轿车多重故障的诊断

故障现象：

一辆桑塔纳 2000GSI 时代超人行驶里程 12 万 km，出现怠速不稳、急加速不好、进气管

回火、路试闯车，尤其是在二挡换三挡、三挡换四挡时，加速抖动厉害，加速踏板稳住一段时间稍好，同时伴随着冷却液温度高，即“开锅”现象。

故障原因：

（1）传感器故障。

（2）混合气过浓。

（3）点火电路故障。

故障诊断：

1）用解码器进行电控系统故障检查，结果为“自适应过程超出上限”。

2）启动发动机，进行动态数据流分析，观察氧传感器反馈情况，长期显示 0.8～0.9 V 电压值，修正已达到 -25%，说明计算机已指令喷油量减少。

3）观察空气流量计信号，怠速时进气量达到 50 g/s，显示过高。

4）拆检火花塞，电极发黑，证明确实混合气过浓。

5）更换空气流量计，换火花塞，检测高压线也有漏电现象，一起更换，并清洗节气门体、喷油器，装复后怠速先稳了 2 min 后又开始抖动，并且愈加厉害，急加速也没有好转。

6）断缸发现怠速时三缸基本不工作，二缸工作不好。这时考虑到开锅现象，上水管压力很高，是否缸垫损坏？进行缸压测试，两个缸的缸压在启动时能达到 0.8 MPa，而运转情况下只有 0.4 MPa，拆缸检查。

7）拆下气缸盖，发现缸垫完好，气门密封良好，而水不循环是因为水泵破裂。更换缸垫及水泵后装复，故障依然存在。

8）经测试发现三缸点火比一缸稍弱，一、四缸火花发白，二、三缸火花呈蓝色。

9）更换点火线圈，故障彻底排除。

维修总结：

时代超人点火线圈是两缸并用，双火花点火线圈如图 2—13 所示。当一组点火变弱时，混合气不能充分燃烧，所以氧传感器反映混合气过浓。同时，空气流量计又提供了错误的进气量，因冷却液温度高，开锅，二、三缸共用的点火线圈发生损坏，所以很容易被误诊为气缸垫冲坏，如果采用测试仪一般不会误诊。

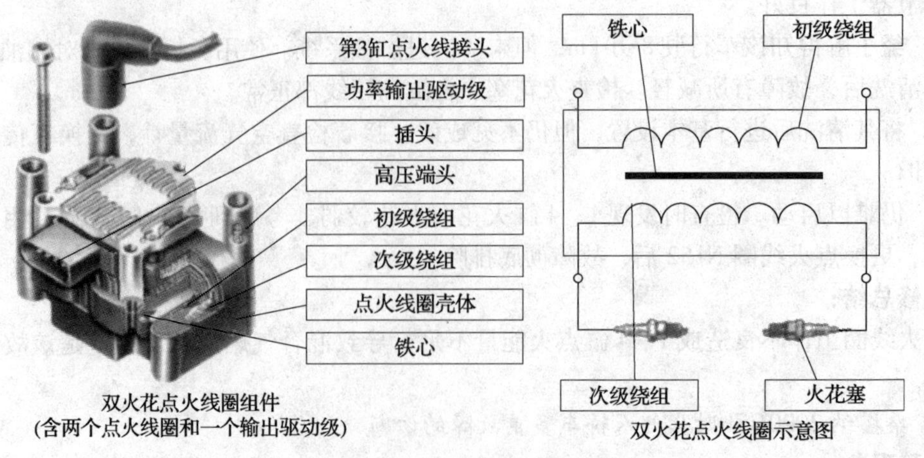

图 2—13　双火花点火线圈

3. 桑塔纳 2000GSI 时代超人怠速不稳

故障现象：

一辆桑塔纳 2000GSI 时代超人轿车，装备 AJR 型发动机，车主反映该车怠速运转不稳，有抖动现象，速度提不上来，加速时明显感到动力不足。

故障原因：

（1）进气系统传感器存在故障。

（2）节气门位置传感器未匹配。

（3）点火正时不正确。

（4）气缸压力过低。

故障诊断：

1）使用解码器读取故障码，显示系统正常。

2）读取数据流，发现空气流量计在大负荷时，最大流量仅为35 g/s，而正常情况下应为 60 ~ 70 g/s，故认为故障是空气流量计所致。更换空气流量计后，故障依然存在。

3）再次用解码器读取空气流量计数据流，大负荷时，空气流量传感器最大量仍为 35 g/s。

4）对空气流量计的供电电压进行检测：启动发动机，测量传感器 2、3、5 号引脚电压均正常，故判断空气流量计无故障。

5）用缸压表测量缸压，发现压缩终了时缸压低于正常值，故怀疑气门的密封性，缸内是否泄漏及配气正时是否正确。经检查后发现气门和气门座密封良好，活塞环各间隙也均正常。重新校对配气相位，调整正时齿带的松紧度，故障仍存在。

6）经了解该车前几天出现过故障，由于凸轮轴正时齿带轮损坏曾更换过，之后便发生了上述故障。怀疑是车主更换的凸轮轴正时齿带轮有问题，重新更换了凸轮轴正时齿带轮，再次试车，车辆恢复正常，故障排除。

单元 2　化油器式发动机故障诊断

学习目标：

了解化油器式发动机燃料供给系的常见故障现象，并掌握化油器式发动机燃料供给系故障的常规检测方法。

一、化油器式发动机不供油故障现象及诊断

故障现象：

（1）发动机不能启动或工作中逐渐熄火。

（2）采用汽油泵手摇臂泵油、多踩几下加速踏板，适当拉阻风门或向化油器内倒少量汽油等措施后，发动机能启动，但运转时间不长后熄火。

（3）发动机能启动，且运转时间也较长，但发动机的动力明显不足，加速不良，检查化油器浮子室油平面高度时，油平面太低。

故障原因：

（1）油箱内无油或油箱开关未打开。

（2）从油箱吸油管经汽油滤清器、汽油泵至化油器进油管接头的管路有堵塞、漏油、漏气、积水、结冰或气阻等故障存在。

（3）汽油泵工作不良或失效。

（4）化油器进油口滤网处堵塞、进油针阀卡死、油平面失调。

故障诊断：

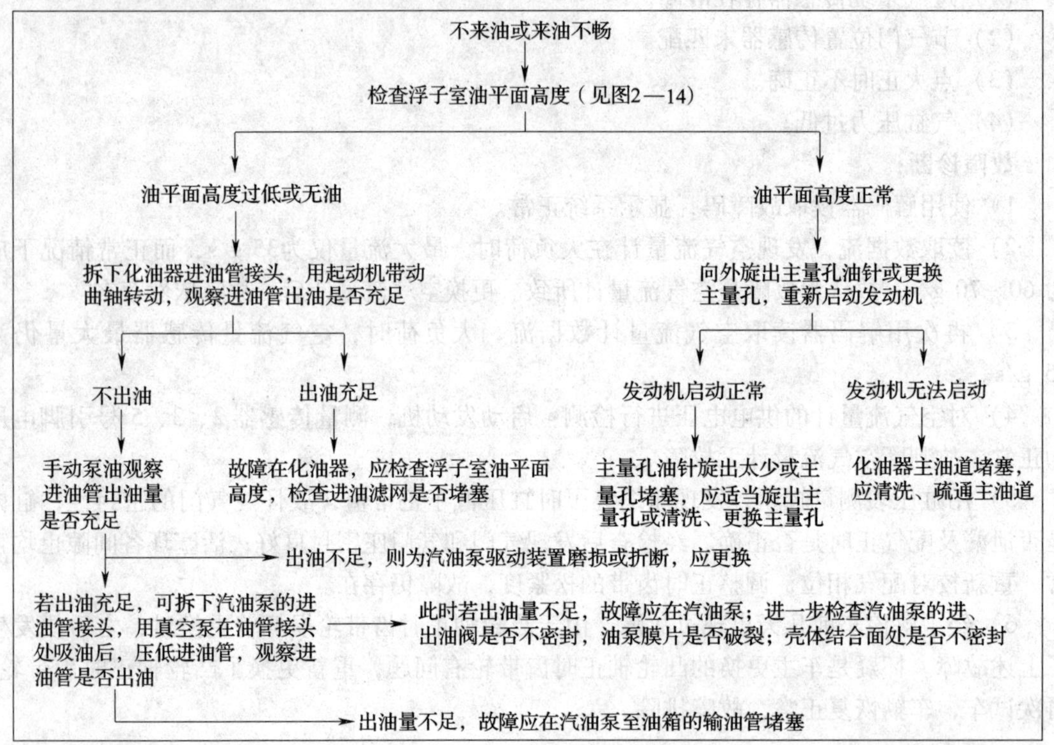

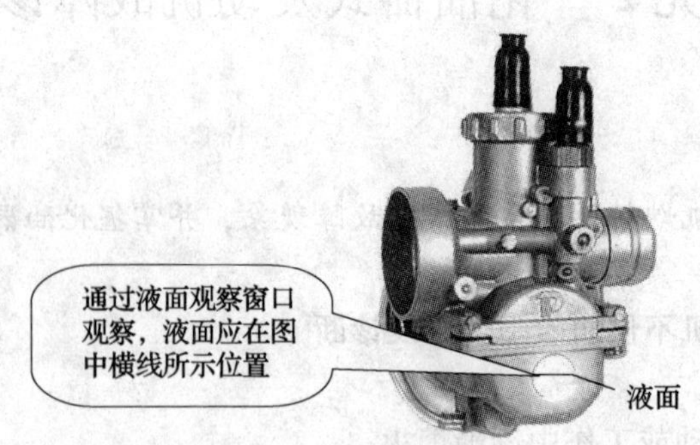

图 2—14 液面

二、化油器式发动机混合气过稀故障现象及诊断

故障现象：

（1）发动机不易启动。

（2）发动机启动后，怠速运转不稳，加速时回火。

（3）发动机动力不足，严重时车辆无法正常行驶。

（4）发动机冷却液温度偏高。

故障原因：

（1）从油箱至化油器进油管接头的供油管路有漏油、堵塞现象。

（2）汽油泵工作不好，供油不足。

（3）化油器进油针阀开度不足、油平面高度失调造成浮子室油平面太低。

（4）化油器内主量孔或主油道堵塞。

（5）可调式主量孔或油针旋出太少或固定式主量孔直径太小。

（6）主供油装置的空气量孔、怠速空气量孔松动或脱落。

（7）进气管衬垫、化油器座衬垫或进气管上设置的真空软管有严重漏气现象。

故障诊断：

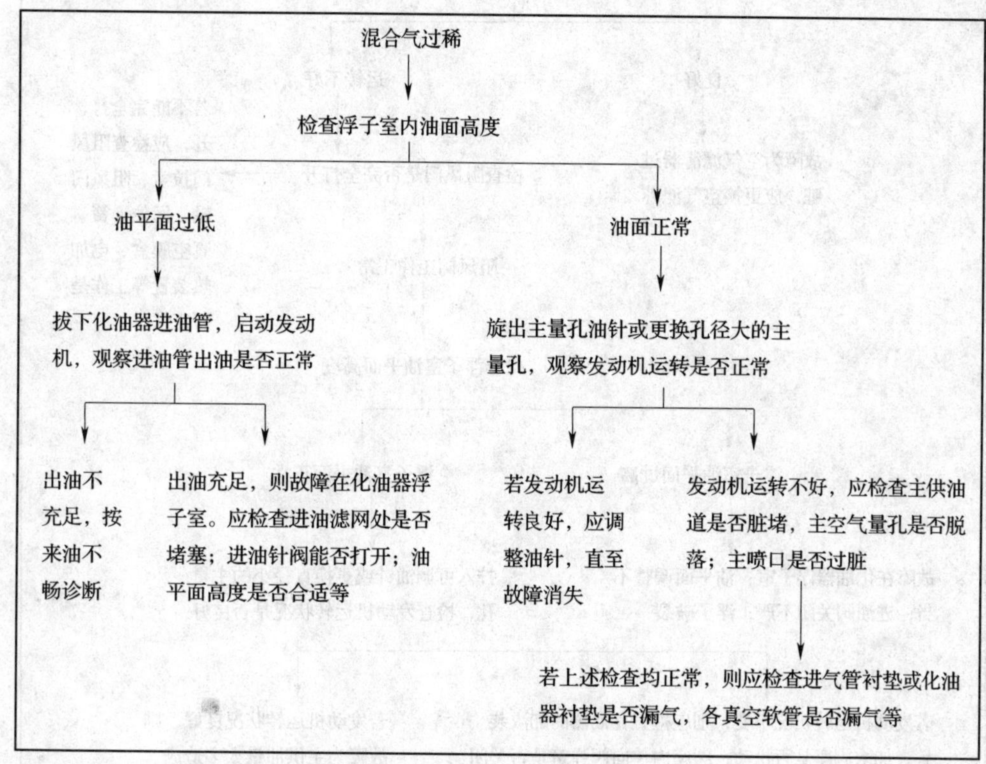

三、化油器式发动机混合气过浓故障现象及诊断

故障现象：

（1）发动机不易启动。

（2）发动机启动后运转不稳，动力不足、加速困难，且排气管冒黑烟，并伴随有“突突”声，有时甚至有放炮现象。

（3）发动机冷却液温度偏高，油耗增加。

（4）化油器节气门轴处有汽油渗出，拆下火花塞发现电极上有潮湿汽油。

故障原因：

（1）进油针阀关闭不严、浮子室油面调整过高或浮子破裂，使油面过高。

（2）可调式主量孔油针旋出太多或固定式主量孔直径太大。

（3）主量孔、真空加浓阀体松动，加浓阀体衬垫不密封或其中单向阀关闭不严、弹簧折断、真空加浓阀磨损严重或真空通道堵塞。

（4）阻风门不能完全打开或空气滤清器过脏。

（5）主供油装置的空气量孔、怠速空气量孔堵塞。

（6）加速装置喷管在缓慢加速或稳速运转时喷油或漏油。

故障诊断：

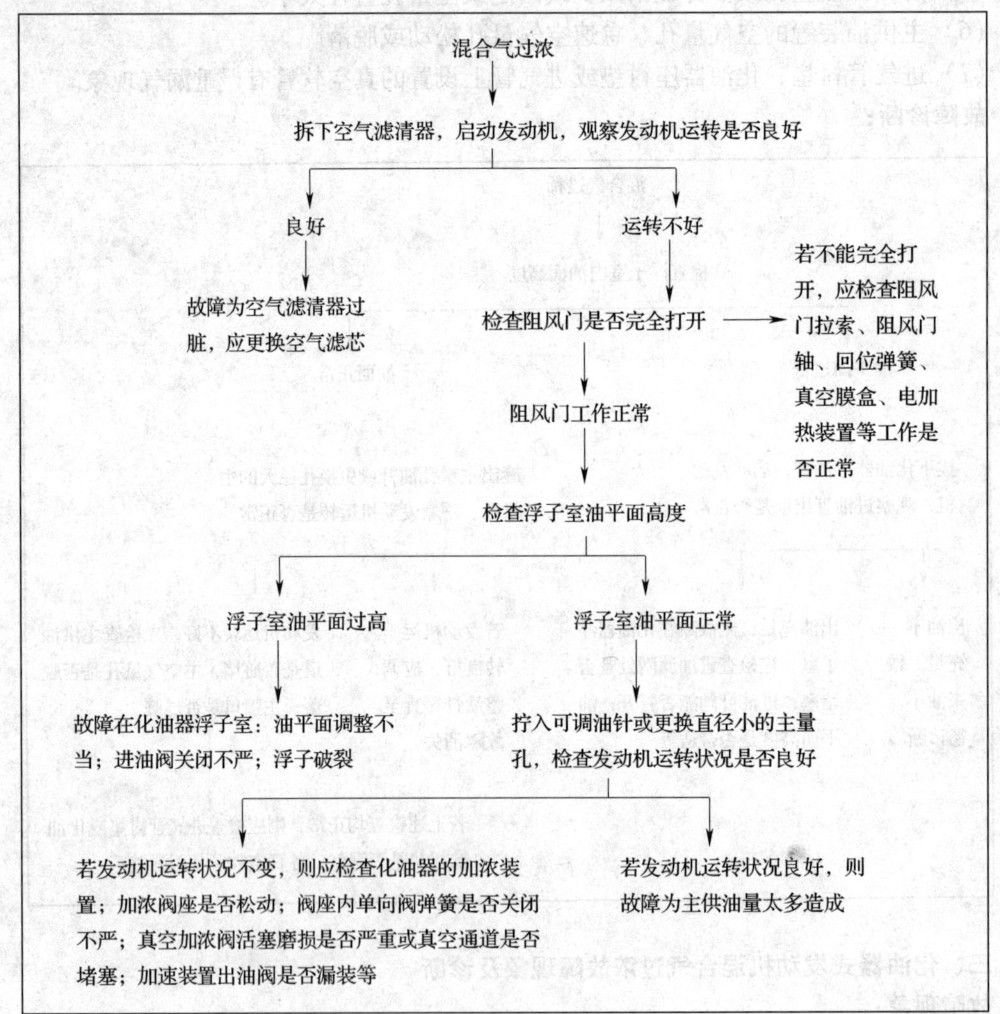

四、化油器式发动机无怠速故障现象及诊断

故障现象：

（1）发动机启动后，踩下加速踏板，发动机运转正常，抬起加速踏板，发动机即刻熄火。

（2）发动机怠速运转不稳，极易熄火。

（3）车辆行驶时，发动机怠速运转良好，当车辆退入空挡后，发动机便熄火。

故障原因：

(1) 怠速量孔或怠速油道堵塞。

(2) 化油器节气门调整螺钉或怠速调整螺钉调整不当。

(3) 化油器上、中、下壳体连接松动，空气漏入怠速油道和真空通道。

(4) 真空加浓装置的真空泵漏气。

(5) 曲轴箱通风单向阀卡滞或不密封，空气漏入。

(6) 真空点火提前装置膜片破裂或真空管漏气。

(7) 怠速电磁截止阀打不开。

(8) 进气管上的其他真空装置漏气。

故障诊断：

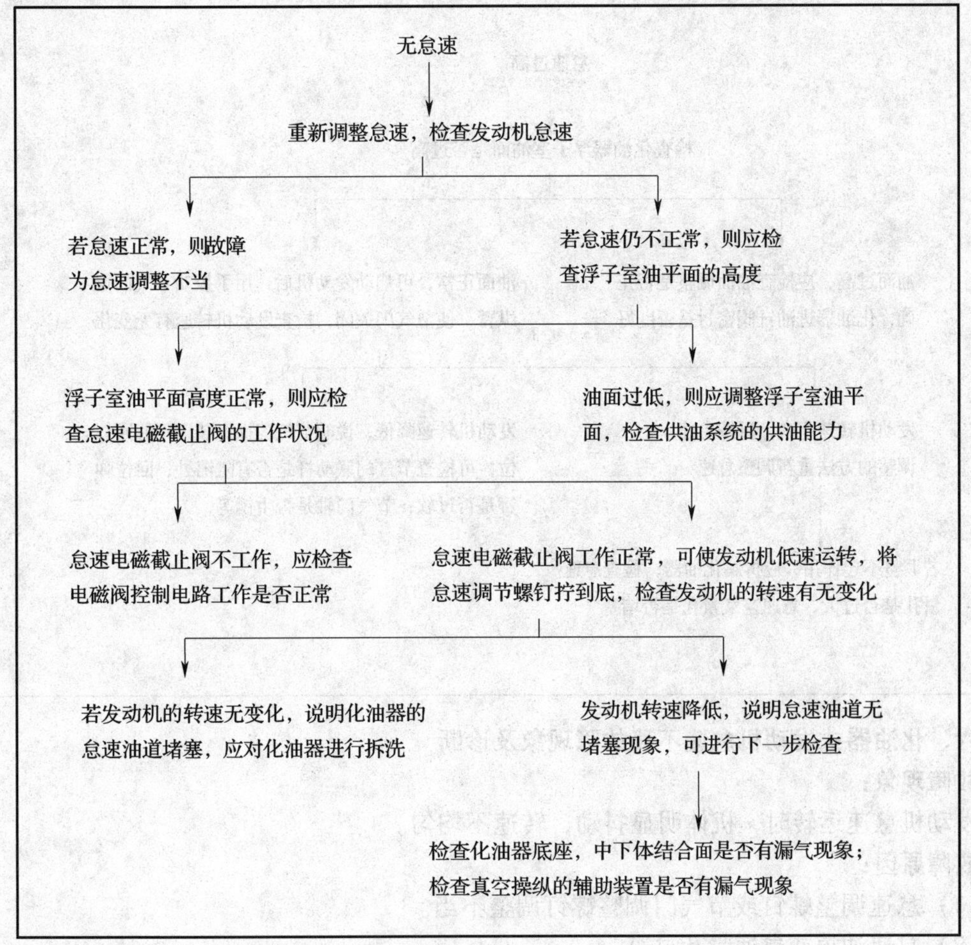

五、化油器式发动机怠速过高故障现象及诊断

故障现象：

(1) 发动机怠速转速过高。

(2) 无法调整到规定的怠速范围或调低就熄火。

故障原因：

(1) 节气门操纵杆受阻卡滞或回位弹簧过软，节气门不能关闭，造成发动机怠速转速过高。

（2）节气门轴过于松旷或节气门变形，节气门开度增大，使怠速喷口和怠速过渡喷口均处于节气门的下方而同时喷油，造成发动机怠速过高。

（3）怠速量孔孔径过大。

（4）怠速调整螺钉或节气门开度调整螺钉调整不当。

（5）进气管上的真空装置存在漏气部位。

（6）化油器与进气管间漏气。

（7）快怠速调整不当。

故障诊断：

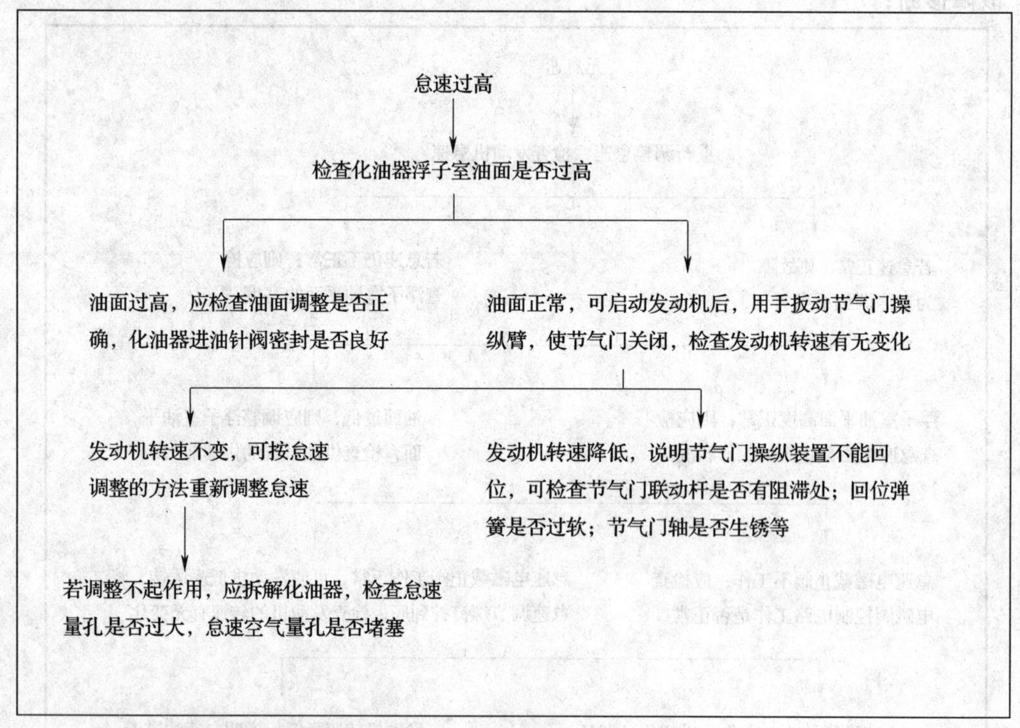

六、化油器式发动机怠速不稳故障现象及诊断

故障现象：

发动机怠速运转时，机体明显抖动，转速不均匀。

故障原因：

（1）怠速调整螺钉或节气门调整螺钉调整不当。

（2）怠速油道或怠速量孔过脏。

（3）化油器上、中、下壳体连接松动，空气漏入怠速油道。

（4）进气管与气缸体的结合处或化油器与进气管结合处出现漏气现象。

（5）曲轴箱通风装置单向阀密封不严。

（6）节气门边缘与怠速喷口的位置不当。

（7）节气门轴松旷，怠速运转时空气从节气门轴处进入，使混合气变稀，混合质量差。

（8）发动机的个别缸工作不良。

(9）点火时间调整不当。

故障诊断：

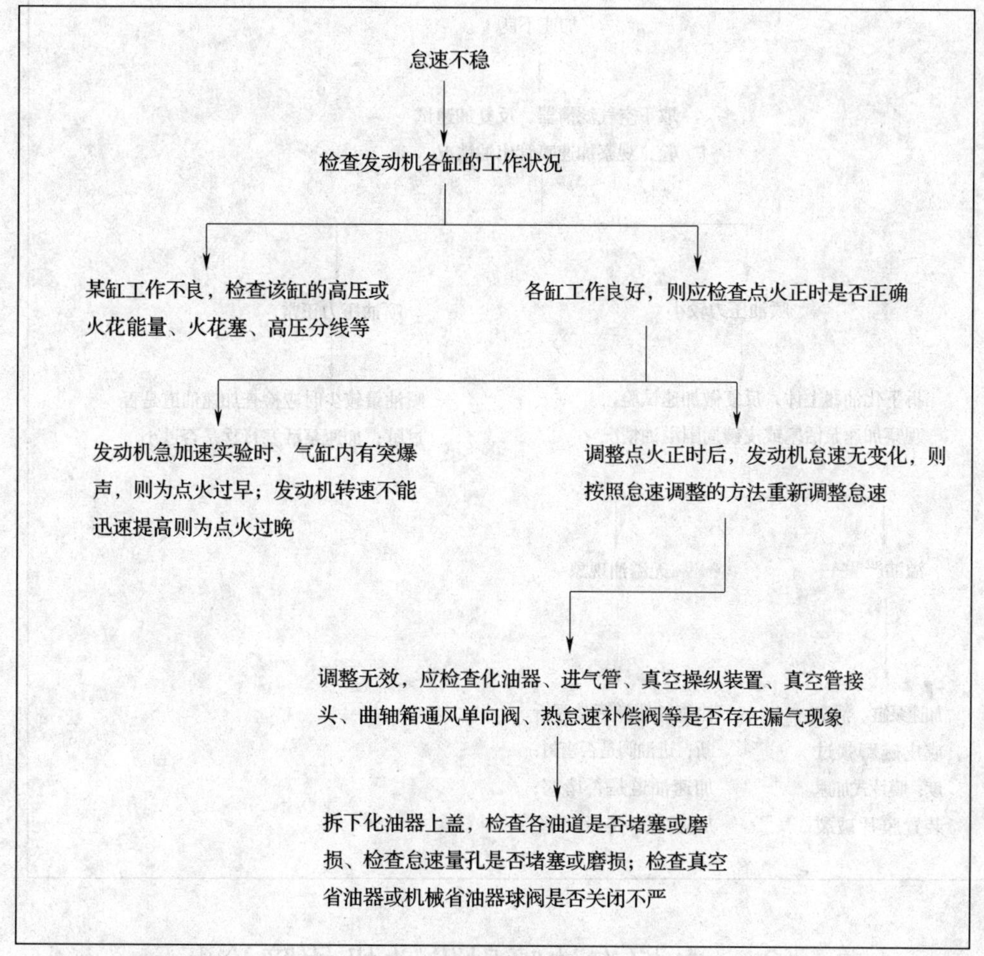

七、化油器式发动机加速不良故障现象及诊断

故障现象：

发动机在运转时突然加大节气门，发动机转速不能随之升高，加速发闷；同时伴随有排气管“突突”声，甚至有放炮声，且伴随回火现象发生。

故障原因：

(1）加速泵拉杆与节气门摇臂之间的连接钩脱落。

(2）加速泵调整不当。

(3）加速泵出油阀关闭不严或弹簧折断。

(4）加速泵活塞或皮碗磨损过度，膜片式加速泵膜片破裂。

(5）加速泵弹簧弹力不足。

(6）加速喷管或油道堵塞。

(7）加速泵进油阀失效。

故障诊断：

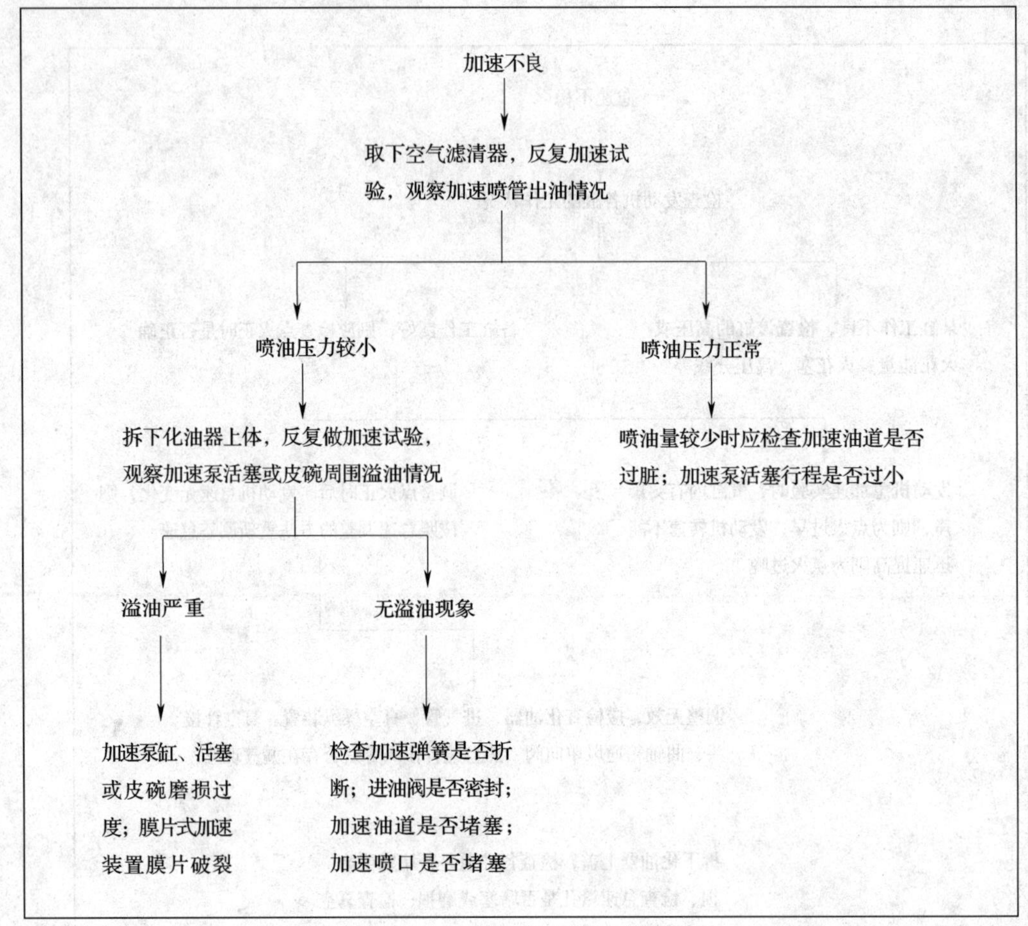

单元3　电控汽油喷射发动机故障诊断

学习目标：

了解电喷发动机的一般故障检测方法，掌握电喷发动机常见故障的检测方法。

一、电控汽油喷射系统自诊断系统的原理

发动机电控汽油喷射系统工作时，自诊断系统把检测到的非正常输入输出信号判定为故障信号，电喷系统故障主要有以下几种。

当某一电路出现超出规定范围的信号时，故障诊断系统就判定该电路信号出现故障。如水温传感器正常时其输出电压信号在0.1～4.8 V范围内变化。若冷却液温度传感器输出电压低于0.1 V（相当于水温高于139℃）或高于4.8 V（相当于水温低于－50℃）时，ECU即判定为故障信号，存入存储器。

发动机运转时，当ECU在一段时间里收不到某一传感器的输入信号或输入信号在一段时间内不发生变化，ECU就判定为故障信号。如发动机在正常工作温度下运转时，ECU在一分钟以上检测不到氧传感器的输出信号或氧传感器信号在一分钟内无变化，即判定为氧传感器电路有故障。

发动机正常工作中，如果偶然出现一次不正常信号，ECU诊断系统不会判断为故障。只有当不正常信号持续一定时间或多次出现时，ECU才将其判定为故障，如发动机转速在1 000 r/min时，转速信号（Ne信号）丢失了3～4脉冲信号，ECU不会判定为Ne信号故障，同时，“CHECK”灯也不会点亮，Ne信号的故障也不会存入ECU内。

要注意的是，ECU判断出的故障，只能提供故障的性质和范围，如水温传感器与ECU间配线断路时，水温传感器输出电压信号就会高于4.8 V（正常为0.1～4.8 V）。这时ECU判定和输出的故障信息为水温传感器发生故障。最终要确定是传感器、执行器还是相应配线的故障，还得进一步检查确定。

二、电子控制汽油喷射系统故障诊断方法

诊断电子控制汽油喷射发动机故障，首先应进行以下项目的基本检查：

（1）故障的确认

现代汽车的微处理器控制系统是一个相当复杂的系统，出现故障后应将故障系统的运行情况与正常运行情况进行比较，以确认故障。

（2）维修记录

汽车的维修记录能对一些异常的故障现象做出解释，如使用了不合格的元件，进行了一些不恰当的维修等。

（3）蓄电池的充电状况

蓄电池充电不足，将影响ECU及相关的电子元件正常工作。

（4）蓄电池的正、负极连接

所有的电路形成一个回路，蓄电池的正、负极必须连接良好。公共搭铁不良将使表面上不相关的系统互相影响。如大电流系统遇到搭铁不良时，将通过其他电气系统进行反向供电，引起系统工作不正常，甚至造成元件不可检测的故障。

（5）电源继电器

燃油泵和过压保护继电器故障及连接方式不正确，会引起系统断断续续地工作。

（6）曲轴位置传感器

对曲轴位置传感器应进行静态和动态两方面的检查。

（7）火花塞

核实火花塞的类型、工作状况及电极间隙。

三、故障分析（以桑塔纳2000GSI轿车为例）

1. 发动机怠速不稳，进气回火故障

故障现象：

怠速时发动机运转不稳，排气管有“突突”声，突然加速时，进气管回火，排气管放炮且高速行驶性能不好。桑塔纳2000GSJ使用的AJR发动机如图2—15所示。

故障原因：

（1）进气量信号。

（2）冷却液温度信号。

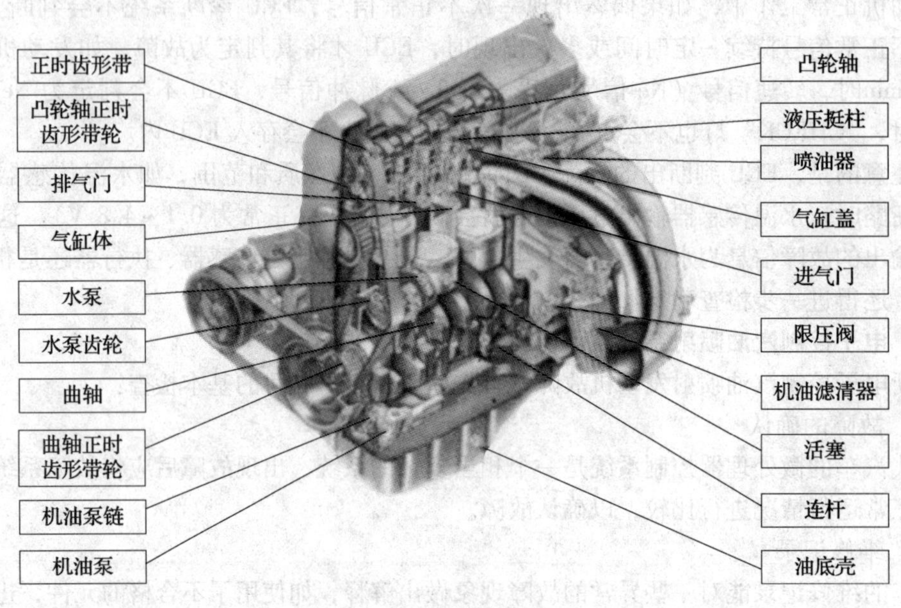

图 2—15　AJR 发动机纵剖视图

（3）氧传感器信号、进气温度信号等。

在以上因素中，进气量信号是最主要的依据，其他信号都是起到修正作用的信号。所以，一旦遇到电喷车供油量严重失调的故障时，一定要检查进气量信号。

故障诊断：

使用解码器检测发动机电控系统，先是两个故障码：氧传感器故障和发动机霍尔传感器短路或断路，初步判断可能是传感器插接器松动造成故障。

清除故障码，启动发动机在怠速运转，很快又出现氧传感器故障和发动机霍尔传感器短路或断路的故障代码，表明这两个故障是当前故障，而非上次维修遗留故障代码。

时代超人的 AJR 发动机，使用的是 L 型燃油供给系统，装备了热膜式空气流量计（见图 2—16），属质量流量型。

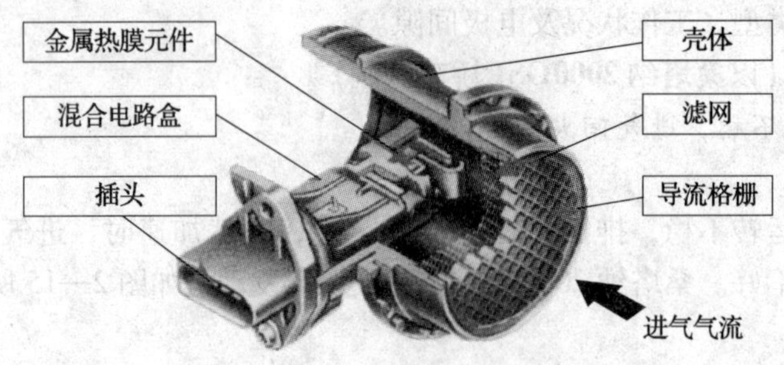

图 2—16　热膜式空气流量计

步骤 1：

首先检查霍尔传感器。

①用测试灯从插头背面连接插头触点1和2，如图2—17所示。

②启动发动机，发动机每转两圈测试灯应闪一下。

③如果测试灯不闪，关闭点火开关，拔下霍尔传感器插头。

霍尔传感器发送第一缸点火位置，如果信号中断爆燃控制关闭，点火提前角稍微推迟，以避免发生爆燃。霍尔传感器发生故障后，发动机仍能继续运转，并且能再次启动，但发动机功率明显下降，燃油消耗增加，此时应对霍尔传感器进行检测。

④启动发动机，用万用表测量1、3端子电压应为5V，2、3 端子电压应接近电源电压。

⑤如果测量值接近标准值，更换传感器，如不符合标准，则应检查电路和控制单元。

⑥测传感器插头和发动机控制单元间插头导线是否导通。

如果测量出线路有断路或短路，应排除故障。

检测霍尔传感器，未发现故障。

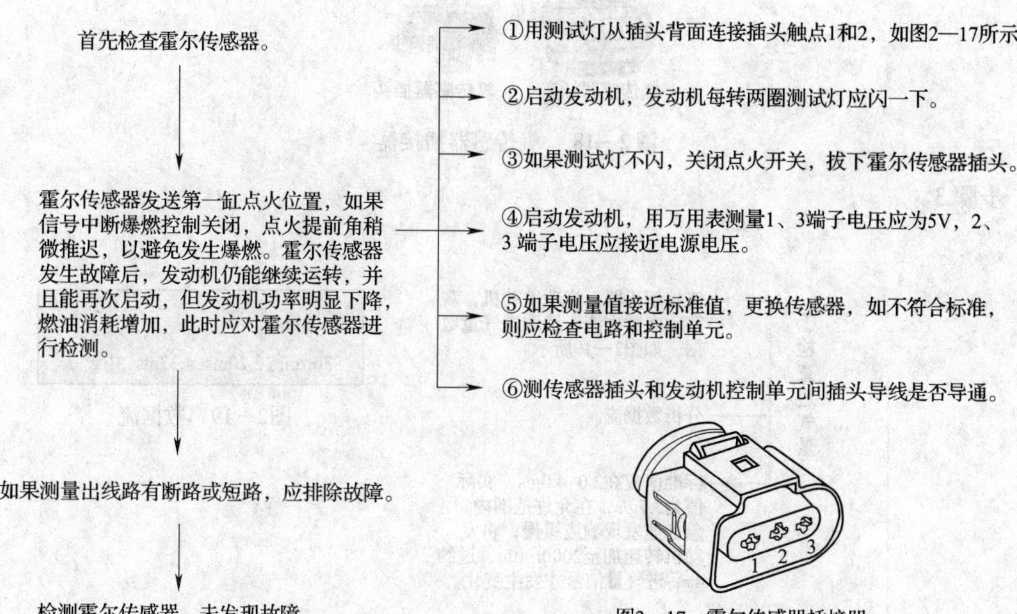

图2—17　霍尔传感器插接器

步骤 2：

接着检查氧传感器

①冷启动条件下氧传感器检测
- a.连接解码器。
- b.怠速读取数据流。
- c.观察氧传感器电压信号。
  - 当冷发动机或者氧传感器控制不工作；信号电压为0.45~0.55V。
  - 当氧传感器控制工作；信号电压0~0.3V和0.7~1.0V间变化。
  - 氧传感器信号＞0.7V，表明混和气过浓。
  - 氧传感器信号＜0.3V，表明混和气过稀。
- d.“c”中数据，如数值不在范围内更换氧传感器。

②氧传感器工作情况检查
- a.连接解码器。
- b.怠速运转发动机读取数据流。
- c.观察冷却液温度传感器数据，直至水温超过80℃。
- d.读取氧传感器信号电压。
  - 当数据变化缓慢时，检查传感器加热电路。
  - 如果信号维持在0.45~0.55V之间变化，说明信号线断路。
  - 氧传感器信号＞0.7V，λ控制已达到最稀浓度极限，但氧传感器仍记录混合气太浓。
  - 氧传感器信号＜0.3V，λ控制已达到最大浓度极限，但氧传感器仍记录混合气过稀。
- e.退出检测系统，关闭发动机，拔下解码器。

③氧传感器加热检查
- a.关闭点火开关，拔下氧传感器插接器（见图2—18）。
- b.检查1、2端子电阻；室温时应为1~5Ω，当温度上升时，电阻迅速上升。
- c.检查熔丝S123。
- d.若熔丝正常，测量端子1搭铁情况。

④氧传感器信号线路的电压检测
- a.关闭点火开关，拔下氧传感器插接器。
- b.测量3、4端子间电压。
- c.接通点火开关，3、4端子间电压应为0.45~0.5V。
- d.若数值不在规定值范围内，应用万用表检查氧传感器。

氧传感器插座

氧传感器插头

图 2—18　氧传感器插接器

步骤 3：

检查空气流量计

① 检查进气量
- 连接解码器，启动发动机，观察动态数据流，读取进气量数据，如图2—19所示。
- 分析数据流。
- 标准值应在2.0~4.0g/s，实际值为3.7g/s，在允许范围内，急加速发现响应缓慢，将发动机转速加至2000r/min，过约4s后进气量信号才发生变化。

数据块 02
830r/min 2.20ms 4.37ms 3.7g/ s

图2—19　数据流

② 检查空气流量计供电电压
- a.检查附加熔丝。
- b.关闭点火开关，拔下空气流量计插接器。
- c.测量端子2与发动机机体间电压。
- d.启动发动机应为12V，若不正常，检查油泵继电器，若正常，测量端子4与发动机机体间电压。
- e.接通点火开关应为5V，若不正常，检查计算机端子。

③ 检查空气流量计故障
- a.启动发动机。
- b.测量空气流量计5号端子与发动机机体间电压，怠速应为1.2~1.5V，随发动机转速增加，电压升高，当发动机达到2500r/min时，电压约为2.5V。若不符合上述范围，更换传感器。
- c.测量端子2与发动机机体间电压。
- d.接通点火开关应为5V，若不正常，检查计算机端子。

经检查，空气流量计线路无故障，上述检查过程中唯一发现的问题是空气流量计响应缓慢。更换一新的空气流量计后，车辆恢复正常，故障排除。

故障总结：

空气流量计损坏后，发动机控制单元为什么检测不到呢？空气流量计的故障通常不是简单的断路或短路，而是信号偏离标准值。特别是故障不十分明显时，发动机控制单元往往检测不到空气流量计信号出故障，当然自诊断系统也就不能储存或释放故障信息了。相反，发动机控制单元会错误的改变喷油量和点火提前角，使发动机产生怠速不稳或加速时进气管回火及排气管放炮。

另外，当空气流量计性能不良，用解码器检测故障时，时常显示的是氧传感器有故障或发动机霍尔传感器出现短路或断路。

2. 桑塔纳 2000GSI 轿车高速闯车

故障现象：

一辆桑塔纳 2000GSI 时代超人轿车，低速行驶正常，当车速达到 130 km/h 以上时，便出现行驶闯车，加速无力故障。

故障原因：

（1）车速传感器故障。

（2）计算机故障。

（3）点火系统故障。

故障诊断：

1）用解码器检测，无故障码。

2）该车更换过火花塞、分缸线和双火花点火器等，清洗过喷油器，并更换过氧传感器，拆解过变速器，一直无法排除故障。

3）在反复试车的过程中，发现故障基本在车速超过 130 km/h、发动机转速约为 4 000 r/min 时出现，并且在举升机上试验时车速及发动机转速也在以上范围。

4）在试验过程中发现，变速器不挂挡时发动机转速能平顺超过 4 000 r/min。

5）断开车速传感器插接器，试车，发现变速器挂挡后一切正常，但连接好插接器故障再次出现。

6）车速表显示正常，故排除车速传感器有故障。

7）重新连接解码器，读取数据流，显示当车速达到 130 km/h 时，数据流中车速数据为 130 MPH（约为 190 km/h），判断故障处在 ECU 控制单元中。

8）更换 ECU 后恢复正常。考虑到第 5 步操作，换回原车 ECU 并断开 ECU 与车速传感器连接线，一切正常，不影响车辆正常行驶。

3. 桑塔纳 2000GSI 时代超人轿车怠速游车

故障现象：

一辆桑塔纳时代超人，因怠速游车来修理厂进行检修。

故障原因：

（1）节气门脏堵。

（2）空气流量计测量信号不准确。

（3）燃油供给系统有故障。

（4）计算机有故障。

故障诊断：

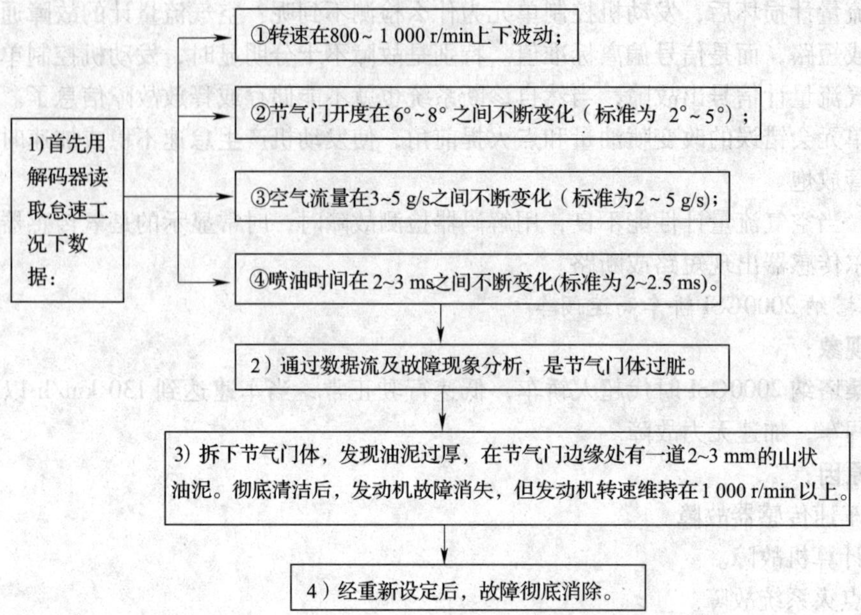

维修总结：

直动式怠速控制形式在我国大众车系中普遍采用，其特点是取消了怠速旁通气道。直接由电动机推动节气门翻板的形式来控制怠速工况进气量，同时可以完成怠速的稳速及快怠速升温控制。当加速时节气门的开度完全由节气门拉线控制，此时的怠速电动机已失去了作用。

由于主气道易受空气中的灰尘及油质的影响，形成油泥粘贴在主气道的管道上，正常怠速时的进气受到阻碍，进气量减少导致转速下降。电控单元为了控制怠速转速，将不断指令怠速电动机开大节气门角度，当油泥堆积过厚时，将形成一个死区，即节气门有开度而无进气量的区段。当节气门翻板再有一个较小的增量来越过死区时，会突然有一个较大的进气流通过，已不再是线性的缓慢的进气控制。这种进气量的突变，造成怠速转速突然升高，电控单元便指令电动机减少进气量。当节气门翻板刚进入死区时，进气量又突然减少，转速下滑，电动机又加大节气门开度来增加进气量，进气量在忽大忽小的变化中，怠速转速必然忽高忽低，形成了游车现象。这种游车故障在直动式车型中极易发生。

4．1999 款桑塔纳 2000GSI 时代超人轿车加速不良

故障现象：

一辆 1999 款桑塔纳 2000GSI 时代超人轿车，车主反映该车加速不良。

故障原因：

(1）燃油系统压力不足。

(2）进气系统传感器有故障。

(3）计算机出现故障。

故障诊断：

1）连接解码器读故障码，显示无故障码。

2）对燃油压力进行检测，燃油压力正常。

3）用解码器读取数据流，节气门从怠速位置到全开为止，吸入空气量和喷油时间随节气门开度增大而均匀增加。在快速踩下加速踏板时，吸入空气量数据正常，但节气门开度数据变化出现异常。从怠速位置开起到45°左右范围内，数据值提高迅速；在50°~70°范围内数据提高缓慢，即数据变化滞后于节气门实际开度角变化。

4）由此判断，由于节气门位置传感器工作特性发生了变化，灵敏度下降，对节气门快速开启反应迟钝，ECU 发出错误指令，使喷油器不能迅速响应节气门开度变化，喷油滞后，从而造成发动机转速提高缓慢，加速不良。

5）更换节气门位置传感器后，故障消除。

5. 桑塔纳 2000GSI 时代超人急加速回火

故障现象：

一辆桑塔纳 2000GSI 时代超人轿车，行驶 90 000 km。车主反映该车慢加速时发动机工作正常，而当急加速时，发动机回火。

故障原因：

（1）进气系统传感器存在故障。

（2）燃油压力不正常。

（3）喷油器脏堵。

故障诊断：

1）连接解码器读故障码，显示无故障码。

2）观察传感器数据流，各个传感器数据均符合规定值，判断电控系统无故障存在。

3）检测燃油压力，正常。

4）检查点火线圈、火花塞均正常。

5）将喷油器拆下，发现喷油器有少量积炭结焦，将喷油嘴清洗，故障仍存在。

6）检测汽缸压力，测量结果正常。

7）检测该车怠速时空气流量计信号为 2~5 g/s，慢加速可升至 12 g/s 左右，急加速时只能达到 15~17 g/s，松开加速踏板时却能达到 40 g/s。与工作正常的桑塔纳 2000GSI 轿车的数据对比，怠速时空气流量计信号应为 2~5 g/s，慢加速时应为 15 g/s 左右，急加速应能达到 40 g/s，说明故障在空气流量计。

8）更换空气流量计，故障消除。

6. 桑塔纳 2000GSI 怠速不稳，加速无力

故障现象：

一辆桑塔纳 2000GSI 轿车，车主反映该车发动机怠速不稳，排气管冒黑烟，行车闯车并加速不良。

故障原因：

（1）混合气过浓。

（2）燃油压力过高。

（3）点火电压低。

（4）传感器存在故障。

故障诊断：

1）根据故障现象可以判断其原因为混合气过浓，于是对发动机进行检查。用解码器检

测，无故障码。

2）检测燃油系统压力，怠速时压力为0.25 MPa，拔下燃油压力调节器上真空管时燃油压力为0.30 MPa，说明燃油系统压力正常，检测喷油器，工作均正常。

3）拆下火花塞检查，发现火花塞的电极表面有积炭，但跳火正常。

4）拆下节气门体，检查无卡住现象。清洁后装复，用解码器进行基本设定。

5）经过以上检查调整后试车，故障未被排除。

6）连接解码器读取数据流，显示怠速时空气流量为5.3 g/s，喷油脉宽为3.3 ms，传感器信号电压在0.75~1.0 V变化。用数字万用表测空气流量计2号与4号端子电压分别为12 V和5 V。怠速工况下，空气流量计显示正常值（2.0~4.0 g/s），则判断空气流量计有故障。

7）更换空气流量计后，故障排除。

7. 桑塔纳2000GSI时代超人加速困难

故障现象：

一辆桑塔纳2000GSI时代超人轿车，累计行驶里程为150 000 km，车主反映该车提速困难。

故障原因：

(1) 传感器存在故障。

(2) 燃油系统压力不足。

(3) 排气管堵塞。

(4) 进气量不足。

故障诊断：

1）连接解码器读故障码，显示无故障码。

2）用解码器读取故障码，显示系统正常，没有故障码储存。读取发动机数据流也正常。

3）更换全部火花塞，故障依然没有排除。

4）在无负荷状态下，加大节气门开度使发动机转速达到6 000 r/min后，发动机不能稳定在该转速下工作，转速会急剧下降，类似供油不足。检查燃油压力，正常。用钳子夹住回油管，故障依然存在。

5）加大节气门开度，燃油压力在0.25 MPa上下浮动，说明在急加速时，燃油压力不足。

6）怀疑三元催化转化器堵塞，影响废气排放导致上述故障，拆下三元催化转化器后试车，故障依然存在。

7）检测该车怠速时空气流量计信号为2~5 g/s，慢加速可升至12 g/s左右，急加速时只能达到15~17 g/s，松开加速踏板时却能达到40 g/s。与工作正常的桑塔纳2000GSI轿车的数据对比，怠速时空气流量计信号应为2~5 g/s，慢加速时应为15 g/s左右，急加速应能达到40 g/s，说明故障在空气流量计。

8）更换空气流量计，故障消除。

8. 桑塔纳2000GSI时代超人冷车无怠速

故障现象：

一辆桑塔纳2000GSI轿车，行驶里程为17 000 km，车主反映该车为新车，在一次着火后除了汽缸体没更换外，其余部件全部更换。但修复后出现了冷车无法启动，轻踩加速踏板可以启动，只要一松开加速踏板，车辆立即熄火，热车后一切正常。

故障原因：

（1）空气流量计故障。

（2）节气门位置传感器匹配不当。

（3）节气门脏堵。

（4）汽车计算机故障。

故障诊断：

1）试车，发现汽车冷车状态无怠速，当发动机达到正常工作温度后，车辆恢复正常。

2）连接读码器，显示节气门控制单元 J338 故障，并且故障码无法消除。

3）对节气门进行基本设定，解码器显示节气门定位计故障，无法进行基本设定。

4）读取数据流，除点火提前角显示负值，其余数据均正常。

5）清洗节气门，并进行基本设置，故障依然存在。

6）分析故障存在于节气门控制单元的可能性不大，对控制单元与 ECU 连接线路进行检查，线路正常，怀疑故障存在于 ECU。

7）更换 ECU，并将线路连接好，进行匹配，又将节气门进行基本设定，试车，车辆恢复正常，故障彻底排除。

9. 桑塔纳 2000GSI 轿车高速松开加速踏板熄火

故障现象：

一辆 2001 年桑塔纳 2000GSI 轿车，行驶里程 110 000 km，车主反映该车高速行驶中松开加速踏板就会熄火，加速时排气管冒黑烟，而且油耗激增。已经更换高压线和点火线圈及火花塞，喷油器和节气门也已清洗过。

故障原因：

（1）进气系统传感器出现故障。

（2）汽车计算机存在故障。

（3）氧传感器存在故障。

故障诊断：

1）启动发动机试车，怠速时发动机转速在 800 ~ 900 r/min 之间变化，路试加速至 90 km/h时松开加速踏板，感觉发动机抖动了一下就熄火了，但是车速在 80 km/h 以下松开加速踏板发动机不熄火。

2）连接解码器读取故障码，调出故障码 00533 和 00525，含义分别为“超出匹配极限”和“G39 信号不明确（偶发）”，清除故障码后系统正常。输入调整组号 098 作节气门体调整后，重新启动发动机，怠速还是有些抖动且加速冒黑烟，故障没排除。

3）再次调取故障码，依旧显示 00533 和 00525 两个故障码。

4）读取数据流，发动机进气量是 6.0 g/s，数值明显提高，氧传感器电压为 0.45 V 且不变化，怀疑氧传感器失效。

5）拔下氧传感器插接器，用万用表测量灰色信号线电压为 0.45 V，测量 2 根白色的加热线电阻为 4Ω，正常，电源线也正常，因此确定氧传感器失效。

6）更换氧传感器后，氧传感器电压在 0 ~ 1.00 V 之间不断变化，但是发动机进气量还是6.0 g/s，发动机负荷偏大，加速时排气管冒出的黑烟比原来少多了，但是怠速还不稳定。

7）拔下空气流量计插头，发动机工作状况无明显变化，因此，怀疑是空气流量计的故障。更换一个原厂的空气流量计，再看进气量数值是2.8 g/s，喷油器脉冲在2.00～2.05 ms之间变化，观察发动机怠速稳定，排气管黑烟也慢慢消失，路试一切正常。

单元4　柴油发动机故障诊断

学习目标：

了解柴油发动机的常见故障现象及故障原因，并掌握常见故障的检测方法。

1. 发动机启动困难

故障现象：

环境温度在5℃左右时，启动三次发动机均不成功。启动困难分两种情况，一是冷机启动困难，而热机启动不困难；二是冷、热机时启动均困难。要能区分这两种启动困难的原因，首先要了解影响启动困难的因素是什么。

故障原因：

（1）起动机与蓄电池质量的好坏，影响曲轴转速能否达到要求。

（2）环境温度在5℃以下，气缸内压缩温度难以提高，发动机低温工作易冒白烟。

（3）柴油质量差，如水分超标，排烟呈灰白色。

（4）气缸压缩不良，发动机温度难以升高，缸套、活塞、活塞环配合间隙超标。气门间隙过小或气门密封带烧伤或积炭。

（5）密封不严及气缸垫出现窜气（有异常敲击声）。

（6）油路中有空气，来油不足，严重时不来油。

（7）混合气浓度不正常，进气量不足，油浓度过大（空气滤清器或增压器故障；气门间隙过大），喷油嘴雾化不良（喷油嘴故障），导致燃烧不完全，排气管排黑烟。

（8）启动油量不足，高压泵柱塞拉伤，齿条、拉杆运动不灵活，启动油量调整不当（任何情况下都不容易启动）。

（9）供油提前角调整不当，提前角过大，排气管冒黑烟，提前角过小，排气管冒白烟。

上述影响因素任何一种不符合要求，都会造成发动机启动困难。因此，上述第二种冷、热机启动困难的故障原因，在9种影响因素中的任何一种或多种都有可能存在；第一种冷机启动困难，而热机启动不困难，说明热机后机温容易升高就容易启动。受热机影响的因素主要有：气门间隙过大，配气相位变化，进气量少而影响启动。缸套、活塞及活塞环磨损过大，热机后配合间隙变小，压缩转好，容易升温，利于着火。喷油嘴雾化不良（指喷油压力偏低）冷机不易着火而热机时仍能着火。

2. 柴油发动机不能启动，且无启动迹象故障诊断

故障现象：

发动机无启动迹象，排气管无烟排出。

故障原因：

（1）低压油路的原因

1）油箱内无油或存油不足。

2）油箱开关未打开或油箱盖空气孔堵塞。

3）油箱至输油泵间管路堵塞。

4）油箱到输油泵间管路中有漏气部位。

5）柴油机滤清器或输油泵滤网堵塞。

6）油路中渗进了水或使用的柴油牌号不对。

（2）高压油路原因

1）喷油泵柱塞偶件磨损过度，造成内泄漏大，使供油量达不到启动时的需要。

2）喷油泵油量调节机构卡滞，使柱塞不能转动或转动量过小。

3）出油阀密封不良，造成不供油或供油不足。

4）喷油器针阀积炭或烧结而不能开启。

5）喷油器针阀开启压力调整过高。

6）喷油器喷孔堵塞。

（3）其他方面的原因

1）低温启动预热装置失效，发动机气缸内温度过低。

2）空气滤清器堵塞，排气管排气不畅。

3）供油时间过早或过迟。

4）喷油器喷油雾化不良。

5）气缸压缩压力过低，压缩终了的温度达不到使柴油自燃的温度。

故障诊断：

发动机无启动迹象，排气管无烟排出时，应按下述步骤及程序排除故障。

将喷油泵放气螺钉松开，扳动手油泵，观察放气螺钉处是否流油，若不流油或流出泡沫状柴油，而且长时间扳动手油泵也排不尽，表明低压油路有故障。如果流油正常，则说明故障出在高压油路。

（1）低压油路故障的诊断

1）若松开喷油泵的放气螺钉，扳动手油泵时放气螺钉处无油流出，说明油箱内无油或油路堵塞。首先检查油箱中存油是否充足、油箱开关是否打开，油箱盖空气孔是否堵塞。若良好，可扳动手油泵试验。若拉手油泵拉钮时，明显感到有吸力，松手后又自动回位，说明油箱到输油泵的油路堵塞；若拉出手油泵拉钮时感觉正常，但压下时比较费力，说明输油泵至喷油泵的油路堵塞，可检查柴油滤清器是否堵塞。如果上下拉动手油泵拉钮时，均无正常的泵油阻力，说明手油泵失效，应检查手油泵进、出油阀是否关闭不严等。在寒冷地区、严寒季节，柴油牌号选用不当或柴油中有水，容易造成凝结或结冰而堵塞管路。

2）若松开喷油泵放气螺钉，扳动手油泵，放气螺钉处流出泡沫状柴油，而且长时间扳动手油泵也是如此，说明油箱至输油泵之间的管路漏气，供油系中渗进空气发生了气阻。首先检查油管有无破裂，如无破裂，应检查输油泵至油箱一段油管接头是否松动或油箱内上油管从上部是否断裂等。

（2）高压油路故障的诊断。松开喷油泵放气螺钉，扳动手油泵，放气螺钉处出油正常，但各缸喷油器无油喷出，应先诊断高压油路。

诊断高压油路时，先确定故障出自喷油泵还是喷油器。可在发动机转动时，用手触试各缸高压油管，若感到有喷油“脉动”，说明故障不在喷油泵而在喷油器；若无“脉动”或“脉动”很弱，说明故障在喷油泵。

1）接通起动机，查看喷油泵输入轴是否转动，联轴节是否连接可靠，否则应检查联轴节有无断裂，半圆键是否完好。

2）拆开喷油泵侧盖，检查供油调节拉杆是否处于不供油位置，若总处于不供油位置，应检查踏板拉杆、供油拉杆或调速器的卡滞故障。

3）检查供油调节机构是否工作不良。踩下加速踏板，观察柱塞是否转动，若不转动应检查调节叉或扇形小齿轮的固定螺钉是否松动，调节臂有无从中脱出或柱塞与柱塞套筒是否粘住。

4）检查喷油泵出油阀是否密封不严。拆下高压油管，用手油泵泵油，若出油阀溢油，说明出油阀密封不良。

5）检查溢油阀的密封情况。

（3）检查喷油器的工作情况。喷油器可在专用的喷油器实验器上进行试验。若就车检查，可将喷油器从缸盖上拆下并接上高压油管，然后启动发动机，观察其喷油情况。如雾化良好又不滴油，说明无故障；若雾化不良，应解体检查喷油器针阀是否卡滞、弹簧弹力是否正常、喷孔是否堵塞等。

3. 柴油发动机不能启动，但有启动迹象故障诊断

故障现象：

发动机有启动迹象，排气管冒白烟，但不能发动。

故障原因：

柴油发动机在低温（特别是冬天）启动时，若排气管排出白烟，但在温度升高后排烟正常，这是正常现象。若发动机启动困难，虽有启动迹象但不能发动，或启动后又熄火，排气管冒出大量白烟，这就是有故障。分析故障原因，有两种情况；一是气缸中进了水或柴油中含有水分，燃烧后排气管排出大量水汽（白烟）；二是因为混合气形成条件差，气缸内温度较低，燃油不能很好地形成混合气燃烧便排出去，一般为白色烟雾。

（1）气缸内进水

如果排出白烟，用手接近排气管消声器出口处，发现手上有水珠，说明有水进入燃烧室。首先拔出油尺，观察下曲轴箱机油油面是否升高，机油中是否有水（机油颜色发白说明机油被水乳化），并在启动发动机时观察水箱上部有无气泡冒出，并确定水箱是否反水。若机油有水和水箱上部在启动发动机时有大量气泡冒出，应检查气缸垫有无烧穿漏水，气缸盖螺旋有无松动，气缸盖和气缸体有无破裂漏水等。否则，应检查柴油中是否有水，可将油箱及柴油滤清器放污塞打开，放出水和沉淀物。

（2）燃油燃烧不良

发动机启动困难，排气管冒白烟，经诊断气缸内没有进水，重点应考虑柴油燃烧条件不足等原因。

故障诊断：

（1）检查启动预热装置是否损坏。

（2）检查进气通道是否堵塞。

（3）检查和调整喷油正时。

（4）检查喷油器喷油雾化是否不良。

（5）检查气缸压力是否过低。

（6）检查喷油泵供油是否过多或过少。

4. 汽车行驶动力不足的故障诊断

故障现象：

汽车行驶动力不足，加速不灵敏，踩下加速踏板后，转速不能提高到规定值，排气管排气量过少。

故障原因：

（1）加速踏板拉杆行程不能保证供给最大供油量。

（2）调速器调整不当或调速弹簧过软使喷油泵不能保证最大供油量。

（3）喷油泵供油不足。

1）喷油泵油量调节拉杆（或齿条）达不到最大供油位置。

2）喷油泵出油阀密封不良。

3）喷油泵柱塞磨损过大。

4）油泵工作不良使供油不足。

5）低压油路堵塞使其供油不足。

6）油箱至输油泵管路有漏气，使空气进入油路等。

故障诊断：

此故障可判定为达不到额定供油量而使发动机动力不足。

（1）首先检查加速踏板的行程。将加速踏板踩到底，然后用手扳动喷油泵油量调节臂，若还能向加油方向推动，说明加速踏板拉杆不能使喷油泵达到最大供油量，应予以调整。

（2）检查燃油系统是否吸入了空气，应检查各油管接头是否松动，并将油路的空气排尽，检查柴油滤清器是否堵塞、油箱盖通气孔是否堵塞、输油泵滤网有无堵塞等。检查喷油泵的出油阀是否密封不良。若以上各点没有不良情况，则需用试验台来检查喷油泵和调速器的工作情况。

柴油机在常用工况下，排气管排出的废气是无色透明或接近无色透明的气体。只有在短时间内接近全负荷运转或启动时，废气才呈灰色或深灰色。如果在常用工况下，废气具有某种颜色，则是故障的反映。

5. 发动机动力不足

故障现象：

发动机动力不足运转不均匀，排气管排出大量白烟或运转不均匀，排气管排黑烟，加速时出现敲击声。

故障原因：

（1）运转不均匀，排气管排黑烟，加速时出现敲击声故障现象的原因：

1）空气滤清器严重堵塞，造成进气量不足。

2）喷油泵供油量过多或各缸供油不均匀度过大。

3）喷油器喷雾质量不佳或喷油器滴油。

4）供油时间过早。

5）气缸压缩压力不足。

6）柴油质量低劣。

（2）运转不均匀，排气管排出大量白烟故障现象的原因：

1）供油时间过迟。

2）柴油中有水或因气缸垫烧穿、缸套缸盖破裂漏水等原因造成气缸进水。

3）气缸温度过低或气缸压缩压力不足。

4）喷油器喷雾不良。

故障诊断：

（1）柴油机排气黑烟多，大多是由各缸供油不均匀或过多，吸入空气量不足、柴油雾化不良、喷油时间过早等原因引起不完全燃烧造成的：

1）拆下空气滤清器，观察排气烟色。若排黑烟情况好转则说明是由于空气滤清器脏污严重造成的。

2）检查供油时间是否过早，若过早应调整。

3）在发动机运转时，逐缸断油，若发动机转速降低，黑烟明显减少，敲击声变弱或消失，说明该缸供油量过多；若发动机转速变化小而黑烟消失，说明该缸喷油器喷雾质量差。找出有故障的单缸后，拆检喷油器。必要时，可换装新的喷油器进行对比，若用新喷油器时故障消失，说明原喷油器有故障。

4）用上述方法仍不能排除故障，对于喷油泵柱塞挺杆有调整螺钉的，应检查各缸喷油是否一致，必要时应进行调整。

5）若以上各项均无问题，应对有故障的单缸测试压缩压力，以判断是否有气缸、活塞、活塞环等磨损漏气或气门不密封等现象。

（2）发动机动力不足，运转不均匀，排气管排出大量白烟时，则可按下述程序诊断：

柴油机排气冒白烟分为灰白烟和水汽白烟两种。

1）首先检查发动机温度，若温度过低，系由保温措施不足或百叶窗控制不良造成。在冬季，柴油机冷启动后往往冒白烟，但发动机温度升高后白烟能自行消失，这是正常现象，不属于故障。

2）若发动机温度正常，排气管排水汽时，将手靠近排气管口处，当白烟掠过手面后，手面留有水珠，则应检查柴油中是否有水或有缸垫烧穿、缸体缸盖破裂漏水等现象。

3）发动机动力不足，排气管排灰白烟雾，一般是由于供油时间过迟，应检查和调整供油时间。

4）检查喷油器的喷雾质量。首先采用单缸断油的方法，找出工作不良的气缸，从缸内拆下喷油器，由缸外连接到原来的高压油管上，启动柴油机运转，观察喷雾质量。若喷雾质量差，应对喷油器进行检查和调整，必要时更换喷油器。

5）若发动机刚启动时排白烟，温度升高后冒黑烟，通常是气缸压力过低造成的，应用汽缸压力表检测缸压。

6. 柴油发动机敲缸的故障诊断

故障现象：

（1）发动机产生有节奏的金属敲击声，急加速时响声更大，排气管排黑烟。

（2）气缸内发出低沉不清晰的敲击声。

（3）敲击声没有节奏并排黑烟。

故障原因：

（1）喷油时间过早或过迟。

（2）喷油雾化不良。

（3）进气通道堵塞或空气滤清器堵塞。

（4）各缸喷油不均匀。

（5）喷油器滴油。

（6）选用的柴油牌号不当。

故障诊断：

柴油机产生类似敲缸声时，应首先确定是着火敲击还是机件敲击。

（1）进行急减速试验，着火敲击暂无，随后又出现；而机件敲击声连续发响。在异响的同时观察排烟，着火敲击的同时排气管排黑烟或灰白烟；机件敲击的排气管不排烟或排蓝烟。

（2）如果响声不均匀，说明各缸工作比较均匀，其故障原因与喷油正时、进气情况、柴油性能等方面有关。急加速试验时，若响声尖锐，排气管冒黑烟，通常是喷油时间过早，应调迟。若加速困难、声调低沉，排气管冒白烟，是喷油时间过迟，应调早。若调整喷油正时的效果不明显，则应检查空气滤清器是否堵塞、进气通道是否畅通。

（3）如果响声不均匀，说明各缸工作情况不一致。可用单缸断油的方法找出工作不良的气缸。若怀疑某喷油器工作不良，可用一标准喷油器或与其他缸喷油器调换，倘若此时声响消失（或转移其他缸），则表明故障在喷油器。若怀疑某缸供油量过大，可用减油法试验，减油之后响声和排烟应消失。若减油之后故障减弱并不消失，只有断油才完全消失，则说明故障原因在喷油时间过早。

7．柴油发动机飞车的故障诊断

故障现象：

柴油机在汽车运行中或自身空转中，尤其是全负荷或超负荷运转中突然卸荷，转速自动升高超过额定转速而失去控制。

故障原因：

（1）喷油泵、调速器的故障

1）加速踏板拉杆或喷油泵供油调节齿杆卡滞，使其在额定供油位置上回不来。

2）油量调节齿杆和调速器拉杆脱节。

3）柱塞的油量调节齿圈固定螺钉松动使柱塞失去控制。

4）调速器的高速限制螺钉或最大供油量调整螺钉调整不当。

5）调速器内润滑油过多或机油过脏、黏度过大，使飞球甩不开。

6）调速器因飞球组件犯卡、脏污、锈蚀、松旷或解体等原因失去效能或效能不佳。

（2）燃烧室中有额外燃料

1）气缸窜油，使润滑油进入燃烧室燃烧。

2）惯性油浴式空气滤清器存油过多被吸入燃烧室。

3）带增压器的柴油机，由于增压器油封损坏，机油进入燃烧室燃烧。

故障诊断：

当飞车故障发生时，无论是正在行驶的汽车还是停驶的汽车，首先要采取紧急措施设法立即熄火，避免事故的发生。

（1）紧急熄火的方法

紧急熄火的方法有以下几种：

1）若汽车在运行中，千万不要脱挡或踩离合器，应紧急制动直至发动机熄火。

2）若汽车静止发动机空转，则立即采用断油或断气的方法使发动机熄火。

①迅速使加速踏板回到停车位置，拉出灭火拉钮。

②有减压装置的，迅速将减速手柄拉到减压位置。

③进、排气管道带阀的将阀门关闭，如果没有阀门的可拆下空气滤清器。

④供油拉杆或齿杆外露的喷油泵，可迅速将拉杆推向停油位置。

⑤松开各缸高压油管或低压油管的油管接头以停止供油。

⑥及时挂入高速挡，踩下制动器，缓抬离合器，使发动机熄火。

（2）诊断、排除故障的方法

发动机熄火后，应及时诊断、排除故障，方法如下：

1）反复踩动加速踏板或搬动喷油泵操纵臂，从喷油泵外部或拆下侧盖从内部检视供油拉杆（或齿杆）的轴向活动情况。若供油拉杆（或齿杆）不能轴向活动，故障系供油拉杆（或齿杆）在其承孔内因缺油、锈蚀等原因发卡而不能缩回原位造成的。

2）打开调速上盖，检查调速器飞球组件与供油拉杆（或齿杆）的连接是否脱开、调速器内机油是否太多或黏度太大，调速器飞球组件是否犯卡、锈蚀、松旷或散架。

3）拆下喷油泵调速器总成，在试验台上进行检修与调试，合格后再装机。

4）若供油系良好，应检查气缸内有无额外进入的燃油或机油。如：空气滤清器或增压器的机油能否漏入气缸，气缸密封性如何，是否窜机油等。

模块三　底盘故障诊断

单元1　传动系故障诊断

学习目标：

1. 熟悉传动系的组成及各部分工作原理。

2. 能根据传动系各组成部分的故障现象分析原因并排除故障。

知识回顾

机械式传动系统主要由离合器、变速器、万向传动装置和驱动桥组成。其中万向传动装置由主减速器和差速器组成。液力机械式传动系统主要由液力变矩器、自动变速器、万向传动装置和驱动桥组成。

传动系主要有以下功用：

(1) 减速增矩

发动机输出的动力具有转速高、转矩小的特点，无法满足汽车行驶的基本需要，通过传动系统的主减速器，可以达到减速增矩的目的，即传给驱动轮的动力比发动机输出的动力转速低，转矩大。

(2) 变速变矩

发动机的最佳工作转速范围很小，但汽车行驶的速度和需要克服的阻力却在很大范围内变化，通过传动系统的变速器，可以在发动机工作范围变化不大的情况下，满足汽车行驶速度变化大和克服各种行驶阻力的需要。

(3) 实现倒车

发动机不能反转，但汽车除了前进外，还要倒车，在变速器中设置倒挡，汽车就可以实现倒车。

(4) 必要时中断传动系统的动力传递

启动发动机、换挡过程中、行驶途中短时间停车、汽车低速滑行等情况下，都需要中断传动系统的动力传递，利用变速器的空挡可以中断动力传递。

(5) 差速功能

在汽车转向等情况下，需要两驱动轮能以不同转速转动，通过驱动桥中的差速器可以实现差速功能。

一、离合器常见故障诊断

离合系统的功能是保证发动机与传动系统平稳可靠地接合，并且能暂时而彻底地分离。接合是指产生摩擦力矩，分离是指解除摩擦力矩。离合器工作频繁，在汽车行驶时，由于滑动摩擦的作用各部件容易磨损、变形或破裂等，摩擦力矩相应降低，导致离合系统故障。离合器在使用过程中，经常出现的故障主要有分离不彻底（挂挡困难）、打滑、异响等。

1. 离合器分离不彻底

故障现象：

发动机怠速运转时，踩下离合器踏板，挂挡时有齿轮撞击声，且难以挂上挡；如果勉强挂上挡，则在离合器踏板尚未完全放松时发动机熄火。

故障原因：

（1）离合器踏板自由行程过大。

（2）新换的摩擦片太厚或从动盘正反面装错。

（3）从动盘钢片翘曲，摩擦片破裂或铆钉松动。

（4）液压传动离合器的液压系统漏油造成油量不足，或有空气侵入。

（5）分离杠杆调整不当，使其内端不在同一平面内或内端高度太低，或因分离杠杆弯曲变形，支座松动，支座轴销脱出等，使分离杠杆内端高度难以调整。

故障诊断：

（1）检查离合器踏板自由行程是否合适，若自由行程过大，应进行调整。

（2）检查离合器从动盘或摩擦片安装是否正确，若从动盘变形或损坏，应及时更换。

（3）检查液压系统管路、管接头是否漏油。

（4）检查分离杠杆是否变形，支座是否松动，分离杠杆调整是否合适。

（5）检查变速器第一轴和离合器从动盘配合是否良好，若配合不当，应及时调整。

2. 离合器打滑

故障现象：

汽车挂低挡起步时，离合器踏板抬得很高，汽车仍不起步或起步很不灵敏；汽车加速行驶时，行驶速度不能随发动机转速的升高而升高，且伴随有离合器发热、产生煳味或冒烟等现象；拉紧驻车制动器汽车低挡起步时，发动机不熄火。

故障原因：

（1）离合器踏板没有自由行程，使分离轴承压在分离杠杆上。

（2）从动摩擦片油污、烧焦、表面硬化、表面不平或铆钉头露出。

（3）从动摩擦片、压板和飞轮工作面磨损严重，厚度减薄。

（4）压力弹簧退火或疲劳，膜片弹簧疲劳或开裂。

（5）离合器盖与飞轮之间装有调整垫片或固定螺钉松动。

（6）分离轴承套筒与其导管之间因油污、灰尘或卡住而不能回位。

故障诊断：

（1）应经常拧出离合器放油螺塞，观察有无积油，如有，可从油的颜色初步分辨出是发动机后部漏油还是变速箱前部漏油。积油少时，可用煤油或汽油清洗离合器。

（2）按规定重新调整间隙。

（3）更换弹簧。

（4）更换新的摩擦衬片。

（5）修理（平面车一刀后磨平）或更换新件。

（6）离合器不能带病工作，作业中要尽量避免经常超负荷，特别是拖拉机轮胎打滑或陷车时，不应采取猛松离合器的办法来冲出陷坑。

3. 离合器异响

故障现象：

在使用离合器时，当离合器分离或结合时，有不正常的响声产生；当踏板放松时，异响消失；踩下踏板或放松踏板时，都有不正常响声的现象。

故障原因：

（1）离合器分离轴承磨损严重或缺油磨损烧蚀，分离轴承复位弹簧过软、伸长或脱落。

（2）离合器从动盘钢片铆钉松动，波形片碎裂或减振弹簧折断，分离叉卡滞。

（3）分离杠杆或其支架销及孔磨损松旷。

（4）发动机和变速器连接轴心线不在同一直线上。

故障诊断：

（1）如果踩下离合器踏板，使分离杠杆与分离轴承刚好接触，听到有“沙沙”的响声，则说明分离轴承有问题。继续踩下加速踏板时，如果响声有所增大，则应拆下离合器底盖，检查是否有火星射出。如果有火星射出，则说明分离轴承滚珠破碎；没有火星，说明轴承磨损过量，此时应更换新的分离轴承。

（2）如果踏板回位正常，进行检查离合器的自由行程。如果自由行程不符合要求，应给予调整；若自由行程正常，当发动机转速有变化时，如出现间歇性的碰击声和摩擦声，分离轴承前后滑动响，说明离合器分离轴承复位弹簧弹力不足，应给予更换新的弹簧。

（3）离合器从动盘钢片铆钉松动，波形片碎裂或减振弹簧折断，应给予更换离合器片。

4. 离合器起步时发抖

故障现象：

汽车起步时，用低速挡起步，逐渐放松离合器踏板并徐徐踩下加速踏板，离合器不能平稳接合，经常使车身发生抖动。

故障原因：

（1）离合器摩擦片破裂变形、摩擦片不平，沾有油污。

（2）摩擦片弹簧分离指高低不一，不在同一个平面上。

（3）压盘或从动盘翘曲不平，飞轮工作面跳动严重。

（4）变速器与飞轮固定螺钉松动。

故障诊断：

（1）将发动机置于怠速，踩下离合器，变速器置于2挡，放开手制动、脚制动。不踩下加速踏板，缓慢地放开离合器起步。此时确认车体的振动是否有发抖现象。同样按上述方法踩下离合器，变速器置于3挡。不踩下加速踏板，缓慢地放开离合器起步。此时确认车体的振动是否有发抖现象。上述方法可在发动机、变速器冷态下和行驶一段时间后发动机、变速器热态下操作。

（2）检查变速器与飞轮壳、离合器盖飞轮固定螺钉是否松动，有松动则紧固；如正常，检查分离杠杆是否在一个平面上，如果不在，应调整到一个平面上。

（3）如果拆下离合器底盖检查各膜片弹簧分离指高度是否一致。如不一致检查是否由于异物堵塞造成；清除异物后分离指高度如不一致，应给予更换离合器压盘。

（4）如上述良好，拆下离合器，分别检查压盘、从动盘是否变形，如变形，则更换。

5. 离合器分离沉重

故障现象：

汽车在行驶时，操纵离合器时感到沉重。

故障原因：

离合器操纵拉索变形、缺油，离合器总泵或分泵磨损、漏油、油路有气，运动件缺油、锈，机件变形失调等。

故障诊断：

当自由行程保证完以后，如果离合器还是分离不好或沉重，我们就要进行如下判断方法给予排除相关故障。

（1）取下离合器工作缸放气螺钉帽，在放气螺钉上装上一根长度适当的胶管，然后旋松放气螺钉。

（2）卸下贮油器盖，加满规定量的制动液。

（3）将胶管的另一端放在大小适当的盛有制动液的容器中（1/2 以上）。

（4）反复踏离合器踏板，将贮油器中的制动液送至操作系统的主缸、管路，工作缸对于后置发动机为了放净空气，必须使管路内保持一定的压力，用气管对制动液加以微小压力。

（5）当排净工作缸的空气后，踏下离合器踏板会有阻力，同时工作缸的推杆行程也逐步延长，此时应拧紧放气螺钉。

（6）有时放气不久，踏板又无力，再放气仍有气泡冒出，这说明从主缸到工作缸的管路中有漏油、漏气处，应根据上述判断方法排除故障。

二、手动变速器常见故障诊断

变速器是汽车传动系中的主要机构，它的作用有：增大发动机传至驱动轮的扭矩、转速的变化范围，以适应不同使用条件的要求；在发动机旋转方向不变的前提下，实现汽车倒向行驶；利用空挡，切断动力传递，便于发动机启动、怠速或换挡。有的特种车型还能在车辆静止时，从变速器向外输出动力，供给一些装置使用。

手动变速器常见故障是跳挡、乱挡、异响、漏油等。

1. 手动变速器跳挡

故障现象：

车辆在重载加速或爬坡行驶时，换挡手柄自动从某挡跳回空挡。

故障原因：

（1）变速杆调整不正确。

（2）齿轮或齿套牙齿磨损成锥形。

（3）轴、轴承或齿轮磨损松旷或轴向窜动过大。

（4）叉轴的定位凹槽或定位球磨损，定位弹簧折断。

（5）同步器锁环锥面磨损、变形或损坏。

（6）变速槽与发动机连接螺栓松动或紧度不一致。

故障诊断：

（1）检查、调整。

（2）更换齿轮。

（3）更换轴承、轴或齿轮，轴向窜动大应进行调整。

（4）更换损坏件。

（5）更换同步器锁环。

（6）按规定扭矩拧紧。

2. 手动变速器乱挡

故障现象：

汽车在起步挂挡或行驶中换挡时，挂不上所需挡位空挡；车辆静止时可能同时挂上两个挡。

故障原因：

（1）互锁装置的凹槽、锁销或钢球磨损严重；挂挡后不能退回。

（2）变速杆下端长度不足，下端工作面磨损过大或变速叉轴上导块的导槽磨损过大。

（3）变速杆球头定位销磨损松旷、折断或球头、球孔磨损过大。

故障诊断：

（1）检查互锁装置的凹槽、锁销和钢球的磨损情况。若磨损严重，应及时更换。

（2）检查变速杆下端长度与下端工作面的配合情况。若磨损严重，间隙过大，则应予以更换。

（3）检查变速杆球头定位销，若其松旷、折断或球头、球孔磨损严重，应及时更换。

3. 变速器异响

故障现象：

变速器异响主要有变速器齿轮的啮合声、轴承的运转声等。若在各挡都有连续响声，一般为轴承损坏；某挡位有连续、较尖细的响声，为该挡齿轮响声；挂上某挡时有断续、沉闷的冲击声，为该挡个别齿轮折断：停车时踩下离合器踏板不响，松开离合器踏板发响，为常啮合齿轮响。应根据响声特点，着重检修相应部位。

故障原因：

（1）变速器第一轴、第二轴或拨叉弯曲变形，轴承、同步器毂磨损、失圆。

（2）齿轮加工精度或热处理工艺不当等造成齿轮偏磨或齿形发生变化，齿轮啮合间隙或花键配合间隙过大。

（3）自锁装置的凹槽、钢球磨损过甚或自锁弹簧疲劳、折断。

（4）齿轮油不足或变质，齿轮油的规格不符合要求或油中有杂物。

故障诊断：

（1）检查变速器第一轴、第二轴或拨叉是否弯曲变形。钢球、同步器毂是否磨损、失圆，若变形或失圆应及时更换。

（2）检查齿轮及花键毂的磨损情况，若齿形发生变形或轮齿、花键毂磨损严重，造成配合间隙过大，则应更换齿轮或花键毂。

（3）检查自锁装置的凹槽、钢球及弹簧，若磨损过甚或自锁弹簧疲劳、折断，则应及时更换。

（4）检查齿轮油的油面高度、油液颜色，若油面偏低或油液变质，应按要求补充或更换。

4. 漏油

故障现象：

变速器盖周边、壳体侧盖周边、加油口螺塞、放油口螺塞、第一轴回油螺纹、第二轴油封（或回油螺纹）或各轴承盖等处有明显漏油痕迹。

故障原因：

(1) 结合平面变形或加工粗糙。

(2) 结合平面处密封垫片太薄、硬化或损坏。

(3) 变速器盖、壳体侧盖和轴承盖等处固定螺钉松动或上紧顺序不符合要求。

(4) 油封与轴颈安装不同轴、油封装反、油封本身磨损、硬化或轴颈与轴不同轴。

(5) 回油螺纹与轴颈安装不同轴、回油螺纹沟槽污物沉积严重或有加工毛刺阻碍回油。

(6) 油封轴颈磨损成沟槽。

(7) 加油口、放油口螺塞松动或螺纹损坏。

(8) 壳体有铸造缺陷或裂纹。

故障诊断：

(1) 检查变速器结合平面是否存在变形或加工粗糙。

(2) 检查结合平面处密封垫片，若太薄、硬化或损坏，需更换。

(3) 检查变速器盖、壳体侧盖和轴承盖等处固定螺钉是否松动或上紧顺序是否不符合要求，若松动或上紧顺序不符合要求，重新上紧。

(4) 检查油封与轴颈安装是否不同轴、油封是否装反、油封本身是否磨损、硬化或轴颈与轴是否同轴。若存在问题及时解决。

(5) 检查回油螺纹与轴颈安装是否同轴、回油螺纹沟槽是否有污物沉积或有加工毛刺阻碍回油，若存在问题及时解决。

(6) 检查油封轴颈是否磨损，若磨损成沟槽更换油封。

(7) 检查加油口、放油口螺塞是否松动或螺纹损坏，若松动，拧紧。若螺纹损坏更换。

(8) 检查壳体是否有铸造缺陷或裂纹，若存在严重缺陷或裂纹，应更换壳体。

三、自动变速器故障码的读取

电控液动式自动变速器的计算机内部有一个自诊断电路，它能在汽车行驶过程中不断监测自动变速器控制系统的故障，并将故障以代码的形式记录在计算机内。维修人员可以按照特定的方法将故障码从计算机中读出，为自动变速器控制系统的检修提供依据。读取故障码的方法有汽车故障诊断检测仪读码和人工读码两种。

1. 汽车故障诊断检测仪读码

汽车计算机检测仪有专用型和通用型两种形式。专用型计算机检测仪是汽车制造厂家为自己的汽车产品生产的故障诊断仪，只要把该检测仪与汽车上的计算机故障诊断插座相连接，打开点火开关，就可以很方便地对汽车自动变速器的计算机和控制系统进行检测。这种计算机检测仪只适用于指定的车型。

通用型计算机检测仪也称为汽车计算机解码器，它可以检测不同车型的计算机。最常见的有美国 Snap - on 公司生产的 Scanner 汽车计算机解码器和美国 LAE 公司生产的 OTC 汽车计算机解码器，这类汽车计算机解码器本身也是一个小型计算机，它的软件中存储有各种车型的计算机控制系统的检测程序和数据资料，并配有各种诊断插头。使用时，将相应的故障诊断插头和汽车上的计算机故障诊断插座相连接，然后将被测汽车的生产厂家名称和车辆识别码输入汽车计算机解码器，就能从软件中调出相应的检测程序，然后按照解码器屏幕显示的检测步骤，即可对汽车的自动变速器以及其他的电控装置等各个部分的计算机控制系统进行有选择的检测。

随着车型的不断更新，汽车计算机控制系统也在不断改进，因此，专用或通用的汽车计算机检测仪在使用几年后，应向制造厂家更换新的软件卡以提高该检测仪的检测能力，使其能检测各种最新车型的计算机控制系统。

2. 人工读码

有的车型可以采用人工方式读码。这就解决了没有汽车计算机检测仪，不能维修电控系统的问题。不同车型的电控自动变速器故障码的人工读取方法也不相同。目前大部分车型的人工读码方法是：用一根导线将汽车计算机故障诊断插座内特定的两个插孔（故障自诊断插孔和搭铁插孔）短接，然后观察仪表盘上自动变速器故障警告灯的闪烁规律读取故障码。日本丰田轿车、美国通用轿车和福特轿车大都是采用这种方法。

许多车辆维修手册中都有比较详细的介绍，在应用时，要认真阅读。在读取故障码之前，应确保汽车蓄电池电压正常。

四、自动变速器常见故障诊断

不同车系的自动变速器的结构差别较大，在工作中出现的故障类型、表现形式不相同，造成故障的原因和部位也不相同。但只要熟悉自动变速器的工作原理，正确使用自动变速器的检测仪器，按照故障诊断的程序操作，就能做到快速而准确地排除故障。下面介绍自动变速器的常见故障及其诊断排除方法。

1. 汽车不能行驶

故障现象：

无论变速杆位于前进挡或倒挡，车辆都不能行驶。

故障原因：

（1）自动变速器油底壳破损，漏油致使油面过低。

（2）变速杆与手动滑阀摇臂之间的连杆或拉锁松脱。使手动滑阀保持在空挡或停车位置。

（3）油泵进油滤网被堵塞或油泵损坏。

（4）主油路严重损坏，系统压力过低。

故障诊断：

（1）汽车不能行驶时，应首先检查变速杆与手动滑阀摇臂之间的连杆或拉锁是否松脱，位置是否合适。

（2）检查油泵进油滤网是否被堵塞，必要时对其进行清理或更换。

（3）检查自动变速器的油面高度。若油面高度过低，应查找漏油原因及部位，及时修补漏油部位并补充油液。

（4）检查主油路油压。若油压过低，找出损坏部位，应对其进行修理或更换。

2. 自动变速器无前进挡

故障现象：

（1）变速手柄在倒挡位置上行驶正常，在前进挡时不能行驶。

（2）操纵手柄在 D 位时不能起步，在 S 位、L 位（或 2 位、1 位）时可以起步。

故障原因：

（1）前进离合器严重打滑。

（2）前进单向超越离合器打滑或装反。

（3）前进离合器油路严重泄漏。

（4）操纵手柄调整不当。

故障诊断：

（1）检查操纵手柄的调整情况。如果异常，应按规定程序重新调整。

（2）测量前进挡主油路油压。若油压过低，说明主油路严重泄漏，应拆检自动变速器，更换前进挡油路上各处的密封圈和密封环。

（3）若前进挡的主油路油压正常，应拆检前进离合器。如摩擦片表面粉末冶金有烧焦或磨损过甚，应更换摩擦片。

（4）若主油路油压和前进离合器均正常，则应拆检前进单向超越离合器，按照《自动变速器维修手册》所述方法检查前进单向超越离合器的安装方向是否正确以及有无打滑。如果装反，应重新安装；如有打滑，应更换新件。

3. 自动变速器无超速挡

故障现象：

（1）在汽车行驶中，车速已升高至超速挡工作范围，但自动变速器不能从 3 挡换入超速挡。

（2）在车速已达到超速挡工作范围后，采用提前升挡（即松开加速踏板几秒后再踩下）的方法也不能使自动变速器升入超速挡。

故障原因：

（1）超速挡开关有故障。

（2）超速电磁阀故障。

（3）超速制动器打滑。

（4）超速行星排上的直接离合器或直接单向超越离合器卡死。

（5）挡位开关有故障。

（6）液压油温度传感器有故障。

（7）节气门位置传感器有故障。

（8）3－4 换挡阀卡滞。

故障诊断：

（1）对于电子控制自动变速器。应先进行故障自诊断，检查有无故障代码。液压油温度传感器、节气门位置传感器、超速电磁阀等部件的故障都会影响超速挡的换挡控制。按显示的故障代码查找故障原因。

（2）检查液压油温度传感器在不同温度下的电阻值。并与标准值进行比较。如有异常，应更换液压油温度传感器。

（3）检查挡位开关和节气门位置传感器的信号。挡位开关的信号应和操纵手柄的位置相符。节气门位置传感器的电阻或输出电压应能随节气门的开大而上升，并与标准相符。如有异常，应予以调整。若调整无效，应更换挡位开关或节气门位置传感器。

（4）检查超速挡开关。在 ON 位置时，超速挡开关的触点应断开，闭合超速指示灯不亮；

在 OFF 位置时，超速挡开关触点应闭合，超速指示灯亮起（见图 3—1）。如有异常，应检查电路或更换超速挡开关。

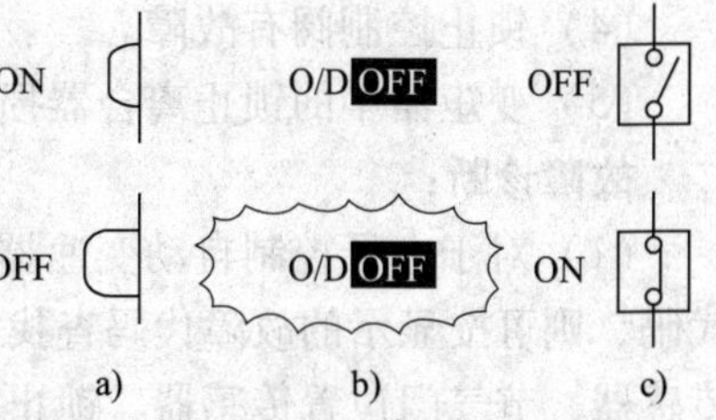

图 3—1　超速挡开关的检查

4. 自动变速器不能升挡

故障现象：

（1）汽车行驶中自动变速器始终保持在 1 挡，不能升入 2 挡和高速挡。

（2）行驶中自动变速器可以升入 2 挡，但不能升入 3 挡和超速挡。

故障原因：

（1）节气门拉索或节气门位置传感器调整不当。

（2）调速器有故障。

（3）调速器油路严重泄漏。

（4）车速传感器有故障。

（5）2 挡制动器或高挡离合器有故障。

（6）换挡阀卡滞。

（7）挡位开关有故障。

故障诊断：

（1）对于电子控制自动变速器，应先进行故障自诊断。影响换挡控制的传感器有：节气门位置传感器、车速传感器等。按所显示的故障代码查找故障原因。

（2）按标准重新调整节气门拉索或节气门位置传感器。

（3）检查车速传感器。如有损坏，应予以更换。

（4）检查挡位开关的信号。如有异常，应予以调整或更换。

（5）测量调速器油压。若车速升高后调速器油压仍为 0 或很低，说明调速器有故障或调速器油路严重泄漏。对此，应拆检调速器。调速器阀芯如有卡滞，应分解清洗，并将阀芯和阀孔用金相砂纸抛光。若清洗抛光后仍有卡滞，应更换调速器。

（6）用压缩空气检查调速器油路有无泄漏。如有泄漏，应更换密封圈或密封环。

（7）若调速器油压正常，应拆卸阀板，检查各个换挡阀。换挡阀如有卡滞，可将阀芯取出，用金相砂纸抛光，再清洗后装入。如不能修复，应更换阀板。

（8）若控制系统无故障，应分解自动变速器，检查各个换挡执行元件有无打滑现象，用压缩空气检查各个离合器、制动器油路或活塞有无泄漏。

5. 自动变速器无锁止

故障现象：

（1）汽车行驶中，车速、挡位已满足锁止离合器起作用的条件，但锁止离合器仍没有产生锁止作用。

（2）汽车最高速度不能达到正常技术标准的速度，汽车油耗较大。

故障原因：

（1）液压油温度传感器有故障。

（2）节气门位置传感器有故障。

（3）锁止电磁阀有故障或线路短路、断路。

（4）锁止控制阀有故障。

（5）变矩器中的锁止离合器损坏。

故障诊断：

（1）对于电子控制自动变速器，应先进行故障自诊断，检查有无故障代码。如有故障代码，则可按显示的故障代码查找相应的故障原因。与锁止控制有关的部件包括液压油温度传感器、节气门位置传感器、锁止电磁阀等。

（2）检查节气门位置传感器。如果在一定节气门开度下的节气门位置传感器输出电压过高或电位计电阻过大，应予以调整。若调整无效，应更换节气门位置传感器。

（3）打开油底壳，拆下液压油温度传感器。检测液压油温度传感器。如不符合标准，应更换液压油温度传感器。

（4）测量锁止电磁阀。如有短路或断路，应检查电路。如电路正常，则应更换电磁阀。

（5）拆下锁止电磁阀，进行检查。如有异常，应予以更换。

（6）拆下阀板。分解并清洗锁止控制阀。如有卡滞，应抛光装复。如不能修复，应更换阀板。

（7）若控制系统无故障，则应更换变矩器。

6. 自动变速器挂挡后发动机怠速易熄火

故障现象：

（1）发动机怠速运转时将操纵手柄由 P 位或 N 位换入 R 位、D 位、S 位、L 位（或 2 位、1 位）时发动机熄火。

（2）在前进挡或倒挡行驶中，踩下制动踏板停车时发动机熄火。

故障原因：

（1）发动机怠速过低。

（2）阀板中的锁止控制阀卡滞。

（3）挡位开关有故障。

（4）输入轴转速传感器有故障。

故障诊断：

（1）在空挡或停车挡时，检查发动机怠速。正常的发动机怠速应为 750 r/min。若怠速过低，应重新调整。

（2）对于电子控制自动变速器的信号，应先进行故障自诊断，按所显示的故障代码查找故障原因。

（3）检查挡位开关的信号，应与操纵手柄的位置相一致，否则应予以调整或更换。

（4）检查输入轴转速传感器。如有损坏应更换。

（5）拆卸阀板，检查锁止控制阀。如有卡滞应清洗抛光后装复。如仍不能排除故障，应更换阀板。若油底壳内有大量的摩擦粉末，应彻底分解自动变速器，予以检修。

7. 自动变速器无倒挡

故障现象：

汽车在前进挡能正常行驶，但在倒挡时不能行驶。

故障原因：

（1）操纵手柄调整不当。

（2）倒挡油路泄漏。

（3）倒挡及高挡离合器或低挡及倒挡制动器打滑。

故障诊断：

（1）检查操纵手柄的位置。如有异常，应按规定程序重新调整。

（2）检查倒挡油路油压。若油压过低，则说明倒挡油路泄漏。对此，应拆检自动变速器，予以修复。

（3）若倒挡油路油压正常，应拆检自动变速器，更换损坏的离合器片或制动器片（制动带）。

8. 自动变速器异响

故障现象：

（1）在汽车运转过程中，自动变速器内始终有异常响声。

（2）汽车行驶中自动变速器有异响，停车挂空挡后异响消失。

故障原因：

（1）油泵因磨损过甚或液压油油面高度过低、过高而产生异响。

（2）变矩器因锁止离合器、导轮单向超越离合器等损坏而产生异响。

（3）行星齿轮机构异响。

（4）换挡执行元件异响。

故障诊断：

（1）检查自动变速器液压油油面高度。若太高或太低，应调整至正常高度。

（2）用举升器将汽车升起，启动发动机，在空挡、前进挡、倒挡等状态下检查自动变速器产生异响的部位和时刻。

（3）若在任何挡位下自动变速器中始终有一连续的异响，通常为油泵或变矩器异响。对此，应拆检自动变速器，检查油泵有无磨损、变矩器内有无大量摩擦粉末。如有异常，应更换油泵或变矩器。

（4）若自动变速器只在行驶中才有异响，空挡时无异响，则为行星齿轮机构异响。对此，应分解自动变速器，检查行星排各个零件有无磨损痕迹，齿轮有无断裂，单向超越离合器有无磨损、卡滞，轴承或止推垫片有无损坏。如有异常，应予以更换。

9. 自动变速器不能强制降挡

故障现象：

当汽车以3挡或超速挡行驶时，突然将加速踏板踩到底，自动变速器不能立即降低一个挡位，致使汽车加速无力。

故障原因：

（1）节气门拉索或节气门位置传感器调整不当。

（2）强制降挡开关损坏或安装不当。

（3）强制降挡电磁阀损坏或线路短路、断路。

（4）阀板中的强制降挡控制阀卡滞。

故障诊断：

（1）检查节气门拉索或节气门位置传感器的安装情况。如有异常，应按标准重新调整。

（2）检查强制降挡开关。在加速踏板踩到底时，强制降挡开关的触点应闭合；松开加速踏板时，强制降挡开关的触点应断开。如果加速踏板踩到底时强制降挡开关触点没有闭合，可用手直接按动强制降挡开关。如果按下开关后触点闭合，说明开关安装不当，应重新调整；如果按下开关后触点仍不闭合，说明开关损坏，应予以更换。

（3）对照电路图，在自动变速器线束插头处测量强制降挡电磁阀。如有异常，则故障原因是线路短路、断路或电磁阀损坏。对此，应检查线路或更换电磁阀。

（4）打开自动变速器油底壳。拆下强制降挡电磁阀，检查电磁阀的工作情况。如有异常，应予以更换。

（5）拆卸阀板总成，分解、清洗、检查强制降挡控制阀。阀芯如有卡滞，可进行抛光。若无法修复，则应更换阀板总成。

10. 自动变速器跳挡

故障现象：

汽车以前进挡行驶时，即使加速踏板保持不动，自动变速器仍会经常出现突然降挡现象；降挡后发动机转速异常升高，并产生换挡冲击。

故障原因：

（1）节气门位置传感器有故障。

（2）车速传感器有故障。

（3）控制系统电路接地不良。

（4）换挡电磁阀接触不良。

（5）计算机有故障。

故障诊断：

（1）对于电子控制自动变速器，应先进行故障自诊断。如有故障代码出现，按所显示的故障代码查找故障原因。

（2）测量节气门位置传感器。如有异常，应更换。

（3）测量车速传感器。如有异常，应更换。

（4）检查控制系统电路各条接地线的接地状态。如有接地不良现象，应予以修复。

（5）拆下自动变速器油底壳，检查各个换挡电磁阀线束接头的连接情况。如有松动，应予以修复。

（6）检查控制系统计算机各接线脚的工作电压。如有异常，应予以修复或更换。

（7）换一个新的阀板或计算机试一下。如果故障消失，说明原阀板或计算机损坏，应更换。

（8）更换控制系统所有线束。

11. 自动变速器加速无力

故障现象：

（1）起步时踩下加速踏板，发动机转速很快升高但车速升高缓慢。

（2）行驶中踩下加速踏板加速时，发动机转速升高但车速没有很快提高。

（3）平路行驶基本正常，但上坡无力，且发动机转速很高。

故障原因：

（1）液压油油面太低。

（2）液压油油面太高，运转中被行星排剧烈搅动后产生大量气泡，进入液压系统后造成压力不实。

（3）离合器或制动器摩擦片、制动带磨损过甚或烧焦。

（4）油泵磨损过甚或主油路泄漏，造成油路油压过低。

（5）单向超越离合器打滑。

（6）离合器或制动器活塞密封圈损坏，导致漏油。

（7）减振器活塞密封圈损坏，导致漏油。

故障诊断：

加速无力往往是打滑引起的，也是自动变速器中最常见的故障之一。虽然自动变速器打滑往往都伴有离合器或制动器摩擦片严重磨损甚至烧焦等现象，但如果只是简单地更换磨损的摩擦片而没有找出打滑的真正原因，则会使修后的自动变速器使用一段时间后又出现打滑现象。因此，对于出现打滑的自动变速器，不要急于拆卸分解，应先做各种检查测试，以找出造成打滑的真正原因。

（1）对于出现打滑现象的自动变速器，应先检查其液压油的油面高度和品质。若油面过低或过高，应先调整至正常后再做检查。若油面调整正常后自动变速器不再打滑，可不必拆修自动变速器。

（2）检查液压油的品质。若液压油呈棕黑色或有烧焦味，说明离合器或制动器的摩擦片或制动带有烧焦，应拆修自动变速器。

（3）做路试，以确定自动变速器是否打滑，并检查出现打滑的挡位和打滑的程度。将操纵手柄拨入不同的位置，让汽车行驶。若自动变速器升至某一挡位时发动机转速突然升高，但车速没有相应地提高，即说明该挡位有打滑。打滑时发动机的转速越容易升高，说明打滑越严重。

根据出现打滑的规律，还可以判断产生打滑的是哪一个换挡执行元件：

①若自动变速器在所有前进挡都出现加速无力现象，则为前进离合器打滑。

②若自动变速器在操纵手柄位于 D 位时的 1 挡有加速无力表现，而在操纵手柄位于 L 位或 1 位时的 1 挡不打滑，则为前进单向超越离合器打滑。若不论操纵手柄位于 D 位或 L 位或 1 位时，1 挡都有打滑现象，则为低挡及倒挡制动器打滑。

③若自动变速器只在操纵手柄位于 D 位时的 2 挡有加速无力现象，而在操纵手柄位于 S 位或 2 位时的 2 挡不打滑，则为 2 挡单向超越离合器打滑。若不论操纵手柄位于 D 位或 S 位或 2 位时，2 挡都有打滑现象，则为 2 挡制动器打滑。

④若自动变速器只在 3 挡有加速无力现象，则为倒挡及高挡离合器打滑。

⑤若自动变速器只在超速挡时有加速无力现象，则为超速制动器打滑。

⑥若自动变速器在倒挡和高挡时都有加速无力现象，则为倒挡及高挡离合器打滑。

⑦若自动变速器在倒挡和 1 挡时都有加速无力现象，则为低挡及倒挡制动器打滑。

（4）对于有打滑故障的自动变速器，在拆卸分解之前，应先检查自动变速器的主油路油压，以找出造成自动变速器打滑的原因。自动变速器不论前进挡或倒挡均打滑，其原因往往是主油路油压过低。若主油路油压正常，则只要更换磨损或烧焦的摩擦元件即可。若主油路油压不正常，则在拆修自动变速器的过程中，应根据主油路油压，相应地对油泵或阀进行检修，并更换自动变速器的所有密封圈和密封环。

五、万向传动装置常见故障诊断

万向传动装置的作用是在轴间夹角及相互位置经常变化的变速器与驱动桥之间传递动力。对于发动机前置、后轮驱动的轿车，由于变速器、离合器、发动机等支撑在车架上，而驱动桥则通过悬架系统与车架相连，因此，从变速器至驱动桥的动力传递要经过万向传动装置来完成。

万向传动装置的常见故障有传动轴有振动和噪声、启动时有撞击及滑行时有异响等。

1. 传动轴有振动和噪声

故障现象：

汽车在中速或高速行驶时，传动轴有振动，并引起车身的振动和噪声。

故障原因：

(1) 传动轴弯曲或扭转变形。

(2) 传动轴不平衡。

(3) 十字轴万向节的轴承磨损或失效。

故障诊断：

(1) 首先检查传动轴直线度误差。若超过允许范围，应对其进行校正或更换。

(2) 检查传动轴是否平衡。若不平衡，应检查装配标记是否对正，轴两端的万向节叉是否装在同一平面内。

(3) 检查十字轴万向节的轴承是否磨损严重或失效。若磨损严重或失效，应及时将其更换。

(4) 检查中间支撑、花键、缓冲橡胶垫等是否损坏，紧固螺栓是否松动。若有松动或损坏，应予以紧固、检修或更换。

2. 启动时万向传动装置有撞击声或滑行时有异响

故障现象：

启动车辆时，传动轴有撞击声，或在滑行时传动轴有异响。

故障原因：

(1) 万向节磨损或受到损伤。

(2) 变速器输出轴花键及传动轴滑动花键处磨损或受到损伤。

(3) 传动轴的连接部位松动。

故障诊断：

(1) 首先检查万向节是否磨损严重或受到损伤，若磨损严重或受到损伤，应更换零件。

(2) 检查变速器输出轴花键及传动轴滑动花键处是否磨损严重或受到损伤，若磨损严重或受到损伤，应予以修理或更换。

(3) 检查传动轴的连接部位是否松动，若松动需拧紧各螺栓或螺母。

六、驱动桥常见故障诊断

驱动桥主要由主减速器、差速器、半轴及驱动桥壳组成。驱动桥的作用是将万向传动装置传来的扭矩改变方向后传给驱动车轮，并起到降速增扭的作用，同时允许左右驱动轮以不同转速旋转。

驱动桥的常见故障有异响、发热和漏油等。

1．驱动桥异响

故障现象：

汽车在起步、转弯或突然改变车速行驶时，驱动桥有异响。驱动桥的异响可分为驱动时发出的异响、滑行时发出的异响和转弯时发出的异响。当汽车起步、转弯或突然改变车速行驶时，驱动桥发出较大响声；而当直行、滑行或低速行驶时响声减弱或消失。

故障原因：

（1）后桥壳内润滑不良。

（2）圆锥滚子轴承预紧度调整不当。

（3）圆锥或圆柱主、从动齿轮，行星齿轮和半轴齿轮等啮合间隙过大或过小齿面磨损严重，轮齿折断、变形或啮合印痕不符合要求。

（4）半轴齿轮与半轴之间的花键配合松旷，差速器壳与十字轴配合松旷或行星齿轮孔与十字轴配合松旷。

（5）主减速器主动齿轮紧固螺母或从动齿轮连接螺钉松动，或驱动桥壳体、主减速器壳体变形。

故障诊断：

（1）首先检查后桥壳内的润滑情况。若漏油应更换垫圈。

（2）停车检查。若油量不足应及时补充。

（3）将驱动桥架起，启动发动机并挂上挡，然后急剧改变车速，查听驱动桥响声来源。

1）当汽车在行驶中连续发响，且车速越高，噪声越大；而在滑行时，噪声减小或消失。则可能是轮毂轴承、主减速器轴承或差速器轴承磨损松旷，应更换轴承。

2）当汽车在下坡或速度急剧变化时，发出“咯啦、咯啦”的碰撞声，而在正常行驶中这种响声消失或减小，则可能是齿轮啮合间隙过大，应予以调整，如调整后还不能消除，则应更换齿轮。

3）当汽车在转弯时发响严重，而在直行时响声不明显，则可能是差速器两侧轴承端的间隙过大，或差速器齿轮或止推垫片磨损严重，或半轴齿轮及键磨损严重，应调整轴承的预紧度，或更换垫片及齿轮等。

2．驱动桥过热

故障现象：

汽车在行驶一段路程后，用手触摸后桥，有烫手感觉。

故障原因：

（1）齿轮油型号不对或油量不足。

（2）轴承预紧度过大。

（3）齿轮磨损严重。

（4）主、从动锥齿轮啮合间隙过小。

故障诊断：

（1）首先检查齿轮油的量是否充足，若不足应按规定将齿轮油加至规定高度。

（2）检查齿轮油型号是否正确。若不正确应将原来的齿轮油排净并冲洗桥壳内部，然后加注规定型号的齿轮油。

（3）检查驱动桥轴承的预紧度是否过大，若过大应重新调整。

（4）检查齿轮的磨损程度，若磨损严重应更换齿轮。

（5）检查主、从动锥齿轮的啮合间隙是否过小，若过小应重新调整。

3．驱动桥漏油

故障现象：

驱动桥减速器衬垫或放油螺塞周围漏油。

故障原因：

（1）油面过高。

（2）通气塞被堵塞。

（3）齿轮油型号不正确。

（4）油封磨损或受到损坏，放油螺塞松动或垫片受到损坏。

（5）桥壳有裂纹。

故障诊断：

（1）首先检查齿轮油的油面高度，若油面过高，应放掉多余的齿轮油，把油面调整至合适的位置。

（2）检查通气塞是否被堵塞，若被堵塞则应予以检修。

（3）检查放油螺塞是否松动，垫片是否损坏，若损坏则应更换垫片并拧紧放油螺塞。

（4）检查油封是否磨损或损坏，若磨损或损坏则应更换油封。

（5）检查齿轮油型号是否正确，若不正确则应放出所有齿轮油，并加注规定型号的齿轮油。

（6）检查桥壳有无裂纹，若有裂纹则应修理或更换桥壳。

七、传动系异响综合诊断

汽车传动系由离合器、变速器、万向传动装置和驱动桥等主要部件组成。若其中某个部件调整不当或磨损严重，都会造成传动系发出异响。

故障现象：

在汽车起步或车速突然提高时，传动系发出“吭”的一声异响；将汽车停驶，并将发动机熄火，然后将变速器挂在某一挡位上，抬起离合器踏板，松开驻车制动器，在车下反复转动传动轴时，感到松旷量很大。

故障原因：

（1）传动系游动角度过大。

（2）离合器的从动盘与变速器第一轴花键配合松旷。

（3）变速器中传动齿轮的啮合间隙太大，或滑动齿轮与花键轴配合松旷。

（4）万向传动装置中的万向节松旷，或传动轴伸缩节松旷。

（5）驱动桥内齿轮的啮合间隙太大，轴承松旷，或半轴齿轮与半轴配合松旷。

故障诊断：

首先，启动发动机，待热车后熄火，根据经验检查传动系游动角度。然后，分段检查传动系各部分的游动角度是否过大，若过大应对其进行调整。

（1）离合器与变速器游动角度的检查。将变速器挂入要检查的某一挡位上，松开驻车制动器，使离合器处于接合状态，在车下将变速器的输出轴或其上的驻车制动盘（鼓）从一个极端位置转到另一个极端位置，两极端位置之间的转角即为该挡位下离合器与变速器的游动角度。依次挂入每一挡，即可获得不同挡位的游动角度。

（2）万向传动装置游动角度的检测。支起驱动桥。拉紧驻车制动器，然后在车下将驱动桥凸缘盘从一个极端位置转到另一个极端位置，则两极端位置之间的转角即为万向传动装置的游动角度。

（3）驱动桥游动角度的检查。松开驻车制动器。将变速器挂入空挡位置，并将驱动桥着地或处于制动状态，然后在车下用手将驱动桥凸缘盘从一个极端位置转到另一个极端位置，两极端位置之间的转角即为驱动桥的游动角度。

单元2　行驶系故障诊断

学习目标：

1. 熟悉行驶系的组成及各部分工作原理。
2. 了解电子控制悬架系统常见故障诊断方法。
3. 掌握前、后悬架常见故障的诊断方法。

知识回顾

汽车行驶系一般有轮式、履带式、车轮—履带式等几种。绝大多数的汽车经常在比较坚实的道路上行驶，其行驶系中直接与路面接触的部分是车轮，因此称之为轮式行驶系。有的汽车行驶系中直接与路面接触部分是履带，则称之为履带式行驶系。

轮式行驶系一般由车架、车桥、车轮和悬架四部分组成，前、后车轮分别安装在前后车桥上，车桥又通过前、后悬架与车架相连接，车架是整个汽车的装配基体，这样，行驶系就联结成一个整体，构成汽车的装配基础。

行驶系的主要作用是将传动系传来的转矩转化为汽车行驶的驱动力；将汽车构成一个整体；支承汽车的总重量；承受并传递路面作用于车轮上的力和力矩；减小振动、缓和冲击，保证汽车平顺行驶；与转向系配合，以正确控制汽车的行驶方向。

一、车轮方面常见故障诊断

车轮方面引起的故障主要有车辆振动，行驶跑偏，轮胎磨损不均等，下面以常见故障的现象、产生原因及排除方法为例进行分析。

1. 车辆振动

故障现象：

汽车在行驶时，转向轮有明显颠簸或摆动，转向盘有颤抖的感觉。

故障原因：

（1）左、右轮胎气压不相等或不符合标准。

（2）转向轮定位不准。

（3）减振器性能不良或损坏。

（4）转向系零部件固定松动或磨损松旷。

（5）悬架与车身连接部分松动以及悬架构件工作不良。

（6）车轮不平衡。如车轮动平衡不良，两侧轮胎磨损程度不同，轮面凹陷偏心，车轮或制动鼓失圆等。

故障诊断：

(1) 检查左、右轮胎气压是否符合标准，若不符合应进行调整。

(2) 检查转向系连接件及固定件是否松旷、磨损或损坏，必要时对其进行调整或更换。

(3) 检查减振器的性能，若其性能下降或损坏应予以更换。

(4) 检查悬架与车身的连接部分，若松动或工作不良，应及时修理或更换。

(5) 检查转向轮定位是否准确，若调整不当应予以调整。

(6) 检查车轮动平衡。若车轮两侧的磨损程度不同，轮面凹陷偏心，车轮或制动鼓失圆等，应对其进行调整或更换。

(7) 检查前轮定位是否准确；超差以后，应当进行调整。

2. 行驶跑偏

故障现象：

汽车在行驶时向一侧跑偏，需要不断修正才能正常行驶。

故障原因：

(1) 转向轮定位失准。

(2) 左、右两侧轮胎大小不一样。

(3) 左、右轮胎气压相差过大。

(4) 左、右车轮磨损不均匀。

(5) 在左、右车轮中，某一车轮的制动器分离不彻底。

(6) 横向稳定器工作不良，减振器失效或弹簧的弹性衰减或弹簧折断。

(7) 承载式车身的车身底部或车架变形；左右两侧轴距相差较大。

故障诊断：

(1) 首先检查左、右轮胎的气压是否符合标准，若不符合应予以调整；检查左右两侧的轮胎规格是否一样，若不同，需要更换。

(2) 检查左、右车轮的磨损情况，若磨损不均匀应将其换位或更换。

(3) 检查左、右车轮的制动器分离是否彻底，必要时对其进行调整。

(4) 检查横向稳定器、减振器及弹簧的工作情况。若横向稳定器工作不良，减振器失效，弹簧弹性衰减或弹簧折断，应将其修复或更换。

(5) 检查承载式车身的车身底部或车架是否变形，若变形应予以校正。

(6) 检查车轮定位是否准确，若失准，应予以调整。

3. 轮胎磨损不均

故障现象：

轮胎花纹磨损不均匀，局部磨损严重。

故障原因：

(1) 轮胎的气压过高。

(2) 转向轮的前束和外倾角调整不当。

(3) 车轮制动器分离不彻底。

(4) 悬架系统的零件连接松动、磨损过甚或损坏。

(5) 转向系连接件出现松旷。

（6）车轮摆差过大。

故障诊断：

（1）首先检查轮胎的气压，若轮胎的气压过高，应对其进行调整。

（2）检查前轮的前束和外倾角调整是否合适，若调整不当，应对其进行调整。

（3）检查车轮制动器，若分离不彻底，必要时对其进行调整。

（4）检查悬架系统的零件，若其连接松动、磨损过甚或破坏，必要时对其进行紧固或更换。

（5）检查转向系各连接件之间是否间隙过大，若存在松旷现象，调整或更换。

（6）检查车轮摆差是否过大，必要时更换车轮。

二、前悬架常见故障诊断

悬架是连接车身和车轮的一切传力装置的总称。它主要由弹簧（如钢板弹簧、螺旋弹簧、扭杆弹簧、空气弹簧等）、减振器和导向机构等组成。汽车在行驶过程中，路面情况和车速是变化不定的，悬架系统能实现车身和车轮之间的弹性支撑，从而改善乘坐的舒适性、行驶平顺性和操纵稳定性。桑塔纳 2000 前悬架的组成如图 3—2 所示。

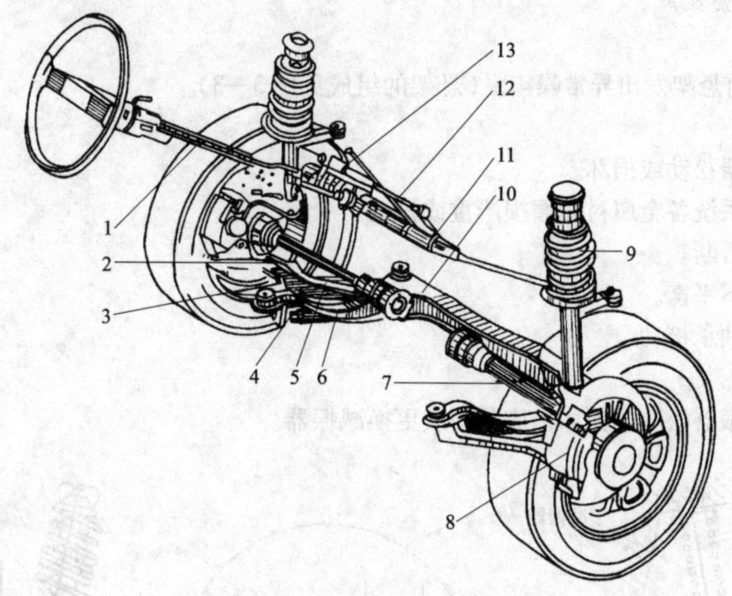

图 3—2　桑塔纳 2000 前悬架的组成

1—转向柱　2—连接螺栓　3—悬架臂　4—悬架臂后端　5—稳定杆　6—发动机悬架　7—横拉杆　8—转向减振器　9—齿轮齿条式转向器　10—橡胶金属支架　11—减振支柱　12—传动轴　13—制动钳

前悬架常见的故障现象有：汽车行驶跑偏、汽车行驶噪声、转弯时车身倾斜、汽车摆振等。

1. 汽车行驶跑偏

故障现象：

汽车在行驶时向一侧跑偏，需要不断修正才能正常行驶。

故障原因：

（1）两侧轮胎气压不等。

（2）前制动器分离不彻底。
（3）前弹簧或衬套失效。
（4）前定位不准。
（5）减振器失效。
（6）悬架各橡胶金属衬套和球接头磨损过大。
（7）车身底部、车架或摆臂变形。

故障诊断：

（1）检查轮胎气压，若气压不符合要求，调整轮胎气压。
（2）检修调整前制动器。
（3）更换前弹簧或衬套。
（4）检查、调整前轮定位。
（5）若减振器失效，更换减振器。
（6）检查更换磨损的衬套和球接头。
（7）若车身底部、车架或摆臂变形，应更换或校正。

2. 汽车行驶噪声

故障现象：

行驶中，前悬架发出异常噪声。（悬架的组成见图 3—3）

故障原因：

（1）减振器松动或损坏。
（2）悬架系统各金属衬套磨损严重或松动。
（3）弹簧折断。
（4）前轮不平衡。
（5）前轮轴承松动。

故障诊断：

（1）若减振器松动或损坏，应紧固或更换减振器。

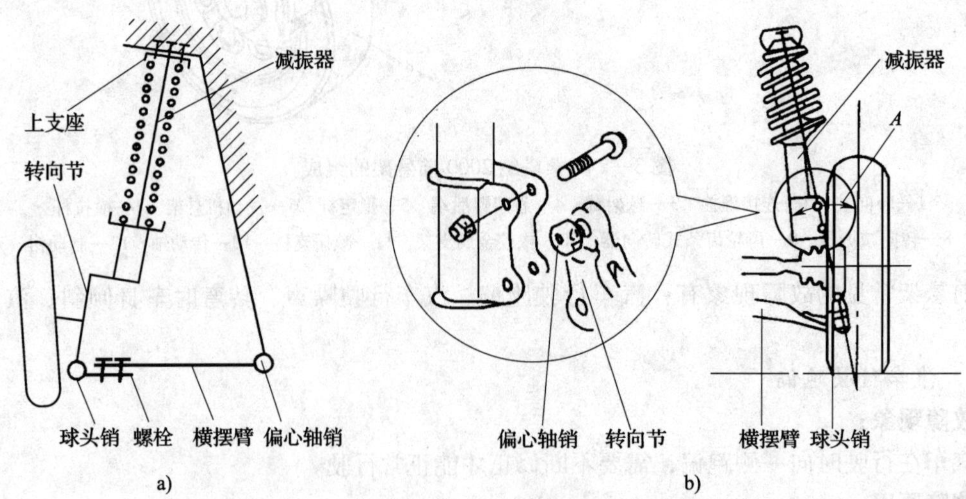

图 3—3　悬架组成

(2) 若悬架系统各金属衬套磨损严重或松动更换衬套。

(3) 若弹簧折断更换。

(4) 检查前轮动平衡，若不平衡重新平衡。

(5) 检查前轮轴承，若松动调整前轮轴承。

3. 转弯时车身倾斜

故障现象：

发动机启动后，后部车身无法升起，行驶中转弯时，侧倾感觉明显。

故障原因：

(1) 横向稳定杆松动。

(2) 弹簧弹力过软或支承座变形。

(3) 减振器损坏。

(4) 主销后倾角过大。

故障诊断：

(1) 检查横向稳定杆，若松动紧固横向稳定杆。

(2) 检查弹簧弹力，若弹簧弹力过软或支承座变形更换或校正。

(3) 检查减振器，若减振器损坏更换减振器。

(4) 检查主销后倾角，若过大调整主销后倾角。

4. 汽车摆振

故障现象：

汽车在 20 km/h 以下行驶时，即感到方向不稳、摆头（低速摆振）；在高速或较高车速行驶时，出现行驶不稳、摆头，甚至转向盘抖动（高速摆振）；车轮摆振、前轮打摆或颠簸。

故障原因：

(1) 轮胎气压低或各胎气压不等。

(2) 前轮定位不准。

(3) 稳定杆失效。

(4) 车轮不平衡。

(5) 轮毂轴承松动。

(6) 转向器调整不当或机件磨损过大。

故障诊断：

(1) 检查轮胎气压，若气压不符合要求调整气压。

(2) 检查前轮定位，调校前轮定位。

(3) 检查稳定杆，若失效更换稳定杆。

(4) 检查车轮动平衡，若不平衡，平衡车轮。

(5) 检查轮毂轴承预紧度，若不符合要求，调整轮毂轴承。

(6) 检查转向器，若转向器调整不当或机件磨损过大，调整转向器。

三、后悬架常见故障诊断

1. 行驶跑偏

故障现象：

汽车直线行驶时，必须紧握转向盘才能保持直线行驶，稍放松转向盘便自动跑向一边；转向盘在中间位置时，汽车自动偏离直线行驶方向，必须经常回正，才能保持直线行驶。

故障原因：

（1）后悬架弹簧损坏或变软。

（2）悬架臂变形。

（3）后桥移位或梁变形。

（4）金属橡胶衬套损坏。

故障诊断：

（1）检查后悬架弹簧，若损坏或变软应更换。

（2）检查悬架臂，若变形应更换。

（3）检查后桥移位或梁变形，若存在移位或梁变形应校正。

（4）检查金属橡胶衬套，若损坏更换。

2. 后悬架噪声或敲击声

故障现象：

行驶中，后悬架发出异常噪声或敲击声响。

故障原因：

（1）减振器损坏。

（2）减振器衬套损坏或固定不良。

（3）悬架弹簧损坏。

（4）减振支柱损坏。

（5）金属橡胶衬套损坏。

（6）后桥超载。

（7）后轮毂轴承损坏。

故障诊断：

（1）检查减振器，若损坏更换。

（2）检查减振器衬套，若损坏或固定不良更换或紧固。

（3）检查悬架弹簧，若损坏更换。

（4）检查减振支柱，若损坏更换。

（5）检查金属橡胶衬套，若损坏更换。

（6）检查后桥是否超载，应按规定载运。

（7）检查后轮毂轴承，若损坏更换。

四、电控悬架常见故障诊断

随着汽车工业的发展，一些较高档的轿车为了有效地抑制路面不平所引起的车体振动，保证乘坐舒适性，多采用了电子控制悬架系统。

电子控制悬架系统主要由信号输入装置、悬架刚度及减振器阻尼力调节装置、车身高度调节装置及悬架控制单元（悬架 ECU）组成。电子控制悬架系统通过闭环控制系统，能根据汽车行驶过程中的运动状况、路面状况和实际需要，随时调节悬架的刚度和阻尼力，以抑制车身的振动和摆动，使悬架始终处于最佳的减振状态，以达到最佳的行驶平顺性和操纵稳定性。

1. 电控悬架系统故障自诊断

故障自诊断系统以故障码的形式指示出电控悬架系统故障的部位，这给故障的检修带来了极大的方便。但有时虽没有故障码显示，电控悬架系统却有故障症状，这时就要根据故障的症状和电控悬架系统的电路原理进行故障分析，找出可能的故障原因，进而迅速准确地排除故障。

电子控制悬架系统一般都设有故障自诊断系统，以监测悬架系统的工作情况并诊断所出现的故障。当系统处于故障状态时，悬架控制单元根据故障信息把故障以代码的形式存入存储器，并通过仪表板上的“悬架系统故障警告灯”提示驾驶员。通过读出存储器中的故障码，可快速准确地诊断出故障类型、部位及故障原因。

读取故障码时，首先要进入故障自诊断状态，诊断并排除故障后应清除故障码。不同种类的汽车，进入故障自诊断状态和清除故障码的方法也不相同，因此应按汽车使用说明书的要求进行操作。

(1) 故障码的读取

读取故障码应按以下步骤进行：

1) 接通点火开关。

2) 用跨接线连接故障诊断插座 TDCL 或检查连接器的端子 TC 与 E1。

3) 根据仪表及高度控制“NORM”警告灯的闪烁情况读取故障码。

(2) 故障码的清除

清除故障码可以用以下两种方法之一：

1) 关闭点火开关，拆下 1 号接线盒中的 ECU – B 熔丝 10 s 以上。

2) 关闭点火开关，用跨接线把高度控制连接器的端子 9 与端子 8 连接，同时连接诊断插座的端子 TC 与 E1，保持该状态 10 s 以上，然后接通点火开关并脱开以上各端子。

2. 电控悬架系统故障现象和可能的故障原因

(1) 悬架刚度和阻尼系数控制失灵

1) 操作 LRC 开关时，LRC 指示灯的状态不变，应检查的故障部位有：LRC 开关电路、悬架控制 ECU。

2) 悬架的刚度和阻尼控制不起作用，应检查的故障部位有：悬架控制执行器及其电路、TC 端子和 Ts 端子电路、LRC 开关电路、气压缸或减振器、悬架控制执行器电源电路、悬架控制系统 ECU。

3) 只有防侧倾控制不起作用，应检查的故障部位有：转向传感器及其电路、悬架控制系统。

4) 只有防俯仰不起作用，应检查的故障部位有：节气门位置传感器及其电路、悬架控制系统。

5) 只有防点头不起作用，应检查的故障部位有：制动灯开关及其电路、车速传感器及其电路、悬架控制系统。

6) 只有在高速时不起作用，应检查的故障部位有：车速传感器及电路、悬架控制系统。

(2) 汽车车身高度控制失灵

1) 车身高度控制指示灯不随高度控制开关的动作而变化，应检查的故障部位有：车身高度控制开关及其电路、发电机调节器电路、汽车高度控制电源电路、车身位移传感器、悬架控制系统。

2）汽车高度控制不起作用，应检查的故障部位有：发电机调节器电路、汽车高度控制电源电路、汽车高度控制开关及其电路、车身位移传感器、悬架控制系统。

3）只在高速时不起作用，应检查的故障部位有：车速传感器及其电路、悬架的控制系统。

4）汽车车身高度出现不规则变化，应检查的故障部位有：有空气泄漏、车身位移传感器、悬架控制系统。

5）汽车高度控制能起作用，但汽车高度变化不均匀，应检查的故障部位有：高度控制阀、排气阀及其电路、车身位移传感器连接杆。

6）汽车高度控制能起作用，但汽车高度控制在常规（NORM）状态时，汽车高度与标准值不符，应检查的故障部位是：车身位移传感器连接杆。

7）汽车高度调整时。汽车高度过高或过低，应检查的故障部位是：车身位移传感器。

8）汽车高度控制 ON/OFF 开关在“OFF”位置时，汽车高度控制阀仍起作用，应检查的故障部位是：高度控制 ON/OFF 开关及其电路、悬架控制系统。

9）点火开关 OFF 控制不起作用，应检查的故障部位有：门控灯开关及其电路、汽车高度控制电源电路、悬架控制系统。

10）在车门打开时，点火开关 OFF 控制仍起作用，应检查的故障部位有：门控灯开关及其电路、悬架控制系统。

11）汽车停车时车身高度很低，应检查的故障部位有：有空气泄漏、气压缸或减振器。

12）压缩机电动机持续运转，应检查的故障部位有：有空气泄漏、1 号汽车高度控制继电器及其电路、压缩机电动机电路、悬架控制系统。

注意，许多故障现象都有可能是悬架控制系统的问题，但实际上其故障率是很低的。因此，在检查故障时，应首先检查悬架控制系统以外的可能故障部位，待确定这些部位均正常而故障现象不能消除时，再考虑检查悬架控制系统。

单元3　转向系故障诊断

学习目标：

1. 熟悉转向系的主要组成及各部分的工作原理。
2. 了解电子控制动力转向常见故障的诊断方法。
3. 掌握转向系常见的故障现象及诊断方法。

知识回顾

汽车行驶中，驾驶员通过操纵转向盘，经过一套传动机构，使转向轮在路面上偏转一定的角度来改变其行驶方向，确保汽车稳定安全的正常行驶。能使转向轮偏转以实现汽车转向的一整套机构称为汽车转向系。

汽车转向系按其转向能源的不同，可分为机械式转向系、液压式动力转向系和电动式动力转向系。

机械转向系主要由转向操纵机构、转向器与转向传动机构组成，汽车转向时，驾驶员对转向盘施加一个转向力矩，转向盘则以某种角速度向指定方向转动。该力矩通过转向柱传给转向器，经转向器降速增扭改变力矩的传递方向后传递给左、右横拉杆。横拉杆推动转向节臂运动，带动转向节转动，从而使左、右车轮偏转相应的角度，以改变汽车的行驶方向。转向结束后，将转向盘恢复原始位置，使转向车轮恢复直线行驶位置。

液压式动力转向系是在机械式转向系的基础上，增加了转向控制阀、转向油泵、转向动力缸等一套液压助力装置，当汽车转向时，由发动机驱动的油泵产生高压油，高压油在控制阀的作用下，进入动力缸推动转向轮偏转，这时作用在转向盘的作用力就很小，从而减轻了驾驶员的劳动强度。

电动式动力转向系由电控单元、电源、电动机、转向齿轮机构和转向传感器组成。当汽车转向时，电控单元根据传感器检测的转向力矩及转向速度等参数，计算出最佳作用力后，使电动机工作，推动转向，减轻驾驶员的劳动强度。

一、机械转向系常见故障诊断

机械转向系的常见故障有：转向盘自由转动量过大，转向沉重，自动跑偏，前轮摆振等。值得注意的是，这些故障现象通常为综合性故障，除与转向系有关外，还可能与轮胎、悬架、车身等有关。

1. 转向沉重

故障现象：

汽车转弯时，转动转向盘感到吃力，且无回正感。GB 7258—2004《机动车运行安全技术条件》规定，机动车在平坦、硬实、干燥和清洁的道路上行驶，以 10 km/h 的速度在 5 s 之内沿螺旋线从直线行驶过渡到直径为 24 m 的圆周行驶，施加于转向盘外缘的最大切向力不得大于 254 N。

故障原因：

转向沉重的原因与轮胎气压不足及悬架、车轴、转向轮定位等所存在的故障有关，与转向系有关的故障为：

（1）转向器齿轮啮合间隙过小。

（2）转向轴的轴承过紧或损坏。

（3）转向拉杆的球头销与球头座配合过紧。

（4）转向轴万向节十字轴配合过紧。

（5）前稳定杆变形。

故障诊断：

（1）首先拆下转向节臂。

（2）转动转向盘，若仍感到转向沉重，说明转向器存在故障，如齿轮啮合间隙过小，转向柱轴套严重磨损等。

（3）若感觉转向并不沉重，应检查拉杆球头间隙是否过小，车身是否变形，转向轮定位角是否满足要求等。

2. 转向盘自由转动量过大

故障现象：

汽车转向轮位于直行位置时，转向盘左右转动的游动角度过大。GB 7258—2004《机动车运行安全技术条件》规定，最大设计车速大于或等于 100 km/h 的机动车，其转向盘的最大转动量不得大于 10°；最大设计车速小于 100 km/h 的机动车，则不得大于 15°。

故障原因：

(1) 转向系的齿轮啮合间隙调整不当。

(2) 转向系齿轮箱安装不良。

(3) 转向系齿轮磨损严重。

(4) 转向轴万向节磨损严重。

(5) 左、右横拉杆连接处磨损严重。

故障诊断：

在转向盘自由转动量过大的故障诊断过程中，重点应判断故障是由转向器还是由拉杆轴节磨损的原因造成的。

检查故障时，架起汽车使转向轮悬空，左右转动转向盘。当用力转动时，拉杆不同步运动，说明拉杆连接处因磨损而旷量过大；若拉杆不动，则说明转向器的齿轮磨损严重。

3. 转向轮摆振

故障现象：

汽车在某一速度范围内行驶时，转向轮围绕主销发生角震动。

故障原因：

若汽车在不平坦的道路上行驶，在低速情况下发生摆振，其原因主要是转向系各部位配合间隙过大及转向轮定位失准。汽车在高速行驶时发生转向轮摆振，其原因一般为车轮不平衡。

故障诊断：

出现转向轮摆振故障时，应首先检查转向系各部件的配合间隙，及时排除故障。在此基础上，对转向轮定位进行检测和调整，对转向轮进行平衡检测和校正。

4. 自动跑偏

故障现象：

汽车在行驶中，行驶方向自动偏向一边，不易保持直线行驶，操纵困难。

故障原因：

汽车直行自动跑偏的原因主要与轮胎、减振器、转向轮定位、前轮制动器等的技术状况有关，主要包括：

(1) 左、右轮胎气压不一致。

(2) 前左、前右减振器弹簧刚度不一致。

(3) 车身变形或车架变形使两侧轴距不等。

(4) 转向轮定位失准。

(5) 转向轮单边制动或单边制动拖滞。

(6) 转向轮单边轮毂轴承装配过紧或损坏。

(7) 某一侧转向轮的前稳定杆、下摆臂变形。

故障诊断：

（1）首先检查左、右转向轮气压是否符合标准及是否一致。如不符合标准或不一致时，应充气至标准值。

（2）检查前稳定杆和前摆臂是否变形，减振器弹簧刚度及左、右钢板弹簧的变形量是否一致。

（3）行车后检查左、右轮毂和制动毂的温度情况。若温度不一致，则说明高温一侧的制动器存在单边制动、制动拖滞或轮毂轴承装配过紧、损坏等情况。

（4）检查两边的轴距和转向轮定位是否符合标准值。

二、动力转向系常见故障诊断

动力转向系以发动机动力和驾驶员施加很小的操纵力作为转向系的动力。它在机械转向系的基础上，增加了转向储油罐、转向油泵、转向控制阀（分配阀）和动力缸等。

动力转向系的主要故障有转向沉重，漏油，有异响，转向不稳及油压低等。

1．转向沉重，助力不足

故障现象：

汽车在行驶中转向时，在转动转向盘时感到沉重。

故障原因：

（1）转向油泵皮带松旷，或者转向油泵技术状况不良，如转向油泵传动打滑或转向油泵内部机件磨损，不能产生正常油压。

（2）液压系统中液压管路的接头松动或损坏，或液压油管损坏，使系统漏油，造成液压油供应不足。

（3）转向轮定位失准，转向器内部齿轮磨损，转向拉杆球节润滑不良，转向轮气压不足，造成转向系有故障。

（4）动力转向系统中有空气。

故障诊断：

诊断液压动力转向系统的故障时，应首先排除机械故障，再对液压系统进行检查。

（1）首先检查油泵皮带的松紧度，若不合适应对其进行调整。

（2）检查工作油温。使发动机怠速运转，左右转动转向盘数次，检查液压系统工作油温能否达到标准值。

（3）检查油管和管接头是否有松动、破损及漏油现象。

（4）检查储油罐的储油量是否在规定的范围之内，液压油是否有起泡、发白现象。若油面过低应添加液压油。

（5）检查液压泵的输出油压。使发动机怠速运转，在阀门全开时测量输出油压，并把检测结果与标准值进行比较。若所测油压偏低，说明液压泵存在故障，应对其进行修理。

（6）检查动力缸内的油压。使发动机怠速运转，在阀门全开时，左右转动转向盘，测量油压并与规定值进行比较。若测得的油压偏低，说明转向器内有漏油现象。

2．转向盘回位不良，自由行程过大

故障现象：

汽车在行驶中转向时，在转动转向盘时感到松旷。

故障原因：

（1）动力转向系统内有空气。

（2）限压阀有故障。

故障诊断：

（1）检查动力转向系统内是否有空气。如有空气，应检查各管接头、密封件等是否损坏。若接头松动或密封件损坏，应将其拧紧或修复。

（2）检查压力控制阀是否有故障。检查压力控制阀的弹簧及阀门、动力缸活塞等是否有故障，若有故障应及时排除。

3．高、低速时转向助力一样大

故障现象：

汽车在行驶中转向时，无论行车速度高或低，转向助力均一样大。

故障原因：

（1）车速传感器有故障。

（2）电磁阀有故障。

（3）转向 ECU 有故障。

（4）分流阀或节流阀有故障。

故障诊断：

（1）首先检查车速传感器，若有故障应进行检修或更换。

（2）检查电磁阀，若有故障应进行修理或更换。

（3）检查转向 ECU，若有故障应及时将其更换。

（4）检查分流阀和节流阀，若有故障应进行修理或更换。

4．动力转向装置噪声

故障现象：

汽车行驶中动力转向装置发出噪声，转向操作比较费力。

故障原因：

（1）油泵 V 形带松弛。

（2）油泵轴承损坏。

（3）压力板或转子损伤。

（4）油泵环过度磨损。

（5）储油罐油量不足。

（6）液压系统有空气或压力软管连接不牢。

（7）油泵装配不当。

（8）溢流阀故障。

故障诊断：

（1）检查油泵 V 形带，若松弛按规定调整 V 形带张力。

（2）检查油泵轴承，若损坏更换轴承。

（3）检查压力板或转子的情况，若损坏更换损坏零件，并冲洗。

（4）检查油泵环，若过度磨损更换油泵环。

（5）检查储油罐，按规定补充液压油。

（6）检查液压系统，按规定力矩拧紧压力管，并排出液压系统中空气。

（7）检查油泵，若装配不当，正确装配。

（8）检查溢流阀，若存在故障更换。

5. 动力转向装置压力不足

故障现象：

汽车行驶过程中，感觉动力转向装置压力不足。

故障原因：

（1）油泵V形带打滑。

（2）油面过低。

（3）内部泄漏。

（4）液压系统有空气。

故障诊断：

（1）检查油泵V形带，若存在打滑现象，应调整V形带张紧度。

（2）检查储油罐油面，按规定加注液压油。

（3）检查有无内部泄漏，若有，找出泄漏处，更换不合格零件。

（4）检查液压系统，排出液压系统空气。

单元4　制动系故障诊断

学习目标：

1. 熟悉制动系的组成及工作原理。
2. 了解ABS常见的故障现象及诊断方法。
3. 掌握基础制动系常见的故障现象及诊断方法。

知识回顾

汽车的制动系是保障汽车行车安全，充分发挥汽车速度，提高汽车运用效率和运输生产率的必备装备。随着汽车速度的不断提高和对安全性要求的增强，对汽车制动性能的要求也越来越严格。

汽车的制动系包括行车制动系统、驻车制动系统和辅助制动系统。为了保证汽车能在安全的条件下具有高速行驶能力，制动系一般应具有良好的制动性能和制动稳定性且制动不跑偏、不侧滑，制动可靠。

汽车制动系技术状况是否完好，直接关系着行车安全和汽车的运输效率。汽车运行中零件磨损、变形甚至断裂以及装配调整不当等，将导致制动失灵，制动跑偏或制动拖滞等故障现象。

一、制动系易发故障部位及性能要求

1. 易发故障部位（见图3—4）

（1）制动液

制动液量达不到规定的要求，会引起制动效能低，严重的可能使制动失效。制动液长期不更换，油质变差，也会使制动效能降低。

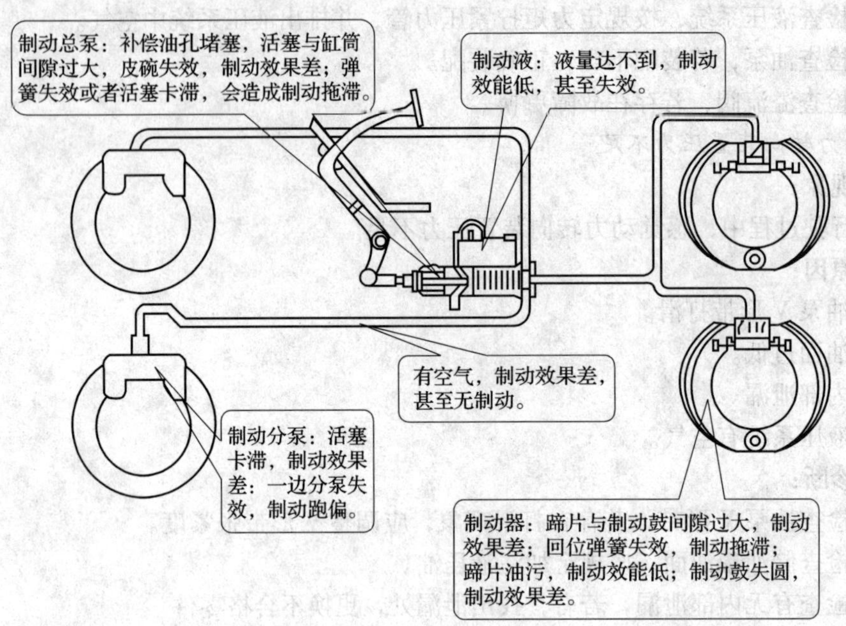

图 3—4　制动系易发故障部位

（2）制动总泵

补偿油孔堵塞，会使制动效果差；活塞与缸筒间隙过大，以及皮碗失效，会使制动效果差，制动失效；弹簧失效或者活塞卡滞，会造成制动拖滞。

（3）制动分泵

活塞卡滞，会造成制动效果差；一边的分泵失效，会造成制动跑偏。

（4）制动器

蹄片与制动鼓间隙过大，会造成制动效果差；回位弹簧失效，会造成制动拖滞；制动蹄片上有油污，会造成制动效能低，单边有油污，可造成制动跑偏；制动鼓失圆，会使制动效果差。

（5）制动系统

制动系统内有空气，会造成制动效果差，甚至无制动。

2. 对制动系的要求

为保证汽车能在安全的条件下发挥出高速行驶的能力，制动系必须满足下列要求：

（1）应具有足够的制动力，工作可靠。一般在水平干燥的混凝土路面上以 30 km/h 的初速度从完全制动到停车时，制动距离应保证：轻型货车及轿车不大于 7 m；中型货车不大于 8 m；重型货车不大于 12 m。停车制动的坡度：轻型汽车不小于 25%；中型汽车不小于 20%。

（2）操纵轻便。一般要求施于踏板上的力不大于 200 ~ 300 N；紧急制动时，不超过 700 N。作用于手制动杆上的力不大于 250 ~ 350 N。

（3）前后桥上的制动力分配应合理，左、右车轮上的制动力应相等。

（4）制动平稳。制动时，制动力应迅速平稳地增加；解除制动时，制动作用应迅速消失。

(5) 避免自行制动。在车轮跳动或汽车转向时，不应引起自行制动。

(6) 散热性好。摩擦片的抗热衰退能力要好，磨损后的间隙应能调整，并且能防水、防油、防尘。

(7) 对挂车的制动系，要求挂车的制动作用略早于主车，挂车自行脱挂时能自动进行应急制动。

二、基础制动系常见故障诊断

基础制动系常见的故障现象有制动失效、制动不灵、制动跑偏、制动拖滞等。

1. 制动失效

故障现象：

汽车行驶过程中，进行制动时，车辆不能够减速；连续多次踩踏制动踏板时，制动器不发挥作用；车辆下坡时，车速越来越快，采取制动措施无效。

故障原因：

(1) 制动液储液筒内缺少制动液或者没有制动液。

(2) 制动总泵皮碗踏翻或损坏。

(3) 制动管路破裂或某一接头渗漏严重。

(4) 某机械连接部位松脱。

故障诊断：

进行该故障诊断时，应当两人配合作业，一人在车内踩制动踏板，另一人在车下观察。

首先，检查一下，储液筒内是否缺制动液。如若不够，添加到规定的量；同时检查制动总泵各机械连接是否牢靠。连续踩下制动踏板，踏板不升高，同时又感觉不到阻力，检查总泵推杆防尘罩处是否漏油，如有漏油，就应当分解制动总泵，检查总泵活塞和皮碗状态，进行修理和更换。检查制动管路和各接头有否漏油的地方，发现后进行修理或更换。如图3—5所示。

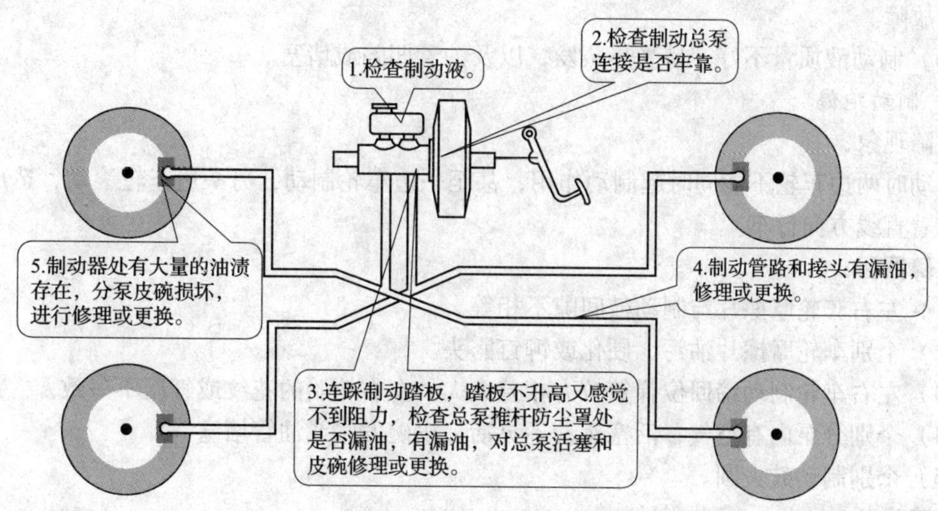

图 3—5　制动失效分析图

若上述情况正常，查看制动鼓或盘式制动的制动器处是否漏油。如有大量的油渍存在，证明分泵皮碗损坏，拆检分泵，进行修理和更换。

2. 制动不灵

故障现象：

汽车行驶过程中，将制动踏板踩到底后，仍不能立即停车或减速，制动距离过长。

故障原因：

(1) 制动油管或分泵内有空气。

(2) 制动踏板自由行程过大。

(3) 总泵阀门损坏或补偿孔和通气孔堵塞。

(4) 总、分泵皮碗，活塞与缸筒磨损过甚。

(5) 油管或接头漏油。

(6) 摩擦片与制动鼓间隙过大。

(7) 摩擦片硬化，铆钉头露出或油污。

(8) 制动鼓失圆。

故障诊断：

(1) 当踩下制动踏板时，位置很低，再连续踩踏板时，踏板逐渐升高，但感到软弱，并且制动效果不好。这说明制动系内有空气，应予以排除。

(2) 一脚制动不灵，连续踩下制动踏板时，踏板位置逐渐升高，并且制动效果良好。这说明踏板自由行程过大或摩擦片与制动鼓间隙过大，应先检查调整踏板自由行程，再调整摩擦片与制动鼓之间的间隙。

(3) 连续踩下踏板，踏板位置能升高，但继续向下踩有下沉的感觉，说明制动系中有漏油处或总泵阀门关闭不严，应进行检查修理。

(4) 踩下踏板，踏板位置很低，再连续踩踏板，踏板位置还不能升高。一般为总泵通气孔或补偿孔堵塞，应检查疏通。

(5) 当踩下踏板时踏板高度适合要求，也不软弱下沉，但制动效果不好，则为车轮制动器的故障。

(6) 制动液质量不好，易受热蒸发，以及油管凹陷或堵塞。

3. 制动跑偏

故障现象：

制动时两边车轮不能同时起制动作用，甚至一边车轮制动，另一边车轮滚动，造成汽车不能沿着直线方向行车。

故障原因：

(1) 左右车轮摩擦片与制动鼓间隙不相等。

(2) 个别车轮摩擦片油污、硬化或铆钉露头。

(3) 左右车轮制动蹄回位弹簧拉力相差太大，左右轮胎的花纹或气压不一致。

(4) 个别分泵内有空气，活塞运动不灵活、皮碗发胀或油管堵塞。

(5) 个别制动鼓失圆。

故障诊断：

(1) 行驶中踩下制动踏板时，汽车向左偏斜，即为右边车轮制动不灵；向右偏斜即为左边车轮制动不灵。

(2) 停车后观察两边车轮在地面上的拖印，拖印短的一边车轮制动不灵。

（3）当确定某个车轮制动不灵后，应调整摩擦片与制动鼓之间的间隙，排除分泵内的空气。仍不灵时，则分解车轮制动器，检查分泵活塞和皮碗的状态，以及油管是否畅通，找出故障所在部位，进行必要的修理或换件。

（4）经过上述修理后，跑偏现象若仍存在，应检查、光磨制动鼓。

4. 制动拖滞

故障现象：

抬起制动踏板后，摩擦片与制动鼓仍在接触，致使汽车起步困难、行驶无力、制动鼓发热。

故障原因：

（1）摩擦片与制动鼓之间的间隙过小或回位弹簧过软失效。

（2）制动踏板没有自由行程或回位弹簧过软、折断。

（3）总泵皮碗、皮圈发胀，回位弹簧无力，致使皮碗堵住平衡孔不能回位。

（4）分泵皮碗发胀或活塞运动不灵。

故障诊断：

（1）汽车行驶一段里程后，用手抚摸各车轮制动鼓。若全部制动鼓都发热，说明故障发生在制动总泵；若个别车轮发热，则故障发生在发热的车轮制动器。

（2）如故障在总泵，应首先检查踏板自由行程，如自由行程符合要求，可将总泵储油室盖打开，并连续踩下和松开制动踏板，看其能否回油。如不能回油则为回油孔堵塞；如果回油缓慢，则是皮碗、皮圈发胀或回位弹簧无力，应拆下制动总泵分解检查或修理。同时也要观察踏板回位情况，如不能迅速回位，说明回位弹簧过软或折断，应进行更换。

（3）如故障在车轮制动器，应先拧松放气螺钉，若制动液急速喷出，制动蹄回位，则为油管堵塞分泵不能回油所致，应疏通油道。如果制动蹄仍不能回位，则应调整摩擦片与制动鼓之间的间隙。

（4）经上述检查调整无效时，应拆下制动鼓检查分泵活塞、皮碗及回位弹簧的状态，进行必要的修理或更换。

三、ABS 系统常见故障诊断

1. ABS 系统的故障类别及处理方法

ABS 系统的故障基本上可分为三大类：电路故障、机械故障及外来干扰。

（1）电路故障

我国的国家标准 CB/T 13594—2003《机动车和挂车防抱制动性能和试验方法》是这样规定的：防抱系统应设专用指示灯。当接到防抱系统上的电源线或接到电子控制器上的电线发生任何损坏时，都应给驾驶员发出信号。当防抱系统通电无故障时，指示灯应亮，而一旦车速达到 10 km/h 时，指示灯应自动熄灭。指示灯即使在白天也必须醒目，易于驾驶员检查其工作是否正常。

从上述可知 ABS 的故障显示器仅反映电路部分的技术状况。从其功能讲故障显示器分二类：一类仅显示电路部分的技术状况；一类不仅显示电路部分的技术状况，而且一旦出现故障还能显示出故障所在部位和范围。

有些 ABS 的电路故障是容易修复的，如连接导线松开、破损、连接不良及短路、断路等，有些则是难以修复的，如电子控制器、传感器及电磁阀等的故障，一旦出现故障，只能更换。

电路出现故障后，必须人为切断 ABS 的电源线，使 ABS 脱开。这里脱开的意思是指在制动期间，ABS 不发生作用，制动系统功能恢复到基本的制动功能。

电源是 ABS 的动力源，电源电压的质量直接影响 ABS 系统工作质量。

（2）机械故障

1）传感器松动。在安装传感器时，为了便于调整传感器与脉冲环间的间隙，大部分的传感器是靠弹性钢片固定在支架中，钢片弹性一旦失效，或汽车振动冲击过大，传感器在支架中的位置发生变化，其与脉冲环间的正确间隙得不到保证，不能准确测量车辆的运动状态参数。传感器与支架间的相对位置发生变化，是 ABS 的常见故障。

2）脉冲环。脉冲环为一个铁质齿圈，能够改变传感器周围磁通的变化。它固定安装在轮毂上，并与传感器保持一定的间隙。有人误以为脉冲环起齿轮的传动作用，给其加润滑油或润滑剂，造成铁屑、灰尘等杂质在其上黏附，会破坏传感器收集车辆运动状态的正确性。

如果脉冲环与轮毂不同心，传感器与脉冲环的间隙是循环变化的，则会影响其对车轮运动的测试精度。造成这种情况的原因大致有如下几种：安装脉冲环方法不当、维护车辆时对脉冲环形成了错误的冲击、车轮轴承磨损松动等。脉冲环残缺，也会影响测试车轮运动状态参数的准确性。

3）压力调节器的故障。如果 ABS 系统技术状况良好，传感器也能准确测量出车轮的运动状态，但 ABS 性能不良，制动距离增长、防抱作用失控等，一般为压力调节器故障所致。

压力调节器的常见故障是："响应不积极""增益"不当等。

（3）外界干扰

按相关规定，ABS 系统的工作不得受磁场或电场的干扰。

ABS 系统的电子控制单元以及传感器到 ECU 间的连线易受电磁场的干扰，其工作便会失常。因此在设计 ABS 系统时，ABS 系统均要求有一定的抗电磁干扰的能力。但是在强电磁场区域，或者抗干扰失效时，ABS 系统会受到电磁场的影响，使 ABS 系统失常。同时，轮速传感器很多是电磁式的，容易吸附一些铁屑，造成信号不准，从而引起故障。

2. ABS 系统故障检测与诊断的一般程序

ABS 系统故障检测与诊断的一般程序是：先外后内，先易后难。即先检查 ABS 系统的外部连接情况，如线路连接、管路连接等，看是否有异常情况存在；检查刹车油液面是否正常；检查 ABS 故障指示灯是否能够正常闪亮。然后再用故障诊断仪，读取存储的故障码和数据流，最终诊断出 ABS 系统的故障。

ABS 是在常规的制动系统上，增加了控制系统，当 ABS 系统出现故障而不能正常工作时，首先应进行初步检查，方法如下（见图 3—6）：

（1）检查制动液液面是否在规定的范围之内，液面指示开关连接器导线的连接或接触是否良好。

（2）检查 ABS 计算机的插头、插座的连接是否良好，连接器及导线是否损坏；搭铁线接触是否良好。

（3）检查制动压力调节器上的电磁阀导线的连接或接触是否良好。

（4）检查连接压力警告开关和压力控制开关导线的连接或接触是否良好。

（5）检查轮速传感器的导线连接或接触是否良好。

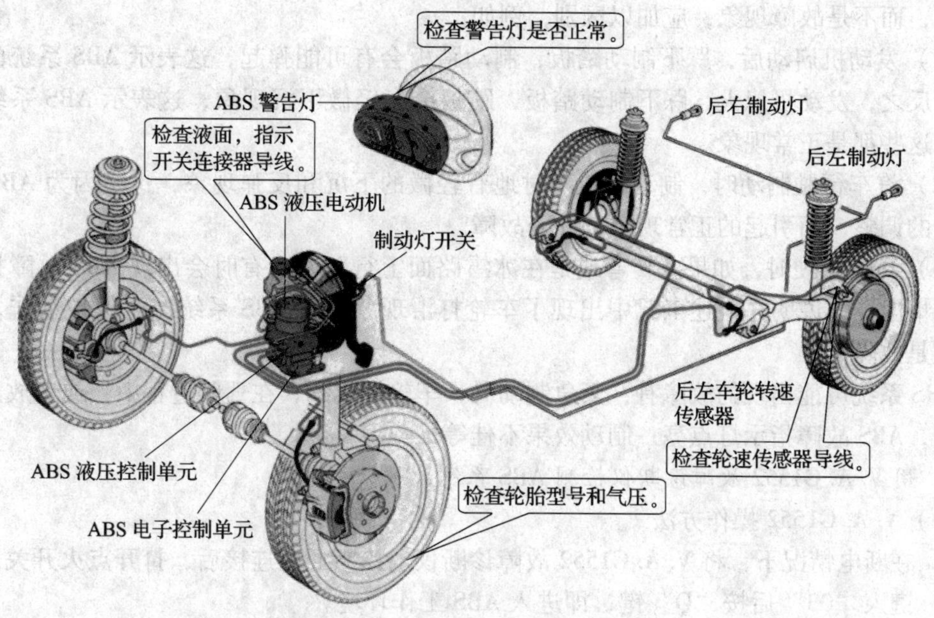

图 3—6　ABS 初步检查示意图

（6）检查电动泵的连接器导线的连接或接触是否良好。

（7）检查所有的继电器、熔丝是否完好，接触是否可靠。

（8）检查蓄电池容量和电压是否在规定的范围内，检查蓄电池正、负极导线的连接是否牢靠，连接处是否清洁。

（9）检查两侧的轮胎型号和轮胎气压是否符合规定。

（10）检查制动警告灯及 ABS 故障指示灯工作是否正常。

如果用初步检查方法不能确定故障部位，应转入“3. ABS 系统的故障自诊断测试”进行检查。

3．ABS 系统的故障自诊断测试

现代汽车 ABS 系统都具有故障自诊断功能，当 ECU 检测到 ABS 系统的故障信息时，仪表板上的 ABS 故障指示灯将点亮，告知驾驶员 ABS 系统中已出现故障。同时，ECU 将故障信息，以故障代码的形式储存到 ECU 的存储器中。在诊断 ABS 系统的故障时，可按照设定的程序和方法读取故障代码和清除故障代码。

不同车型的 ABS 故障码的读取方法不一样。有的可以采取人工的方式，有的必须采用检测仪器和设施。具体可参考相应的维修手册，采取相应的方式和不同的仪器设备来读取故障码。

须说明一点：当 ECU 检测到 ABS 系统存在故障时，除存储相应的故障码和利用 ABS 故障指示灯向驾驶员显示外，ECU 还会自动关闭 ABS 控制功能，并启用传统制动系统，以保证其基本的制动性能，确保行车安全。

读取了 ABS 的故障码以后，应查找相应维修资料中的故障代码表，根据故障码的内容，确定故障的范围。在进行 ABS 系统故障检测与诊断时，应根据 ABS 系统的工作特性，分析故障现象和特征，根据维修资料的说明，有目的地进行检测与诊断。

在 ABS 系统工作过程中，会出现一些与传统经验相背离的情况，有些是 ABS 系统的正常反应，而不是故障现象，应加以区别，例如：

(1) 发动机启动后，踩下制动踏板，制动踏板会有可能弹起，这表示 ABS 系统已发挥作用；反之，发动机熄火，踩下制动踏板，踏板会有轻微下沉现象，这表示 ABS 系统停止工作，这些都是正常现象。

(2) 汽车行驶制动时，制动踏板不时地有轻微的下沉和反弹现象，这是因为 ABS 在进行不断的调整，而引起的正常现象，并非故障。

(3) 高速行驶时，如果急转弯或是在冰雪路面上行驶时，有时会出现 ABS 故障指示灯点亮的情况，这说明在上述工况中出现了车轮打滑现象，而 ABS 系统产生保护动作，这同样也不是故障。

ABS 系统可能出现的故障有：紧急制动时，车轮被抱死；在驾驶过程中，或者放开手制动器时，ABS 故障指示灯点亮；制动效果不佳等。

4. 用 V. A. G1552 故障诊断仪检测 ABS 系统故障

(1) V. A. G1552 操作方法

1) 在断电情况下，将 V. A. G1552 故障诊断仪与诊断插座连接后，打开点火开关。

2) 键入"03"后按"Q"键，即进入 ABS 工作环境。

3) 键入所需的功能代码。

4) 键入"06"后按"Q"键，退出。

5) 在断电后，拆下 V. A. G. 1552 故障诊断仪。

(2) 功能简介

功能 01——状态信息显示。

功能 02——故障查询。

功能 03——液压控制单元诊断。

功能 04——加液排气。

功能 05——清除故障代码。

功能 06——结束，退出。

功能 07——控制器编码。

功能 08——测量数据显示（如轮速信号等）。

(3) 功能键

C 键——取消，更改输入数据及当前菜单。

Q 键——确认输入。

→键——下一步。

HELP 键——帮助信息。

(4) 查询和清除故障代码

在功能选择处输入 02，按 Q 键将显示故障数量。之后按"→"键，将依次显示每一故障的故障代码和内容。

在功能选择处输入 05，按 Q 键即可清除故障代码。如果故障代码无法清除，表示这个故障代码代表的故障一直存在。如果存储的故障可以消除，表示这是一个偶发性故障，须在实车行驶时才能重新检测到。

故障代码的显示方式，见表 3—1。

表 3—1　　故障代码显示方式

系统问题		显示代码
目前没有问题（ABS 警告灯不亮）	以前不曾发生	无故障代码
	以前曾发生	偶发性故障代码
故障仍存在（ABS 警告灯亮）		非偶发性故障代码
		偶发性故障代码和非偶发性故障代码

1）查询故障代码

①将 V. A. G1552 与诊断接口相连接（见图 3—7），如果屏幕上无显示，则应检查自诊断的插口，打开点火开关，屏幕显示：

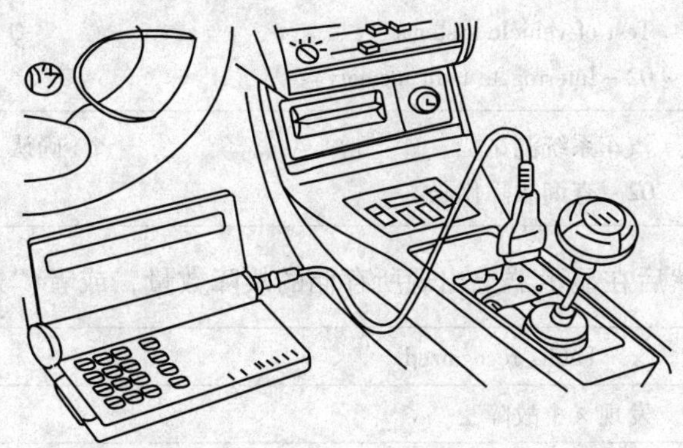

图 3—7　V. A. G1552 与诊断接口的连接

Test of vehicle systems	HELP
Insert address word ××	
汽车系统测试	帮助
输入地址指令××	

②输入地址码 03“制动电子系统”。屏幕显示：

Test of vehicle systems	Q
03 Brake electronics	
汽车系统测试	确认
03－制动电子系统	

③按 Q 键确认。屏幕显示：

3A0 907 379 ABS ITT AE 20 GI VOD	
Coding 04505	WCS ×××××
3A0 907 379 ABS ITT AE 20 GI VOD	
编码　04505	WCS ×××××

其中：3A0 907 379 ABS 为控制单元零件号；ITT AE 20 GI 为公司 ABS 产品型号；VOD 为软件版本；Coding 04505 为控制单元编码号；WCS ×××××为维修站代码。

④按“→”键，屏幕显示：

Test of vehicle systems Select function ××	HELP
汽车系统测试 选择功能 ××	帮助

⑤输入地址码 02“查询故障代码”功能。屏幕显示：

Test of vehicle systems 02 – Interrogate fault memory	Q
汽车系统测试 02 – 查询故障代码	确认

⑥按 Q 键确认。然后在显示器上出现所存储的故障数量，或者“未发现故障”。

× Faults recognized
发现×个故障

No faults recognized
未发现故障

⑦按→键，所显示的故障依次显示出来。故障显示完毕后，按→键返回初始位置。

2）清除故障代码和结束输出

①查询故障代码后，屏幕显示：

Test of vehicle systems Select function ××	HELP
汽车系统测试 选择功能 ××	帮助

②输入地址码 05“清除故障代码”功能。屏幕显示：

Test of vehicle systems 05 – Erase fault memory	Q
汽车系统测试 05 – 清除故障代码	确认

③按 Q 键确认，屏幕显示：

Test of vehicle systems	HELP
Fault memory is erased!	
汽车系统测试	帮助
故障存储已被清除	

④按→键，如果在屏幕上出现显示“Attention! Fault memory has not been interrogated”（注意：故障存储未被查询），则检测过程有缺陷，应遵循正确的检测过程，即先查询再清除故障代码。屏幕显示：

Test of vehicle systems	HELP
Select function ××	
汽车系统测试	帮助
选择功能××	

⑤输入06“结束输出”功能。屏幕显示：

Test of vehicle systems	Q
06 – end output	
汽车系统测试	确认
06 – 结束输出	

⑥按Q键确认。屏幕显示：

Test of vehicle systems	HELP
Enter address ××	
汽车系统测试	帮助
输入地址指令××	

⑦输入地址码02“查询故障代码”功能。关闭点火开关，拔下V. A. G1552故障阅读仪的插头。打开点火开关后，ABS的警告灯K47和制动系警告灯K118亮约2 s后必须熄灭。

3）控制器编码。通常ABS控制器在车辆出厂时已经编过码，维修供应的ABS控制器配件则没有编过码，因此，更换ABS控制器后须用V. A. G1552重新编码。如果控制单元没有编码（CODE 00000）或编码错误，ABS警告灯和制动系统警告灯闪（1次/s）。

①连接V. A. G1552，选择03“制动电子系统”。屏幕显示：

Test of vehicle systems	HELP
Select function ××	
汽车系统测试	帮助
选择功能 ××	

②输入地址码07“控制单元编码”功能。屏幕显示：

Test of vehicle systems	Q
07 - Code control unit	
汽车系统测试	确认
07 - 控制单元编码	

③按Q键确认，屏幕显示：

Code control unit	Q
Enter code number ××××× (0~32000)	
控制单元编码	确认
输入编码　　××××× (0~32000)	

④输入MK20－Ⅰ型ABS系统编码号：04505，屏幕显示：

Coding 04505	WSC ×××××
编码　04505	WSC ×××××

⑤按→键，屏幕显示：

Test of vehicle systems	HELP
Select function ××	
汽车系统测试	帮助
选择功能××	

⑥输入06“结束输出”，按Q键确认。

4）读取测量数据块。功能08“读取测量数据块”中，01和02“显示组”可用于检测转速传感器工作情况，03“显示组”可用于检测制动灯开关的功能。

①连接V. A. G1552，输入地址码03“制动电子系统”。屏幕显示：

Test of vehicle systems	HELP
Select function ××	
汽车系统测试	帮助
选择功能 ××	

②输入08“读取测量数据块”功能，按Q键确认。屏幕显示：

Read measuring Value block			Q
Enter display group number　× ×			
读取测量数据块			确认
输入显示组号　× ×			

③输入显示组“01”，按 Q 键确认。屏幕显示（汽车静止时）：

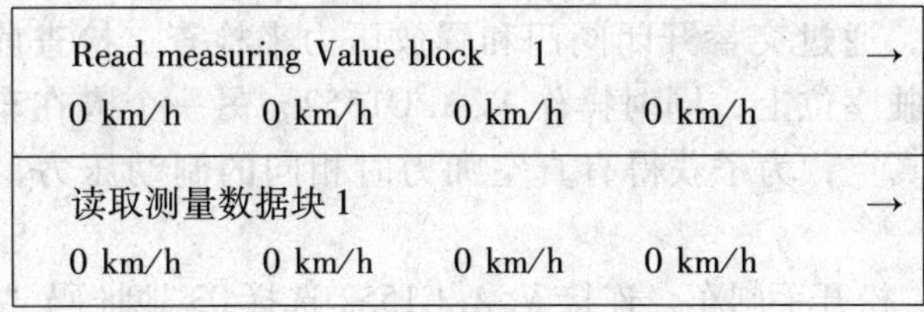

Read measuring Value block　1			→
0 km/h	0 km/h	0 km/h	0 km/h
读取测量数据块 1			→
0 km/h	0 km/h	0 km/h	0 km/h

④为了检查转速传感器工作情况，必须用举升机升起车辆，使四个轮离地，另一修理工用手转动车轮。屏幕显示（用手转动车轮时）：

Read measuring Value block　1			→
1	2	3	4
读取测量数据块 1			→
1	2	3	4

其中：显示区域 1、2、3 和 4 分别是用手转动左前轮、右前轮、左后轮和右后轮的速度，单位是 km/h，范围为 0 ~ 255。

⑤按↑键，进入下一个显示组。屏幕显示（汽车静止时）：

Read measuring Value block　2			→
255 km/h	255 km/h	255 km/h	255 km/h
读取测量数据块 2			→
255 km/h	255 km/h	255 km/h	255 km/h

⑥放下汽车，缓慢行驶。屏幕显示（缓慢行驶时）：

Read measuring Value block　2			→
3 km/h	6 km/h	2 km/h	1 km/h
读取测量数据块 2			→
3 km/h	6 km/h	2 km/h	1 km/h

其中：区域 1 和 2 的数据偏差 <6 km/h 为正常，区域 3 和 4 的数据偏差 <2 km/h 为正常。

⑦按↑键，屏幕显示：

Read measuring Value block 3 0
读取测量数据块 3 0

其中：不踩制动时为0，踩制动时应为1。

5）最终控制诊断。最终控制诊断是自诊断检查之一，液压泵和液压循环的正确功能可以用最终控制诊断，通过交替开闭阀门和释放压力来检查。检查前将车辆升起，四轮离地，一个人坐在驾驶座位上，同时操作 V. A. G1552，另一个人在车外转动车轮。先踩几次刹车排尽空气达真空，为了获得有真空加力时相同的制动压力，踩制动踏板力必须增加。

①打开点火开关，松开手刹车，连接 V. A. G1552 选择 03 地址码“制动电子系统”，屏幕显示：

Test of vehicle systems	HELP
Select function × ×	
汽车系统测试	帮助
选择功能 × ×	

②输入 03“最终控制诊断”功能。屏幕显示：

Test of vehicle systems	Q
03 Final control diagnosis	
汽车系统测试	Q
03 最终控制诊断	

③按 Q 键确认。在以下工作程序 ABS 指示灯闪亮（2 次/s），制动警告灯闪亮（4 次/s）。ABS 液压泵 V64 必须工作。屏幕显示：

Final control diagnosis	→
ABS hydraulic pump – V64	
最终控制诊断	→
ABS 液压泵 – V64	

④在 60 s 内必须按→键，不必踩制动踏板。屏幕显示：

Final control diagnosis	→
Operate brakes	
最终控制诊断	→
踩下刹车	

⑤按→键，屏幕显示：

Final control diagnosis → IFL 0 V　OFL 0 V　Wheel FL locked
最终控制诊断 → 左前进油阀：0 V　左前出油阀：0 V　左前轮锁定

⑥按→键，屏幕显示：

Final control diagnosis → IFL VBAT　OFL 0 V　Wheel FL locked
最终控制诊断 → 左前进油阀：电瓶电压 左前出油阀：0 V 左前轮锁定

⑦按→键，ABS 液压泵 V64 必须工作，制动踏板必然会放松。屏幕显示：

Final control diagnosis → IFL VBAT　OFL VBAT　Wheel FL free
最终控制诊断 → 左前进油阀：电瓶电压　左前出油阀：电瓶电压 左前轮自由

⑧按→键，ABS 液压泵不再运转。屏幕显示：

Final control diagnosis → IFL VBAT　OFL 0 V　Wheel FL free
最终控制诊断 → 左前进油阀：电瓶电压　左前出油阀：0 V　左前轮自由

⑨按→键，制动踏板必须有明显感觉，屏幕显示：

Final control diagnosis → IFL 0 V　OFL 0 V　Wheel FL locked
最终控制诊断 → 左前进油阀：0 V　左前出油阀：0 V　左前轮锁定

⑩按→键，屏幕显示：

Final control diagnosis Release brakes	→
最终控制诊断 松开刹车	→

⑪按→键，屏幕显示：

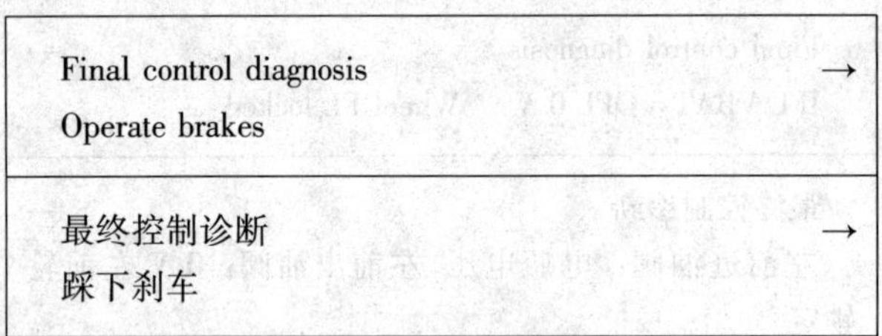

Final control diagnosis Operate brakes	→
最终控制诊断 踩下刹车	→

⑫按→键。重复上述操作分别进行右前、左后、右后液压泵和液压循环的功能诊断直至结束。

ABS 警告灯和制动系警告灯熄灭，如果 ABS 警告灯不灭，说明系统中有故障存在。

在最终控制诊断显示时，显示屏幕上简略缩写见表 3—2。

表 3—2　　屏幕简略缩写表

缩写	英 语 全 称	中 文 含 义
FL	Front Left	左前
FR	Front Right	右前
RL	Rear Left	左后
RR	Rear Right	右后
I	Inlet Valve	进油阀
O	Outlet Valve	出油阀
VBAT	Voltage Battery at Valve	在阀上电瓶电压
0V	0 volt（No Voltage at valve）	在阀上无电压
	Locked/free	车轮状态：锁死/自由
Hydr－P	Hydraulic pump	液压泵

（5）ABS 系统故障诊断流程

ABS 系统故障诊断流程如图 3—8 所示。

5. 故障诊断时的注意事项

ABS 采用电子液压控制，因此在 ABS 系统正常工作情况下出现表 3—3 所列现象是正常的，并不是故障。

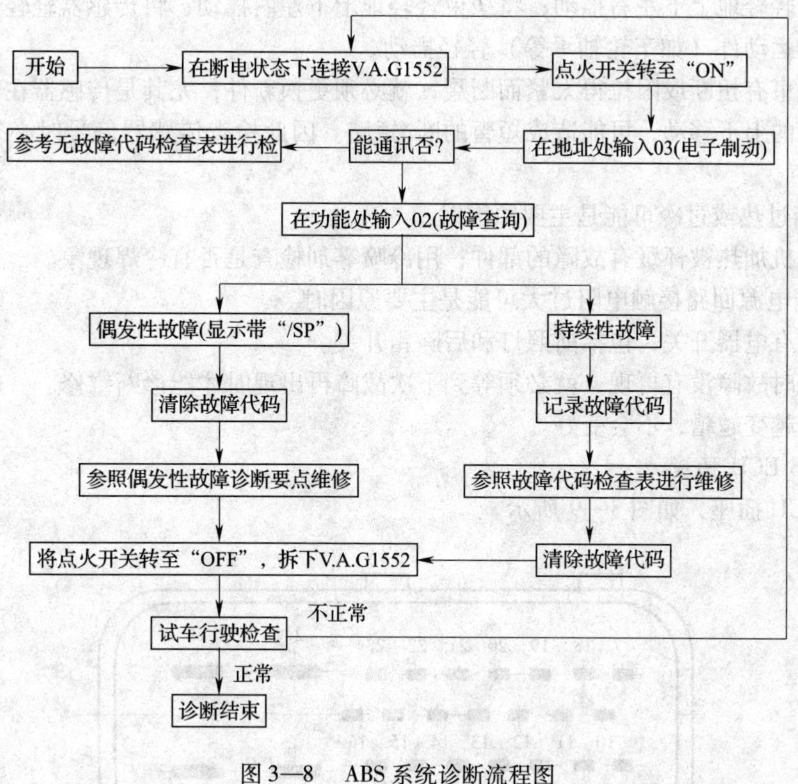

图 3—8　ABS 系统诊断流程图

表 3—3　　ABS 系统的正常工作情况

现象	说　明
系统自检声音	发动发动机后，有时候会从发动机舱中传出类似碰击的声音，这是 ABS 进行自检的声音，并非不正常
ABS 起作用时的声音	（1）ABS 液压单元内电动机的声音 （2）与制动踏板振动一起产生的声音 （3）ABS 工作时，因制动而引起悬架碰击声或轮胎与地面接触发出“吱嘎”声 注：ABS 正常工作时，轮胎仍有可能发出“吱嘎”声
ABS 起作用，但制动距离长	在积雪或是砂石路面上，有 ABS 的车辆的制动距离有时候会比没有 ABS 车辆的制动距离长。因此须提醒驾驶员在上述路面行驶时应加倍小心

6. 偶发性故障的维修要点

在电子控制系统中，在电气回路和输入输出信号的地方，可能出现瞬时接触不良问题，从而导致偶发性故障或在 ECU 自检时留下故障代码。如果故障原因持续存在，那么只要按照故障代码检查表就可以发现不正常的部位，不过有时候故障发生的原因会自行消失，所以不容易找出问题的原因。在这种情况下，可按下列方式模拟故障，检查故障是否再现。

（1）当振动可能是主要原因时

将接头轻轻地上下左右摇动；将线束轻轻地上下左右摇动；将传感器轻轻地上下左右摇动；将其他运动件（如车轮轴承等）轻轻摇动。

如果线束有扭断或因拉得太紧而断裂，就必须更换新件，尤其是传感器在车辆运动时因为悬架系统的上下移动，可能造成短暂的断/短路。因此检查传感器信号时必须进行实车行驶试验。

（2）当过热或过冷可能是主要原因时

用吹风机加热被怀疑有故障的部件；用冷喷雾剂检查是否有冷焊现象。

（3）当电源回路接触电阻过大可能是主要原因时

打开所有电器开关，包括前照灯和后除霜开关。

如果此时故障没有再现，就必须等到下次故障再出现时才能诊断维修。一般来说，偶发性故障只会越变越糟，不会变好。

7. ABS ECU 插座

ABS ECU 插座，如图 3—9 所示。

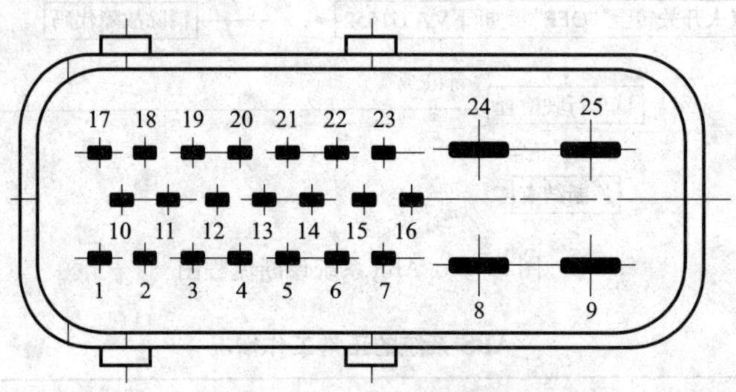

图 3—9　ABS ECU 插座

四、故障诊断案例

故障现象：

一辆奥迪轿车（发动机排量为 2.6 L），仪表板上的制动灯常闪亮。

故障原因：

奥迪轿车能对制动和液压系统进行监控，一旦制动系统出现问题，仪表板上的制动灯便来回闪烁以示报警。奥迪轿车对制动系统的主要监控对象是制动液液面，前轮制动摩擦中的磨损情况、传感器的工作情况和压力调节装置。

故障诊断：

（1）经检查，该车制动液和液压油均不缺少。试验发现，此车如果在原地不动着车，则制动灯不闪烁，但车辆一旦行驶一段距离后，制动灯便会闪动，并且伴有 ABS 故障指示灯点亮的现象。

（2）用中文 1551 检测仪检测发现为左后轮转速传感器故障，并且为偶发性故障。

（3）为排除此故障，将左后轮转速传感器拆下来，发现有大量灰尘严密地覆盖在左后轮转速传感器上面。将左后轮转速传感器上的灰尘擦干净后，重新装上车，进行行车试验，发现仪表板上的 ABS 故障指示灯不亮且制动报警灯也不再闪烁了，故障排除。

诊断过程如图 3—10 所示。

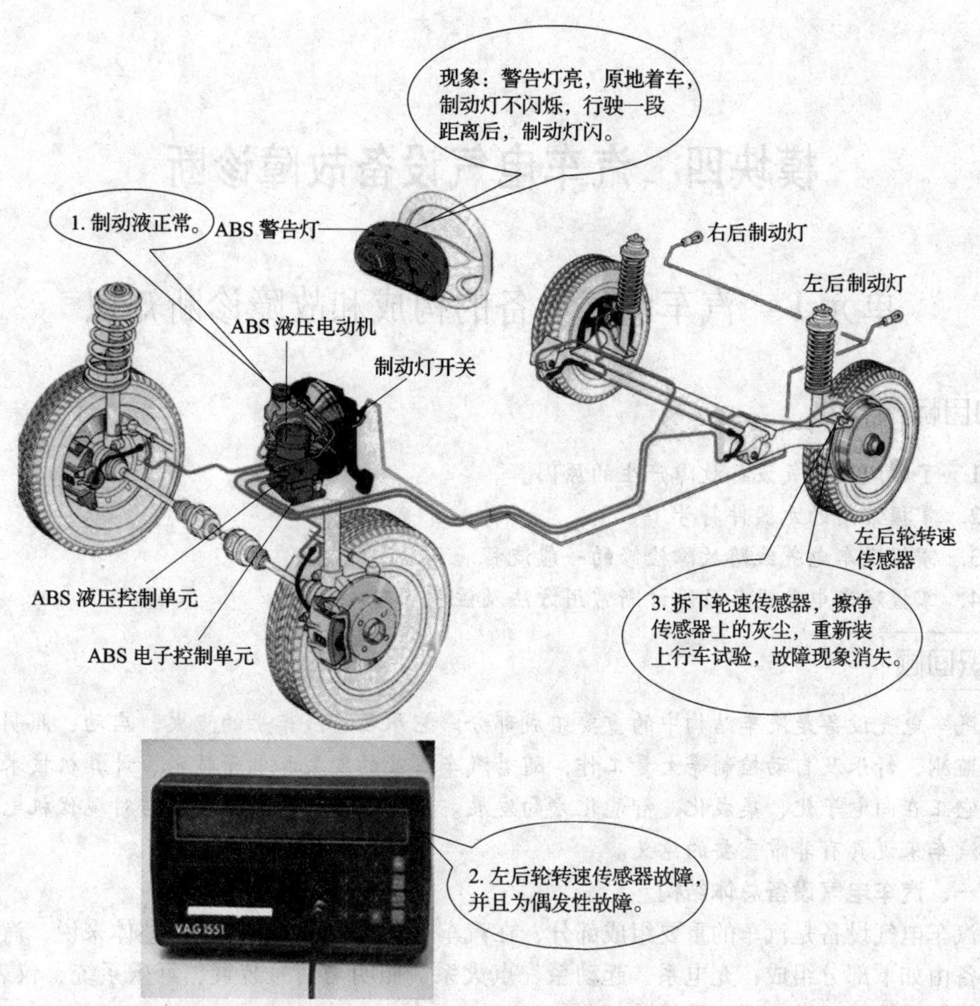

图 3—10　诊断过程

故障排除启示：

分析该车的故障，原来是在几天前该车曾经更换过左后轮轴承，因为修理工在拆下左后轮转速传感器后不小心沾上了泥而未擦干净便将其又装在了车上，从而出现了此故障。

由于该车左后轮转速传感器上沾上了泥，故该车在行驶后因无左后轮转速传感器传来的左后轮转速信号，故制动防抱死系统不起作用，并用制动报警灯闪烁来提醒驾驶员制动系统有故障，需要进行维修。

此例故障告诫我们，在车辆的维护过程中，对各传感器一定要小心，要按维护规范进行操作，避免引起人为的故障。

模块四　汽车电气设备故障诊断

单元1　汽车电气设备的构成和故障诊断知识

学习目标：

1. 了解汽车电气设备故障产生的原因。
2. 掌握常用的元器件符号。
3. 掌握汽车电气线路故障检修的一般流程。
4. 掌握汽车电气设备故障诊断常用方法及注意问题。

知识回顾

汽车电气设备是汽车结构中的重要组成部分。它承担着汽车上的点火、启动、照明、信号、监测、舒乐及自动控制等大量工作，随着汽车工业的发展和电子技术、计算机技术的发展，它正在向电子化、集成化、智能化方向发展。汽车电气设备的正常运转对现代机电一体化的汽车来说具有非常重要的意义。

一、汽车电气设备总体结构

汽车电气设备是汽车的重要组成部分，在汽车上发挥着重要的作用。整体来说，汽车电气设备由如下部分组成：充电系、起动系、点火系、照明与信号装置、舒乐系统、仪表板、电子控制系统、辅助电器以及线路部分。

充电系：由发电机、调节器和蓄电池组成，是汽车的电源部分。

起动系（见图4—1）：由起动机、起动继电器、点火开关或起动开关等组成。对于装有自动变速器的车辆，还有空挡开关。它们的任务是启动发动机。

点火系：主要由点火线圈、电子装置、火花塞等组成。其作用是将低压电转变为高压电，产生电火花，在正确的时刻点燃气缸内的可燃混合气，是汽油发动机独有的。

照明与信号装置：由各种照明和信号灯以及喇叭组成。其功能是保证车辆在各种条件下车内外的照明，告示外界车辆的行驶方向，以便保证在各种条件下车辆和行人的安全。

舒乐系统：由暖风机、制冷部分、音响视听装置组成。其作用是为驾驶员和乘客提供良好的工作空间和舒适的环境。

仪表板（见图4—2）：由车速表、发动机转速表、水温表、机油压力表、燃油表等组成。能够把车辆的各种信息及时地反映出来，便于驾驶员的判断和操作。

电子控制系统：包括各类控制单元。其作用是用来提高或完善汽车的各项性能。

辅助电器：由电动雨刮、风挡玻璃清洗系统、电动玻璃升降系统、电动座椅等组成。

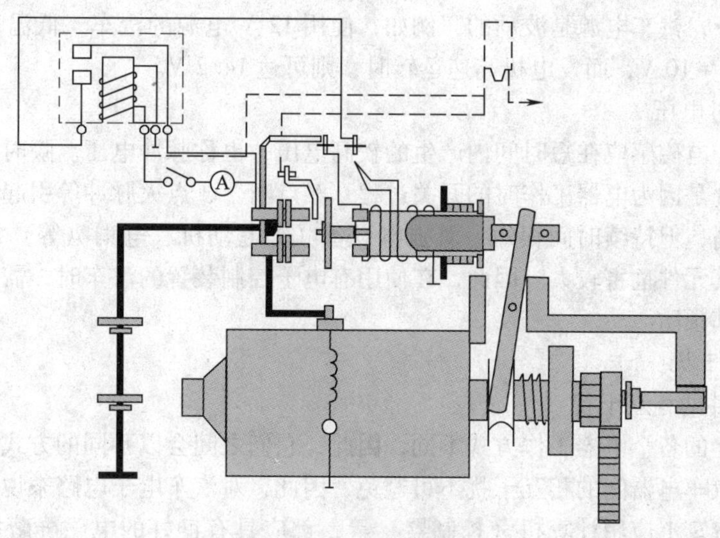

图 4—1　起动系常见电路

图 4—2　荣威轿车的仪表板

线路：将汽车上的各种电气设备之间用导线按照技术要求连接起来，就构成了汽车的线路。汽车的电气线路由电源、用电设备、保险装置、开关、导线等组成。

传统汽车电气设备的特点可以简单概括为：两个电源、低压直流、并联单线、负极搭铁。原则上，所用电器均为低压大电流器件。另外，为了布置的方便，汽车上的电气设备一般体积比较小。

二、造成汽车电气设备故障的原因

汽车电气设备的工作环境比较恶劣，温度变化范围大，经常性地工作在高温环境中；汽车上的电气设备还要经常经受颠簸振动的考验，因而容易产生各种各样的故障。

汽车上的电气电子设备在工作过程中可能受到下列因素的影响而产生故障：

1．温度与湿度

温度的变化包括：

（1）外界环境温度

在我国，这个温度变化范围大约是 -40 ~ +45℃（阳光下）。

（2）使用温度

它与汽车工作时间的长短、电子线路布置的位置及其自身的发热、散热条件等有密切关联。对于电子元件来讲，过高的使用温度往往是造成过热损坏的主要原因之一。除此之外，各部分温度发生急剧变化也是造成电子元件损坏的重要原因之一，所以电子设备的安装要考虑到所安装位置的温度环境。

湿度的增加则会使电子元器件的绝缘性能减弱，加速其老化。

2．电压的波动

（1）电源电压波动

正常情况下，汽车电源是波动的，例如，使用 12 V 电源的汽车，低温启动时其蓄电池端电压可低到 8～10 V，而发电机高速运转时，则可达 14.2 V。

（2）瞬时过电压

主要是由于电磁感应在短时间内产生的较高电压，也称脉冲电压。瞬时过电压产生的因素很多，大部分是因为电器工作时的开关过程、触点断合、点火脉冲等引起的。瞬时过电压的峰值虽然很高，但持续时间很短，对强电设备（如起动机、电喇叭等）危害不大，但对微电子设备及其元件危害较大。因此，在使用有电子控制装置的汽车时，需特别注意瞬时过电压的产生及其预防。

3. 无线电干扰

（1）电器件的相互干扰

现代汽车上的各个电器工作方式不同，因此，它们之间会以不同的方式彼此侵扰。

事实上，汽车电器间的相互干扰不可避免，因此，对汽车电子电路来说，重要的是做好相应的防护。汽车上应用计算机（控制器）等，都应具有良好的电磁屏蔽措施，一旦屏蔽损坏，也会导致工作异常（见图 4—3）。

图 4—3　车载计算机的防干扰外壳

（2）车外干扰

由车外收发两用机之类的无线电设备、雷达、广播电台等发射的无线电波，都会干扰汽车上的仪器，使电子控制装置失控。

4. 其他环境

振动和冲击是汽车行驶的特征，对电子设备的破坏是机械性的，会造成破皮、脱焊、触点抖动、搭铁不良等。除此之外，还会受到水、盐、油及其他化学物质的危害。

三、汽车电气设备故障诊断常用方法

汽车电气设备总是同线路紧密联系在一起，汽车电气设备故障诊断往往同线路分析结合起来进行。汽车上的各种电气设备之间用不同规格的导线，按照技术要求连接起来，构成一个完整的电气系统，就是汽车总线路。

1. 故障定义及种类特点

所谓电路故障，就是指电路的局部或整体丧失了工作能力，不能完成预定的任务的现象。可以分为渐发性故障和突发性故障两类。故障特点可归纳为：元件击穿、元件老化或性能退化、线路故障等。

2. 线路故障产生的原因

线路故障产生的原因有：正常运行中产生的氧化锈蚀、磨损或疲劳，环境因素，人为因素，设计制造因素等。分为机械性故障、电气故障及机电综合故障三类。

3. 线路故障诊断原则

判断汽车线路故障时应做到先易后难，程序合理；查清症状，逐步分析；由外到内，由简到繁，尽量不拆不卸就车进行，工量具尽量简单，方法设计安全、有效、简捷。在没有查明故障原因以前，不要贸然用新的电器件试验。

4. 故障诊断一般程序

第一步，根据用户的反映，通电试验或试车亲自验证故障现象。初步确定故障范围和原因。

第二步，查找可能存在故障的系统线路，检查器件及线路连接是否正确可靠，是否存在异常，通过外部直观检查，必要时通电或启动发动机配合，逐渐缩小故障范围。

第三步，分析问题较为集中的线路及部件，根据其结构、工作原理及控制关系，设计安全、有效、简捷的方法，进行检验，逐个排除，进一步缩小故障范围。其中，熔丝、继电器、公共火线及搭铁线等故障率较高的部分应先检查、重点检查。

第四步，必要时对较大的允许单独拆检的部件进行进一步的拆检，直到最终锁定故障点和故障原因，并确定最终处理措施。

第五步，进行必要的更换或修理作业。

第六步，重新试车，验证故障是否确已排除，并不得引发其他新故障。

故障诊断的关键在于思路明确，程序简单、有效而有条理，并先测试检验最有可能产生问题的部位，进行分析。平时注意多积累常用的诊断方法及各车型的结构原理等知识。

同一故障，可以有许多不同的分析判断方案，但首先应考虑到几个大的方面：电源是否有电；线路是否畅通（即电线、开关、继电器触点、插接器接触以及接地点等是否可靠）；用电器是否正常等。围绕这几个方面判断就能较快地缩小范围，节省时间。有些电器设备，有时候仅用仪表作静态检查是不能发现本质问题的，必须进行动态检测。

5. 常用的故障诊断方法

（1）直观检验法

充分运用眼、耳、鼻、手等感觉器官，感知电器设备及线路的工作状态、异响、温升、气味、颜色、火花及线路接触情况等，来判断电气设备及线路工作状态的好坏。插接器的接触情况检查如图 4—4 所示。

（2）测电压法（见图 4—5）

电路系统运转时通过对检测点电压的测量，根据其有无及大小判断故障范围的方法。

（3）测电阻法

通过测量部分已切断线路或部件的电阻判断其中是否存在故障的方法。注意被检测电路不得带电。

（4）断路比较法（见图 4—6）

将可疑电路暂时拆下，与拆前进行现象比较，从而验证其中是否存在故障的方法。

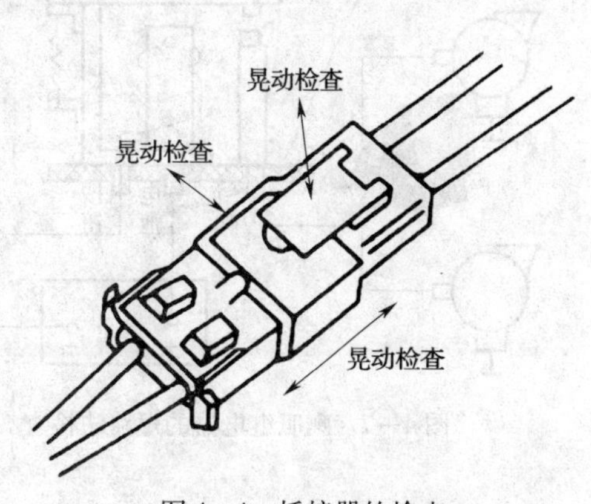

图 4—4 插接器的检查

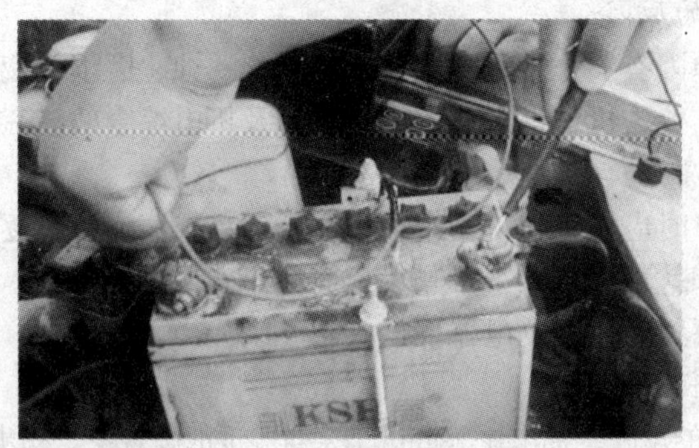

图 4—5　测电压法诊断启动故障

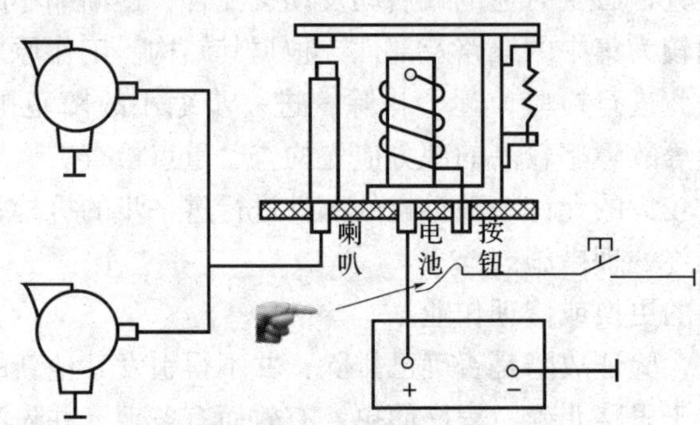

图 4—6　喇叭继电器的断路法检查

（5）短路比较法（见图 4—7）

将某段电路或部件短接，如果系统工作恢复正常，则说明被短接的线路或电器内部有断路或接触不良故障。

（6）低压试灯法（见图 4—8）

用低压试灯检测电路中某点是否有电，进而判断出故障范围的方法。

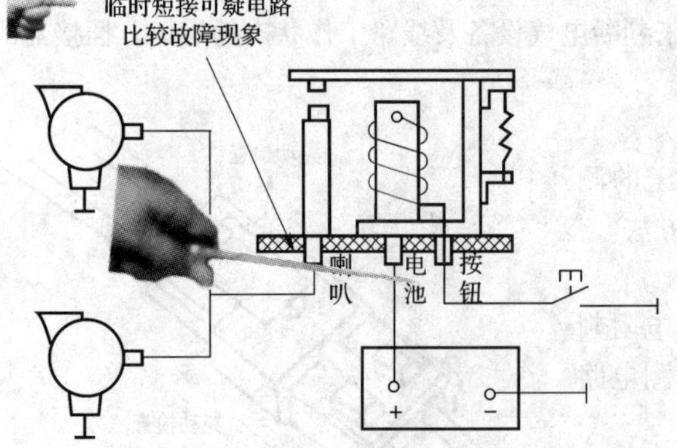

图 4—7　喇叭继电器的短路法检查

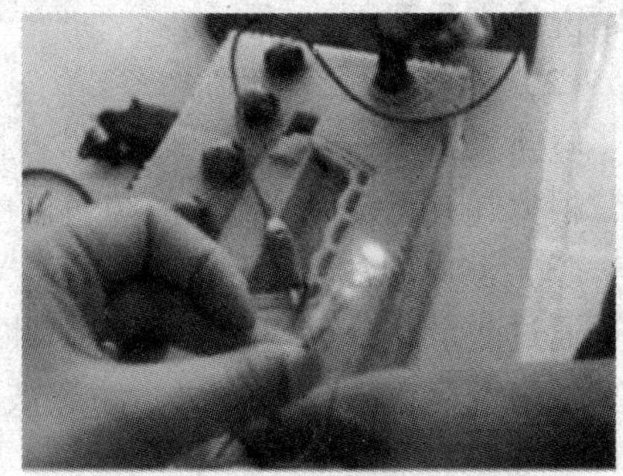

图 4—8　用低压试灯检查故障

（7）察看熔丝法

察看电路中的熔丝是否熔断确定其后面电路中是否存在短路或过载的方法。如图 4—9、图 4—10、图 4—11 所示。

图 4—9　熔断器侧面

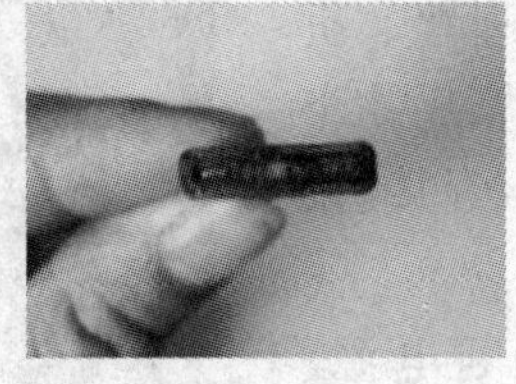

图 4—10　熔断器上面

图 4—11　已熔断的熔丝

（8）模拟故障环境法

针对某些故障产生的特定振动、温度、湿度等条件，模拟当时环境，对可疑线路或部件进行摇动、加热、喷水等方法来验证故障并分析故障范围及原因的方法。

（9）利用车载自诊断系统或专用仪器检测法

利用车载自诊断系统直接读出故障码或利用专用仪器仪表等对部件或总成的运行参数进行检测，从而准确判断出故障部位及原因的方法。如图 4—12 所示为桑塔纳 2000 的自诊断系统插座。

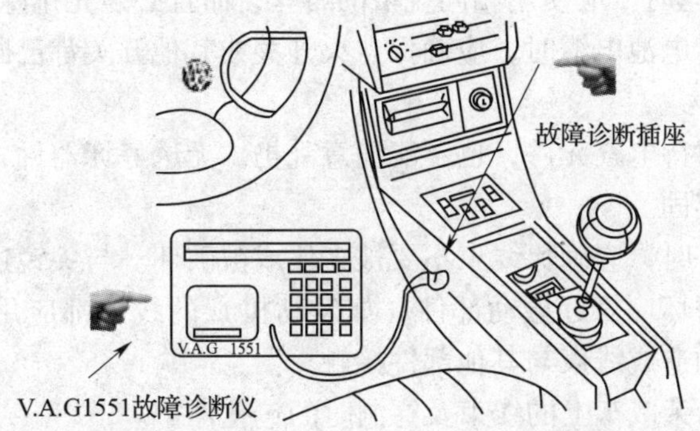

图 4—12　用故障诊断仪对车辆进行故障诊断

四、汽车电气设备故障诊断应注意问题

由于电气设备有其自身的特点，因此，在对汽车电气设备故障进行诊断时应注意下列问题：

1. 现代轿车电子电路的诊断，突出的问题是资料缺乏。一旦碰到不熟悉的车型和线路，常常要自己动手，测绘必要的电路图，分析电路原理，弄清线路之间的联系，再作故障分析。

2. 现代轿车许多电子器件，往往采用不可拆卸封装，如若某一故障可能涉及它们内部时，则往往难以判断，需要先从外围逐一排除，最后确定它们是否损坏。而另一些，虽然可拆解，但往往缺少同型号分立元件代换，故需要设法以国产或其他进口元件替代。这涉及元件替换的可行性问题。

3. 在检修方法上，在传统汽车电器故障诊断中可用的一些方法，如“试火”等，会给某些电路或电子元件带来意想不到的损害，因此不允许使用。因此，维修进口汽车电器时必须借助一些仪表和工具（见图 4—13），按一定的方法进行。未有特别说明，不要使用指针式万用表。

4．不允许使用欧姆表及万用表的 R × 100 以下低阻欧姆挡检测小功率晶体管，以免电流过载损坏。

5．更换三极管时，应首先接入基极，拆卸时，应最后拆卸基极。对于金属氧化物半导体管（MOS），应当心静电击穿，焊接时，应断开电烙铁的电源进行。

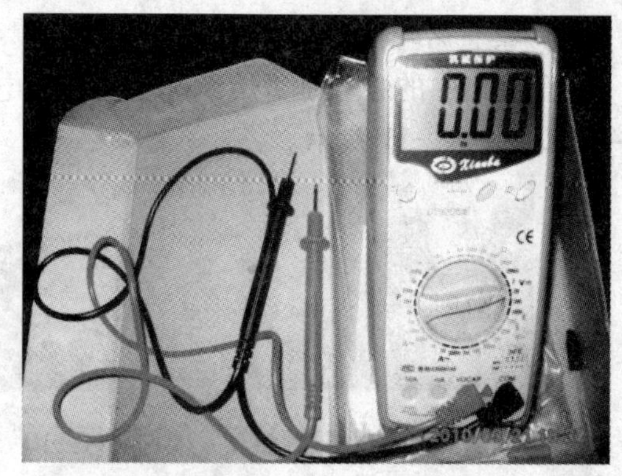

图 4—13　数字式万用表

6．拆卸和安装元件时，应切断电源。PN 结能承受的最高工作温度一般不超过 45℃，因而宜使用恒温或功率小于 75 W 的电烙铁，焊接速度应尽可能快些，并采取必要的散热措施。若温度会超过 80℃，应先拆下对温度敏感的零件（如电子继电器和 ECU）。

7．不要随意更换电线或电气设备，这种操作有可能损坏汽车，影响其性能或因短路、过载而引起火灾。

8．拆卸蓄电池时，负极电缆应先拆后装。

9．更换烧坏的熔丝时，应使用相同规格的熔丝，而且必须先排除线路中的故障。

10．拆下或装上蓄电池电缆时，应确保点火开关或其他开关都已断开，否则会导致半导体元器件的损坏。

11．不要粗暴地对待电气元件，也不能随意乱扔。无论好坏器件，都应轻拿轻放。安装时，应确保接头接插牢固。

12．安装固定零件时，应确保线束不要被夹住或被破坏。与尖锐边缘磨碰的线束部分应用胶带缠起来，以免磨坏。靠近振动部件（如发动机）的线束都应用卡子固定，将松弛部分拉紧，以免由于振动造成线束与其他部件接触。

如图 4—14 所示为荣威车上的线束及穿洞时的包扎保护。

图 4—14　线束的绑扎固定及穿洞保护

单元2　充电系故障诊断

学习目标：

1. 掌握蓄电池常见故障现象原因及其诊断处理方法。
2. 掌握发电机的常规检测项目和方法。
3. 掌握充电系统常见故障的现象、原因及其诊断方法。

知识回顾

充电系的作用是给汽车上所有的电气设备提供电源，由交流发电机、蓄电池和调节器组成。在车辆正常中高速行驶时，发电机正常发电，作主电源；而在启动时或发动机转速较低时，由蓄电池辅助供电。调节器对发电机输出电压进行调节，使之不随发动机转速变化而变化，始终保持在额定电压 14 V 或 28 V 左右。

一、蓄电池常见故障诊断

知识回顾

汽车用铅酸蓄电池与交流发电机并联，主要作用是为起动系提供强大的起动电流，有干式荷电型和免维护型几种，一般由六个单格串联而成，主要由正负极板、隔板、电解液、外壳、联条和极桩组成。

铅蓄电池放电时，正负极板上的二氧化铅和海绵状纯铅分别与电解液中的硫酸反应，生成硫酸铅和水，释放出电能；充电时，正负极板上的硫酸铅分别恢复成二氧化铅和海绵状铅，将电能转换为化学能储存起来。

蓄电池的容量主要受放电电流大小、电解液温度及电解液相对密度的影响。充满电的铅蓄电池单格电压为 2.1 V，液面高出防护片 10～15 mm，相对密度 ρ 在 15℃时为 1.24～1.30。

例如，桑塔纳轿车采用的是干荷式免维护型低锑铅蓄电池，型号为 6－QA－54，其结构特点为整体式，采用负极搭铁，额定电压为 12 V，工作容量不低于 45 A · h，最大允许放电电流 25 A。

如图 4—15 所示为桑塔纳轿车用蓄电池，如图 4—16 所示为蓄电池在车上的安装。

图 4—15　蓄电池 6－QA－54

图 4—16　蓄电池在车上的安装

1. 极板硫化

由于某种原因（如长期充电不足或放电后长时间未充电）在极板上生成一层在正常充

电时无法除去的、白色坚硬的、粗晶粒的硫酸铅，全称为“硫酸铅硬化”，简称“硫化”。如图4—17所示为解体的蓄电池，如图4—18所示为硫化的极桩。

图4—17　解体的蓄电池

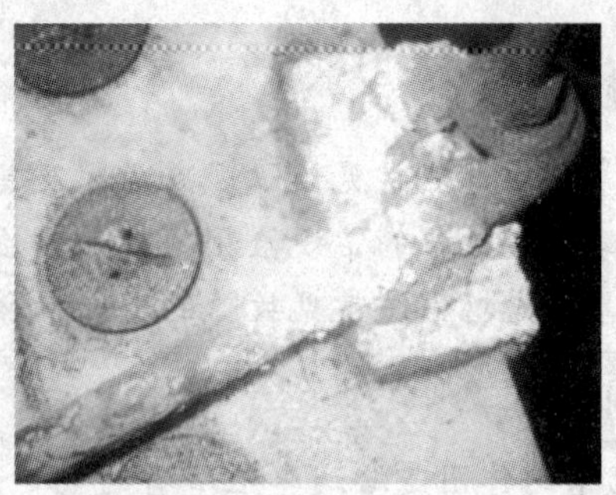
图4—18　硫化的极桩

故障现象：

放电时显示容量不足，充电时电解液过早“沸腾”，电压上升过快，温度很快上升，但密度却上升很慢。极板上有白色晶粒。多发生于负极板。用高率放电计（见图4—19）可以测量蓄电池的放电电压，用吸式密度计（见图4—20）可以测量蓄电池中电解液的相对密度。

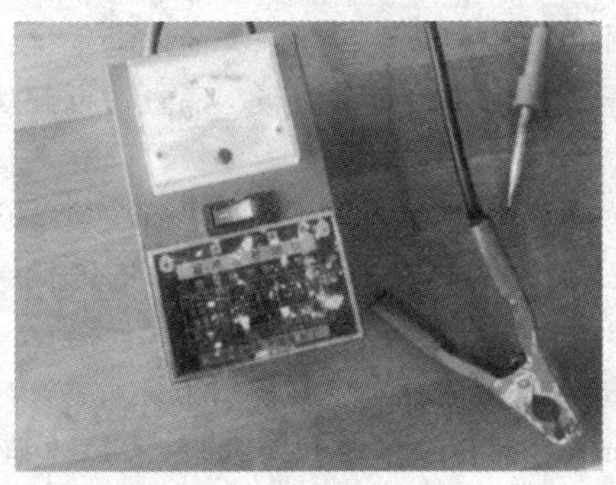
图4—19　高率放电计

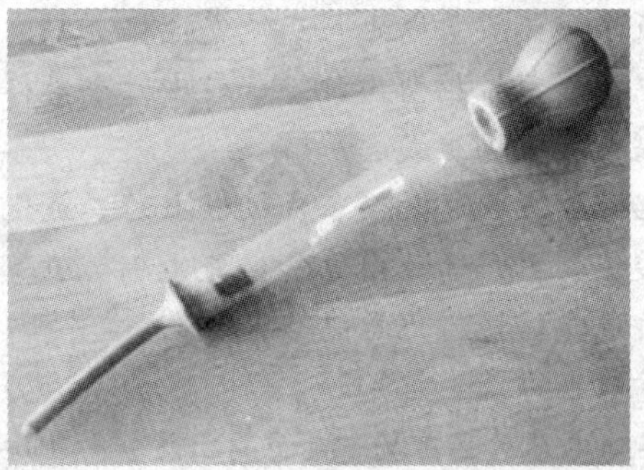
图4—20　吸式密度计

故障原因：

（1）使用或储存中长期亏电，硫酸铅结晶析出。

（2）液面高度经常不足，负极板上半截经常暴露于空气中，氧化而后硫化。

（3）长期过放电或小电流深放电，导致深层生成硫酸铅无法恢复。

（4）其他因素，如昼夜温差大，密度过大，制作中混入杂质等。

故障排除：

轻者用去硫化充电恢复性能，严重者更换。

2. 活性物质大量脱落

故障现象：

放电时显示容量不足，充电时电解液过早“沸腾”，电压上升过快，温度很快上升。充电时电解液混浊，有褐色物质自底部上浮。多发生于正极板。

故障原因：

（1）充电电流过大或时间过长，致使电池温度过高，活性物质膨胀疏松，而且水被电解产生大量气泡，冲刷极板，造成活性物质脱落。

（2）放电电流过大且时间过长，致使极板拱曲变形而引起脱落。

（3）电池组装或安装松旷，颠簸时振动脱落。

故障排除：

严重者更换。

3. 蓄电池非正常自行放电

故障现象：

充足电或前一天使用良好的蓄电池，第二天使用时电压明显降低很多或几乎没有电。若充足电的电池停放一个月，平均每昼夜电能自行损失平均大于0.7%，即为自放电故障。

故障原因：

首先检查电池外部是否清洁，尤其是盖上有无电解液或污物堆积导致短路，然后检查线路中有无搭铁、短路处。检查时，可关断电源总开关，拆下蓄电池搭铁线，再用一根细导线与它相接，然后在负极桩上刮火。若有火花，则说明线路中有搭铁、短路之处，应逐段检查予以排除；若无火花，则说明故障出在蓄电池内部。电池内部原因有：

（1）电池盖上积存电解液或尘土等污物。

（2）材料中混有杂质。

（3）活性物质脱落过多或隔板破裂等导致极板直接短路。

（4）焊接操作中铅液流入极板组造成短路。

（5）电池存放时间较长，硫酸分层，使上、下产生电位差放电。

故障排除：

若是电解液杂质太多所致，可把电解液全部倒出，用蒸馏水清洗，更换新电解液后再进行充、放电。若是少数单格自放电严重，而电解液杂质又未超出规定，可将蓄电池解体修复，或更换新蓄电池。

4. 电解液损耗过快

故障现象：

使用中，电解液消耗过快，液面下降过大，加注频率超出正常情况。

故障原因：

（1）电池外壳破裂导致电解液泄漏。

过充电或充电电流太大，导致水分电解消耗。

（2）极板硫化或短路。

故障排除：

（1）有裂纹的应予以修补并重新加入电解液。

（2）检查、调整调节器的输出电压。调节器输出电压太高将导致对蓄电池的充电电压加大，造成过充电损害电池。

（3）若上述两种情况都正常，则应考虑极板硫化或短路故障，必要时应拆检修复。

二、发电机与调节器常见故障诊断

知识回顾

汽车上的主电源是交流发电机（见图4—21、图4—22），它必须与电压调节器配合工作，才能使输出电压保持在额定电压 14 V 这样一个较为稳定的水平。发电机的类型很多，单就二极管数目来看，有普通六管式、九管式、十一管式和八管式几种，按与调节器的装配关系可分为普通发电机和整体式交流发电机。调节器也有触点式、晶体管式和集成电路式的区别。

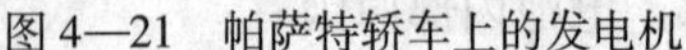

图 4—21　帕萨特轿车上的发电机

图 4—22　桑塔纳发电机 JFZ1913 型

调节器在安装时有装在发电机励磁电路火线上和搭铁线上两种位置，分别构成内搭铁式充电系统（见图 4—23）和外搭铁式充电系统（见图 4—24）。

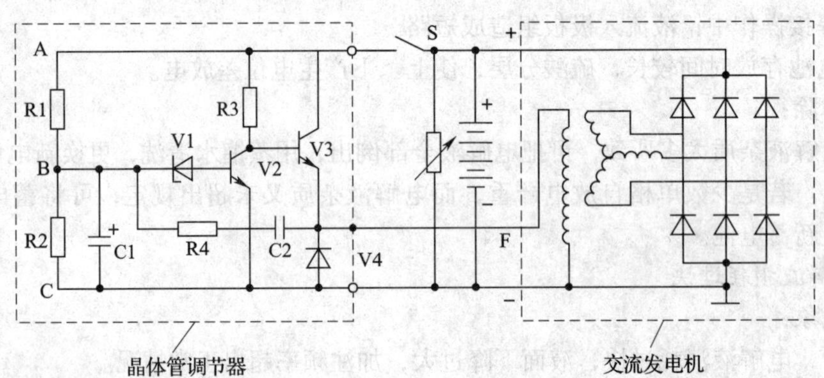

图 4—23　内搭铁式充电系统

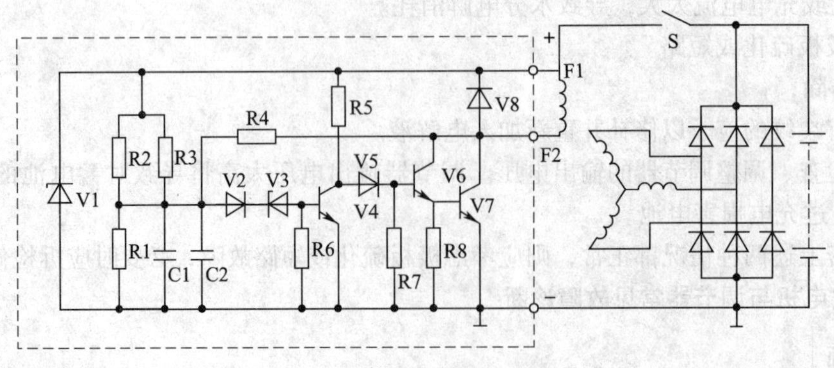

图 4—24　外搭铁式充电系统

以桑塔纳2000轿车为例，电源系统采用内装集成电路调节器的整体式交流发电机，十一管机，外搭铁系统，如图4—25所示。

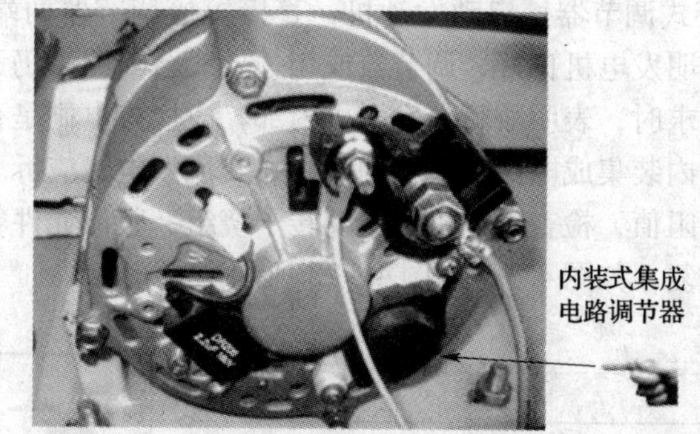

图4—25　桑塔纳2000用内装集成电路调节器的交流发电机

1. 不充电故障

故障现象：

发电机在任何转速下运转时，电流表均指示放电或充电指示灯均亮，蓄电池很快出现亏电现象。

故障原因：

(1) 皮带过松，导致严重打滑。

(2) 发电机“电枢”或“磁场”接线柱松脱、过脏、锈蚀、绝缘损坏或导线连接不良。

(3) 发电机内部故障。滑环绝缘击穿，定子或转子线圈短路、断路，电刷在电刷架内卡滞，整流器损坏等。

(4) 充电指示灯接线搭铁，充电指示灯电路未经发电机和调节器而自行搭铁。

(5) 发电机内部损坏，主要在于二极管击穿、断路损坏，电刷与滑环间接触不良、断路，电枢绕组、励磁绕组短路、断路、搭铁等。

(6) 调节器内部有故障，主要为大功率开关管短路、断路，检测用稳压管断路或其他小功率管损坏，续流二极管击穿短路等。另外，由于老化、过热损坏等也可能导致调节器调整不当。

故障诊断：

(1) 检查发电机传动带是否过松或存在严重打滑现象。若过松应按规定重新调整；如果沾有油污造成打滑，应清洗带轮并更换传动带，如图4—26所示。

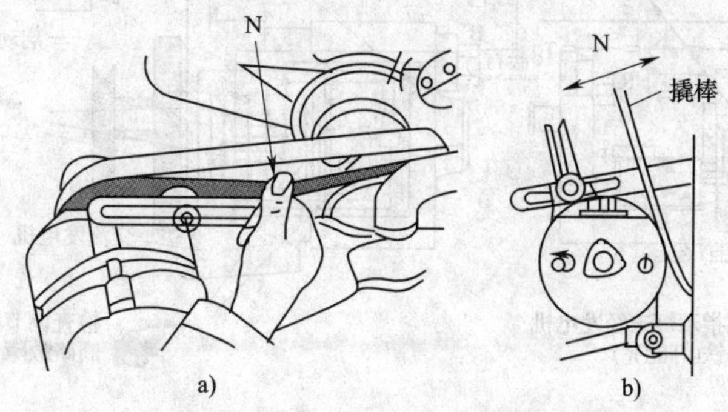

图4—26　皮带张紧度的检查与调整

a) 检查　b) 调整

（2）检查各连接线连接是否正确、牢固，有无断路现象，以及有无异常颜色、气味、烟雾、温升等，不符合要求时应重新连接好。

（3）对于普通外接式调节器，启动发动机，直接短接调节器两端，观察电流表指示有无变化，若有电流，说明发电机良好，调节器或相关导线已断路，仍无指示，说明发电机已损坏；上述检查符合要求时，表明故障在发电机内部，应检查电刷是否在电刷架内卡滞或与集电环接触不良；对于内装集成电路调节器的整体式交流发电机应拆下调节器测量发电机及调节器各接线柱间的电阻值，检查发电机定子及转子绕组、整流元件等是否断路、短路或搭铁等，并视情况予以修复，如图4—27、图4—28所示。

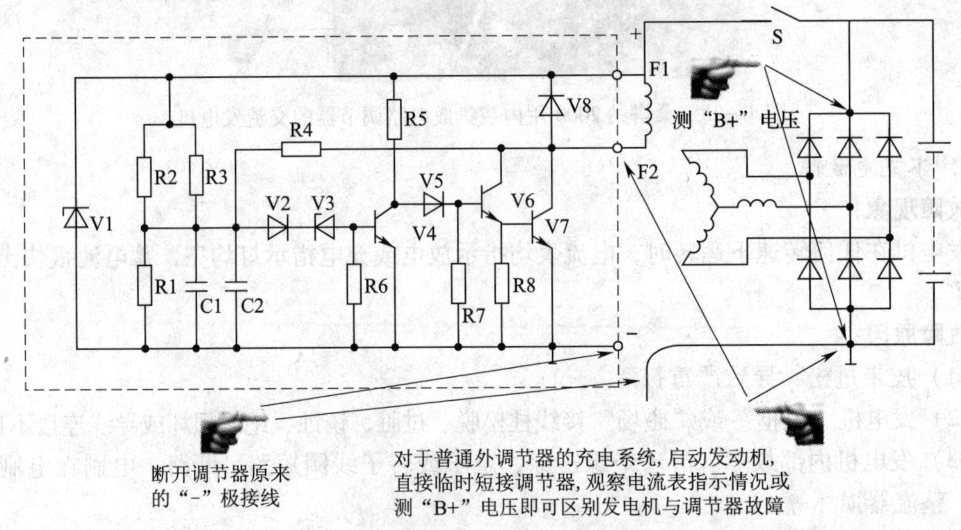

图4—27　普通外接调节器的充电系不充电故障诊断

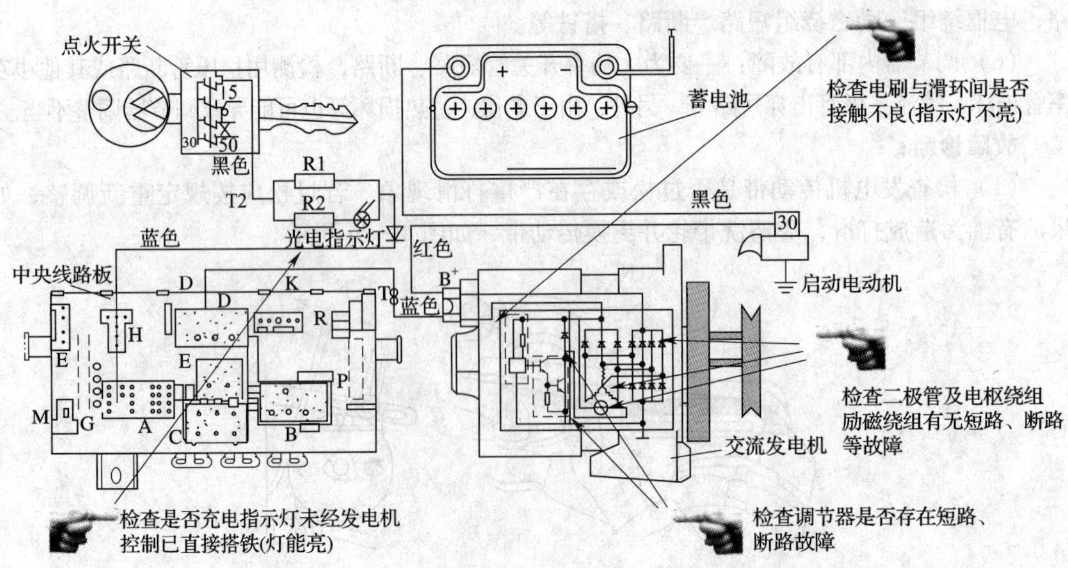

图4—28　采用整体式发电机的充电系不充电故障的诊断

（4）检查充电指示灯电路，是否未经发电机和调节器而自行搭铁。

2. 充电电流过大

故障现象：

车辆使用过程中，电流表指示充电电流特别大，如白天行驶2～3 h，蓄电池不亏电而充电电流超过5 A，车灯特别亮，易烧坏灯泡，蓄电池电解液消耗过快，发电机及点火线圈容易过热等。

故障原因：

（1）电压调节器损坏，致使调压值偏高。

（2）调节器中开关三极管短路。

（3）励磁绕组搭铁（外搭铁式）或火线直接来自点火开关（内搭铁式），未受控于调节器。

（4）蓄电池亏电严重或内部短路等。

故障诊断：

（1）检查蓄电池内部有无严重亏电和短路。

（2）检查调节器输出端（如外搭铁系统的“F”和“－”间）是否无法断开。对于普通外接式调节器，启动发动机，直接短接调节器两端，观察电流表指示有无变化，若无变化，说明调节器已短路失效；若原电路中无电流表，可临时在发电机“B＋”接柱上加接一量程大于50 A电流表（见图4—27）。

（3）上述检查无问题时或对于以桑塔纳为代表的内装式集成电路调节器，则需解体发电机，将调节器与发电机拆开，测量励磁绕组搭铁情况，判断其是否不经调节器而直接搭铁。

3. 充电电流过小

故障现象：

发动机中速及中速以上运转时，充电指示灯方能熄灭，打开前照灯，灯光暗淡，甚至可能指示放电，喇叭声音很小，启动性能变差。

故障原因：

（1）发电机传动带过松或打滑。

（2）充电线路有接触不良之处。

（3）发电机内部故障。电刷磨损过甚，电刷与滑环接触不良；个别二极管短路断路，定子绕组某相连接不良、短路、断路或搭铁；励磁绕组部分短路或与滑环接触不良等。

（4）电压调节器工作不良，调压值过低等。

故障诊断：

（1）检查皮带松紧度是否符合要求及电路各处是否有接触不良。

（2）区分故障在发电机还是调节器。对于普通外接式调节器，拆下“F”，启动发动机，做全励磁实验，临时迅速将其短接，观察充电电流有无增大现象。若有，为调节器问题（见图4—27）；若无，应重点检查发电机（见图4—29）。

（3）检查发电机。打开点火开关，对发电机探磁，若磁场强烈应拆检内部主电路，否则应重点检查励磁回路。

（4）检查调节器。方法同上，注意观察其调节电压是否过低。

（5）对于内装式集成电路调节器，则应先探磁，再拆检发电机，进而区分发电机和调节器故障（见图 4—30）。

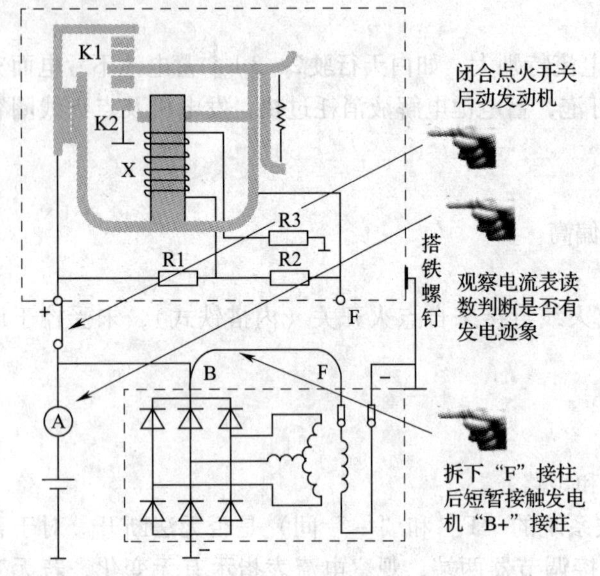

图 4—29　全励磁实验判断发电机是否发电

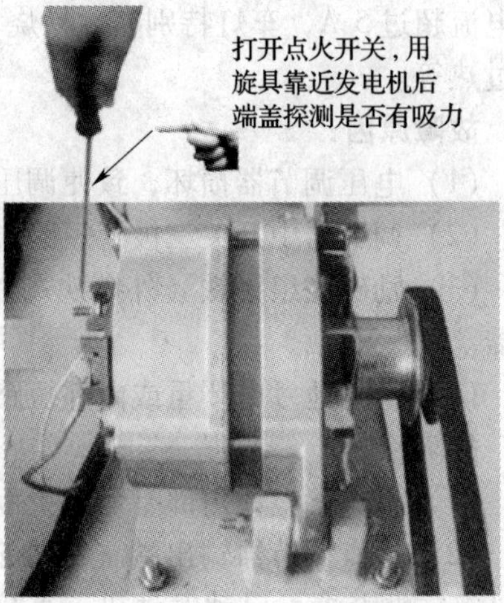

图 4—30　探磁法检测发电机励磁电路

4. 充电电流不稳

故障现象：

发动机在怠速以上转速运转时，充电指示灯时亮时灭，或电流表指针摆动不稳。

故障原因：

（1）机械故障，如皮带运转不稳或打滑，轴承运转不良，内部有扫膛现象等。

（2）电气故障，各处接触不良、不可靠，尤其电刷与滑环间的接触，各线路接触点等。

故障诊断：

（1）检查皮带松紧度是否符合要求及电路各处是否有接触不稳定不可靠之处。

（2）参照不发电的检查方法与程序，以普通外接式调节器为例，做全励磁实验，观察充电指示灯亮度是否稳定，不稳故障在发电机，稳定则继续检查；然后拆下调节器“F”接柱拿在手中，启动发动机，临时快速碰触调节器“＋”接柱（内搭铁式）或“－”接柱（外搭铁式），再观察充电指示灯，亮度稳定则调节器内部有问题，不稳则在线路中查。

（3）单独检查发电机和调节器。

5. 充电指示灯不亮

故障现象：

接通点火开关后，充电指示灯不亮或暗红。

故障原因：

（1）蓄电池电压太低或无电，点火开关损坏断路。

（2）灯丝烧断，线路有短路、断路之处。

（3）励磁绕组断路或电刷、滑环有断路之处。

（4）调节器断路。

故障诊断（见图 4—31）：

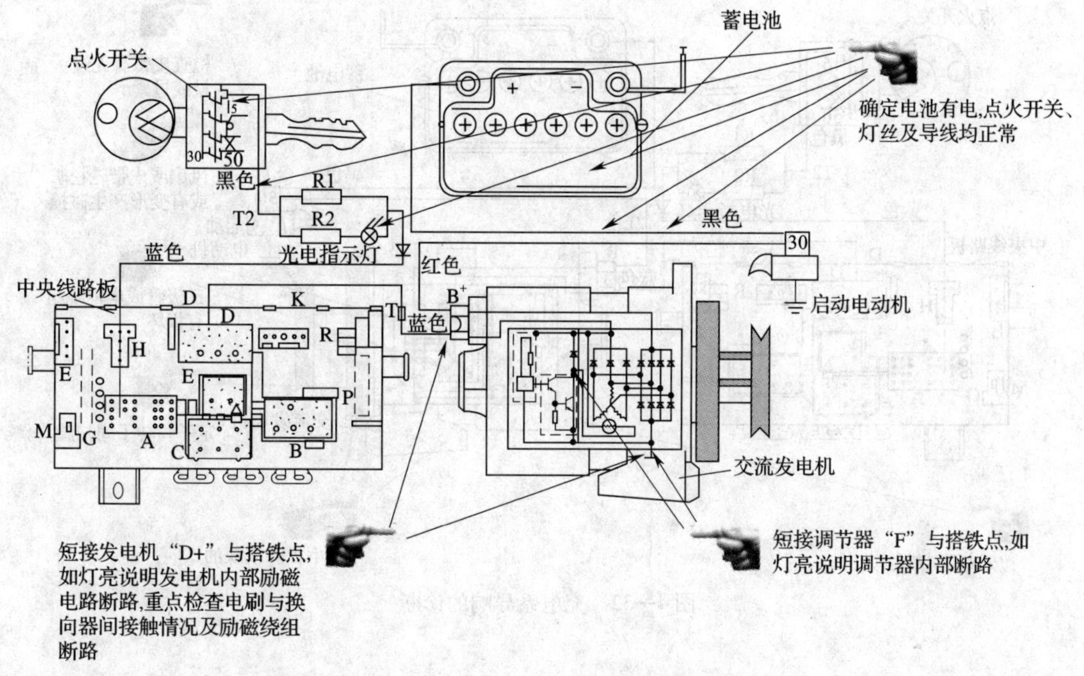

图 4—31　充电指示灯不亮故障的诊断

（1）检查蓄电池电压、点火开关、灯丝及连接线路。

（2）检查发电机。以普通外接式调节器为例，打开点火开关，临时快速短接发电机励磁绕组两端“F”与“-”接柱（外搭铁式）或“F”与“+”接柱（内搭铁式），若灯亮说明发电机内部励磁回路有断路故障，拆出电刷总成检查并测量两滑环间阻值、滑环搭铁阻值进行判断；若灯不亮需进一步检查调节器。

（3）检查调节器。拆下调节器“F”接柱，打开点火开关，临时快速短接调节器两端“F”与“-”接柱（外搭铁式）或“F”与“+”接柱（内搭铁式），若灯亮说明调节器内部有断路故障，需要更换。

6. 系统异响

故障现象：

运转中，系统发出各种噪声。

故障原因（见图 4—32）：

（1）皮带过松或过紧。

（2）轴承缺油或损坏。

（3）定子转子间“扫膛”。

（4）电刷与滑环间松旷倾斜或摆动。

（5）风扇或皮带轮间松旷变形碰撞。

（6）安装倾斜或松动。

（7）二极管或电枢绕组有损坏等。

故障诊断：

先检查并排除皮带、风扇的问题，再通过仔细倾听判别声音位置及特点进行查找检查。

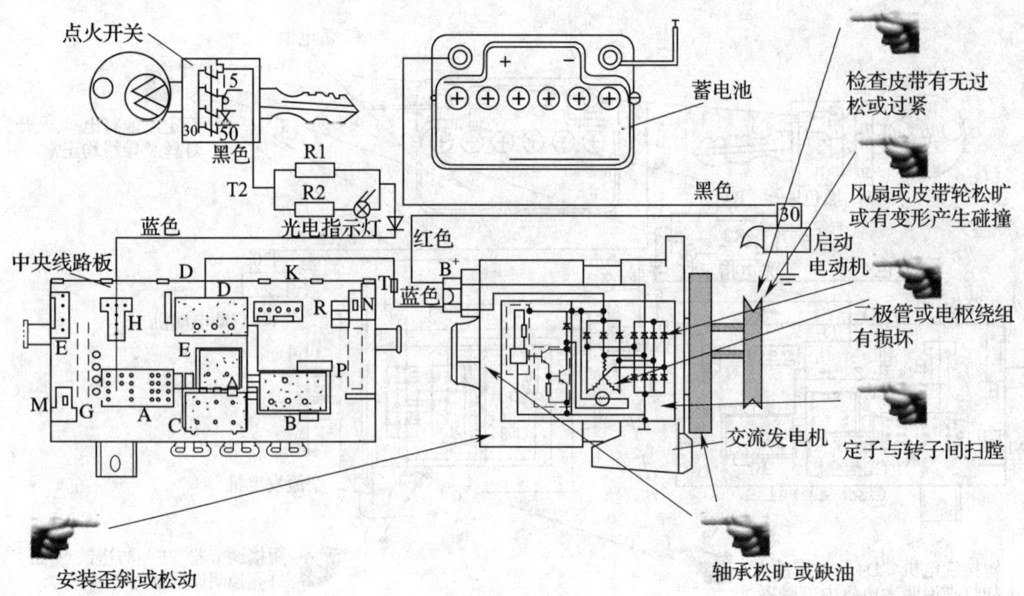

图 4—32　充电系异响的诊断

单元 3　起动系故障诊断

学习目标：

1. 掌握起动系常见故障的现象、原因及其诊断。
2. 能够排除起动系常见的故障。

知识回顾

起动系作用是启动发动机，由起动机、起动继电器和点火开关起动挡组成，以蓄电池作为电源。起动系的起动电流很大，可达 200～600 A，一般不允许长时间连续工作。对于装有自动变速器的车辆，还有空挡开关。桑塔纳轿车的起动系如图 4—33、图 4—34、图 4—35 所示。

图 4—33　桑塔纳轿车用起动机

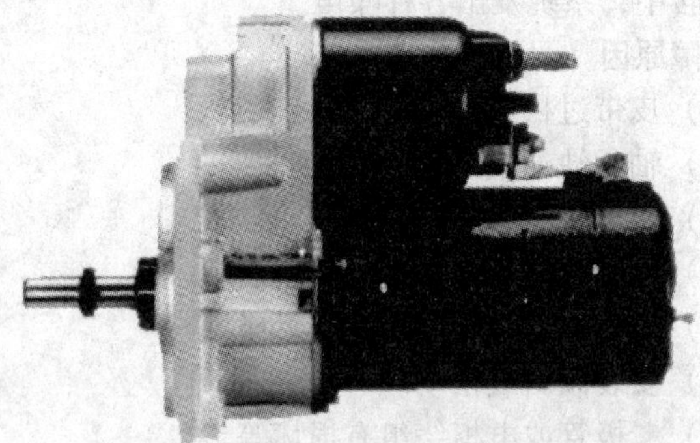

图 4—34　桑塔纳时代超人用减速型起动机

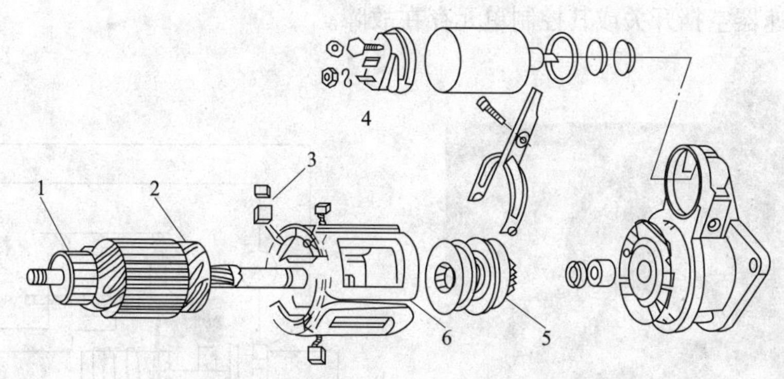

图 4—35 起动机结构

1—整流子 2—电枢线圈 3—电刷 4—电磁开关 5—单向离合器 6—磁场线圈

起动系常见故障的现象、原因及其诊断

起动系常见故障有：起动机不转、起动机运转无力、起动机空转、单向离合器不回位及起动机异响等。

1. 起动机不转

故障现象：

接通起动开关后，起动机不转。

故障原因：

（1）蓄电池严重亏电。导线、开关有严重接触不良甚至断路现象。

（2）起动机电磁开关有短路、断路、搭铁、卡滞等故障。

（3）电动机励磁、电枢绕组有故障，电刷与换向器有故障等。

（4）装有自动变速器的车辆，其自动变速器不在 N 挡或 P 挡，或多功能开关有故障，或控制单元有故障。

故障诊断（见图 4—36）：

（1）检查自动变速器是否处于 N 挡或 P 挡，检查蓄电池是否有电，检查各处接线是否正确、良好。

（2）检查直流电动机。用旋具短接起动机两主接柱，若电动机不转，说明其内部有问题，需拆检；若电动机能正常转动，说明电动机正常，故障在外部，需继续检查。

（3）检查电磁开关，如图 4—37 所示。短接起动机电源接柱与电磁开关火线接柱，若电磁开关有接通动作且电动机正常旋转，说明电磁开关正常，故障在外部；若电磁开关无动作，或者虽有动作但电动机不转，均说明电磁开关有故障，需拆检或直接更换。

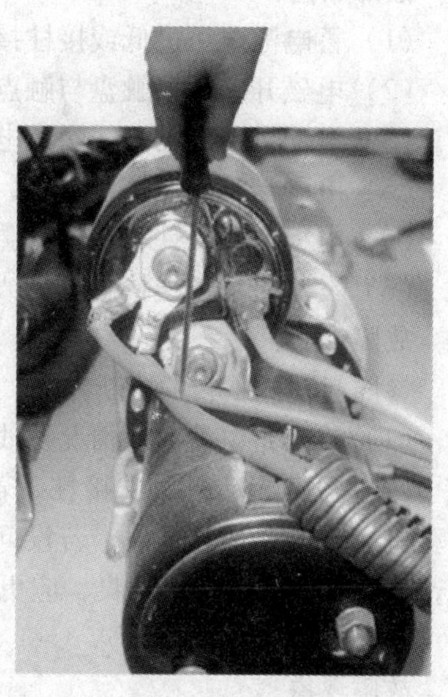

图 4—36 电动机的短接试验

（4）检查起动继电器，如图 4—38 所示。在继电器火线均有电的前提下，短接触点观察起动机是否能通电转动，能转动说明触点已损坏造成断路；将线圈输出端直接搭铁听（或摸）继电器触点能否闭合，若不能闭合说明线圈已损坏，能闭合应为搭铁线或自动变速器空挡开关或其控制单元存在故障。

图 4—37　电磁开关的短接试验

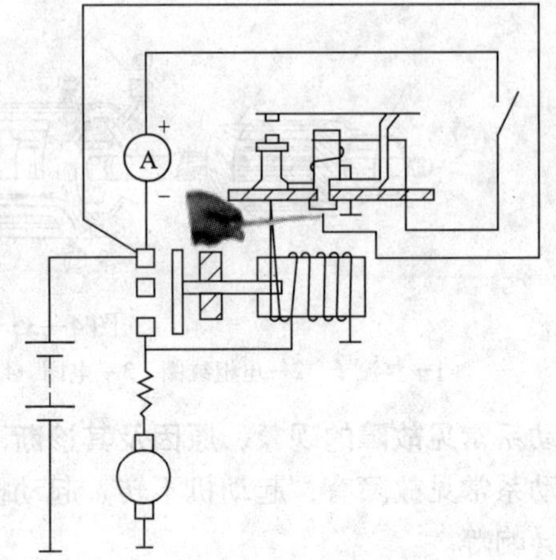

图 4—38　短接起动继电器触点两端看起动机能否运转

（5）检查自动变速器空挡开关和控制单元。用专用设备，如 V. A. G 1551 或 V. A. G 1552 进行检测，并进行相应处理。

2．起动机运转无力

故障现象：

起动机转动缓慢无力，带动发动机运转困难，甚至稍转即停；或启动时，起动机只发出“咔哒”一声响，但不能转动。

故障原因：

（1）蓄电池电压过低或接柱接触不良。

（2）电磁开关中接触盘与触点烧蚀导致接触不良。

（3）电动机内部励磁线圈或电枢线圈短路。

（4）电刷与整流器接触不良，如整流器脏污、烧蚀，电刷磨损严重、弹簧过弱等。

（5）电枢与磁极铁心相碰扫膛，如转子轴弯曲变形或轴承磨损严重导致松旷等。

（6）发动机搭铁线接触不良或发动机转动阻力太大。

故障诊断：

参照起动机不转的诊断方法。

（1）检查蓄电池存电情况及线路连接是否有松动。

（2）短接起动机两主接柱，若起动机转动无力，先确定发动机搭铁线接触是否良好，发动机运转阻力是否过大，若没问题则表明电动机内部有问题，需拆检；若起动机转动良好，表明电磁开关接触不良，应更换。

3．起动机空转

故障现象：

启动时，起动机以高速或低速运转，但发动机曲轴不转。

故障原因：

（1）飞轮齿圈损坏。

（2）单向离合器打滑、弹簧过软或驱动齿轮损坏。

（3）拨叉损坏，未能将驱动齿轮拨出。

（4）转子轴支承轴承磨损严重。

故障诊断（见图 4—39）：

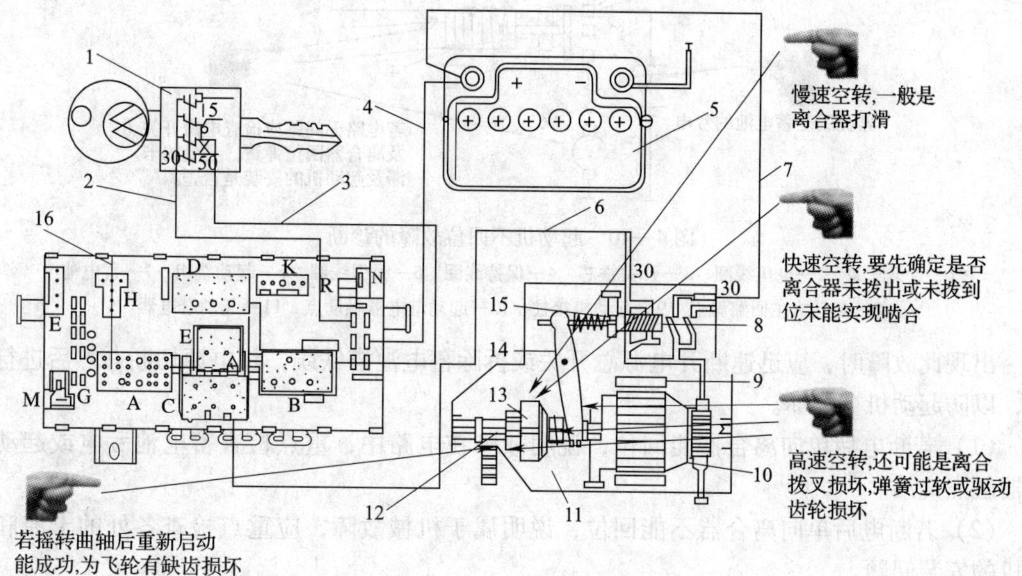

图 4—39　桑塔纳起动机空转故障的诊断

1—点火开关　2—红色导线　3—红黑色导线　4—红色导线　5—蓄电池　6—红黑色导线　7—黑色导线　8—电磁开关　9—定子　10—电枢　11—起动机总成　12—驱动齿轮　13—滚柱式单向离合器　14—拨叉　15—回位弹簧　16—中央接线盒

（1）接通起动机，若起动机低速空转，说明离合器打滑。

（2）若起动机高速空转，则可断开点火开关，摇转曲轴，将飞轮齿圈转过一个角度，重新启动，若启动正常，说明飞轮上有缺齿现象。

（3）若起动机仍高速空转，则可能是离合器打滑严重、拨叉损坏、弹簧过软或驱动齿轮损坏，需对起动机进行拆检。

4. 单向离合器不回位

故障现象：

使用起动机后，放松点火开关，起动机仍转动不停，驱动齿轮与飞轮齿圈仍保持啮合而不能回位。

故障原因：

（1）蓄电池电压过低；点火开关未能回位。

（2）起动继电器触点烧结。

（3）电磁开关主触点烧结，活动铁心卡住或复位弹簧折断。

（4）单向离合器回位弹簧过软或折断。

（5）起动机安装不牢固或轴线倾斜。

故障诊断（见图4—40）：

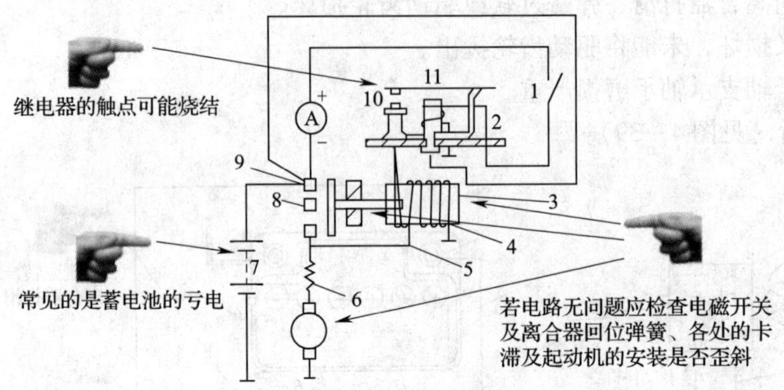

图4—40　起动机不回位故障的诊断

1—点火开关　2—电压线圈　3—开关铁芯　4—保持线圈　5—吸引线圈　6—起动绕组　7—蓄电池　8—起动机主回路触点　9—起动机接柱　10—起动继电器触动点　11—起动继电器

出现此故障时，应迅速断开电源总开关或拆除蓄电池搭铁线，将电源切断，然后进行诊断，以防起动机被烧坏。

（1）若断电后单向离合器能回位，说明故障在电路中，重点检查蓄电池亏电或起动继电器触点烧结。

（2）若断电后单向离合器不能回位，说明属于机械故障，应重点检查各处的卡滞和起动机的安装问题。

5. 起动机异响

故障现象：

启动时，起动机中发出不正常的响声。

故障原因：

（1）电磁开关吸合不住，发出较强的“嗒嗒”声，为电磁开关中保持线圈短路或断路故障。

（2）起动机运转时，内部发出“沙沙”的摩擦声，为转子与定子铁心相碰，主要在于轴弯曲变形或轴承松旷。

（3）起动机不能顺利啮合，发出连续的撞击声或打齿声。主要原因有起动机安装松旷，调整不当致使在齿轮尚未顺利啮合时电动机过早接通，小齿轮或飞轮齿圈损坏或磨损过大，回位弹簧的变软、折断等。

故障诊断（见图4—41）：

（1）将点火开关打到起动挡，起动机不转，电磁开关内发出较强的“嗒嗒”声，说明保持线圈短路或断路，应更换电磁开关。

（2）起动机运转中发出“沙沙”的扫膛声，需拆检。

（3）启动时，起动机不能顺利进入啮合，发出较快的撞击声或打齿声，应根据响声的特征予以区别：一般属行程调整不当或带有空转的撞击声较为连续，而若安装松动或齿轮损坏引起的撞击声是断续的，有时可以啮合。

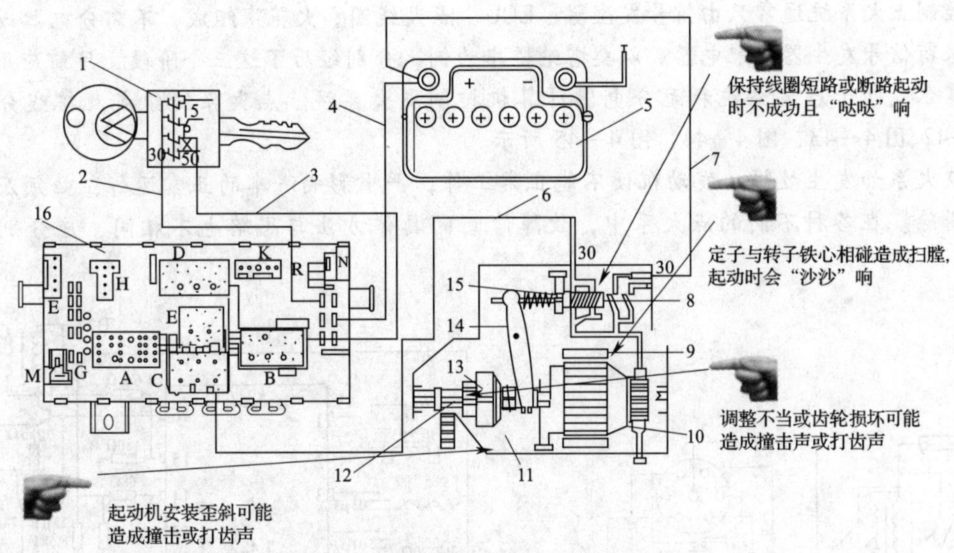

图4—41　起动机异响的故障诊断

1—点火开关　2—红色导线　3—红黑色导线　4—红色导线　5—蓄电池　6—红黑色导线　7—黑色导线　8—电磁开关　9—定子　10—电枢　11—起动机总成　12—驱动齿轮　13—滚柱式单向离合器　14—拨叉　15—回位弹簧　16—中央接线盒

1）首先试试摇转曲轴，换个啮合位置启动，若能启动成功，说明飞轮齿圈部分牙齿已损坏，应予以更换。

2）确定起动机的安装是否存在松动、歪斜等问题，若有问题应予以紧固。

3）确定是否属于调整不当，若电动机接通太早，可通过旋入活动铁心与拨叉的连接螺钉等相应方法，增大驱动齿轮的行程。

4）若上述检查均无问题，则应对起动机进行拆检，重点检查驱动小齿轮或飞轮齿圈是否损坏或磨损过大，回位弹簧是否有变软、折断现象等。

单元4　点火系故障诊断

学习目标：

1. 熟练掌握无触点分电器的常规检测维修项目。
2. 掌握点火系常见故障的现象、原因及其诊断方法要求。

知识回顾

点火系的作用是为汽油机点火，通常先由点火线圈实现升压，将12 V低压电升至17～30 kV，再由配电器将高压电配送至各缸的火花塞，点燃可燃混合气。按发展的时间顺序可以将其划分为传统点火系统、电子点火系统和计算机控制点火系统三类。传统点火系统一般由点火线圈、分电器、火花塞及点火开关组成；电子点火系统一般由信号发生器（包括磁脉冲式、霍尔式、光电式和振荡式四种）、高能点火线圈、点火放大器、火花塞组成，而计算机控制点火系统通常只由信号发生器、ECU、点火线圈和火花塞组成，不需分电器或简化为只保留信号发生器与配电器。以桑塔纳轿车为例，分别经历了这三个阶段，目前应用较多的是霍尔式电子点火系统和无分电器计算机控制点火系统。点火系统组成及接线分别如图 4—42、图 4—43、图 4—44、图 4—45 所示。

点火系如发生故障，发动机便不能正常工作，严重影响汽车的正常运行，必须及时判断与排除。在各种不同的点火系中，故障诊断的具体方法与思路也不相同，应分别予以分析。

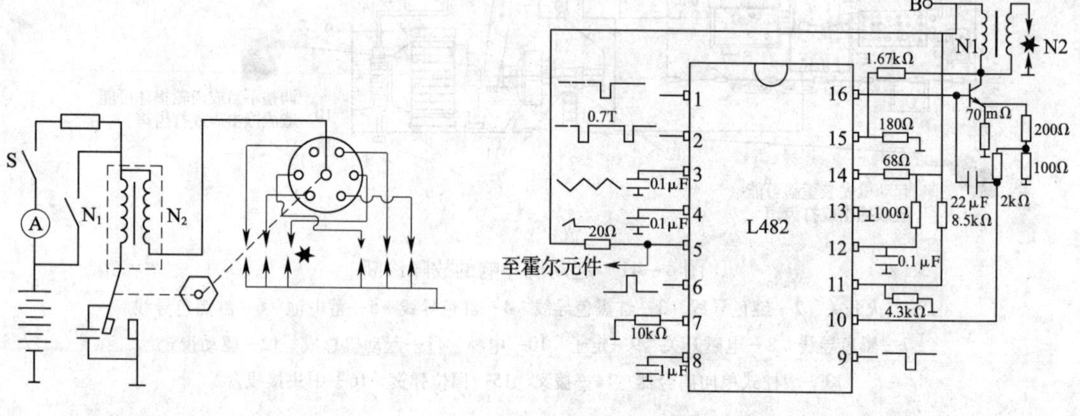

图 4—42　传统点火系电路　　　图 4—43　桑塔纳轿车的霍尔式点火系统电路

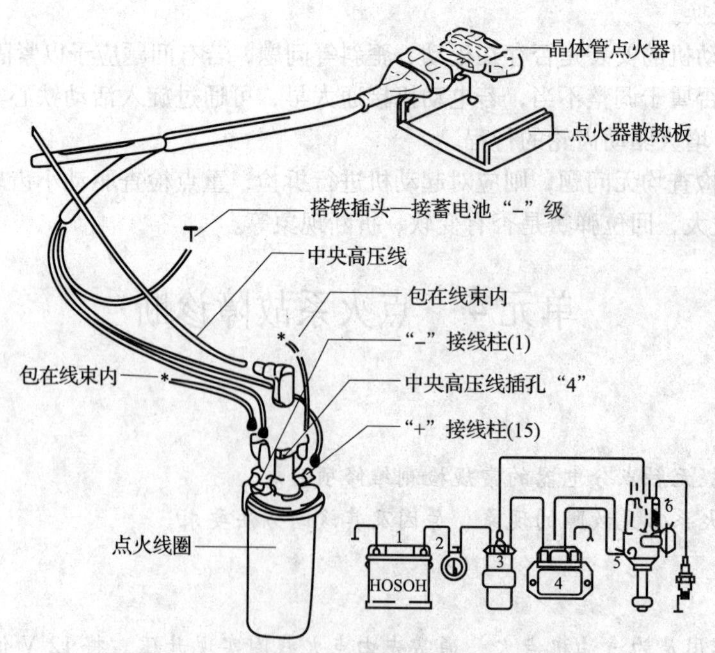

图 4—44　桑塔纳轿车的霍尔式电子点火系统

1—蓄电池　2—点火开关　3—点火线圈　4—电子点火器　5—霍尔传感器　6—分电器

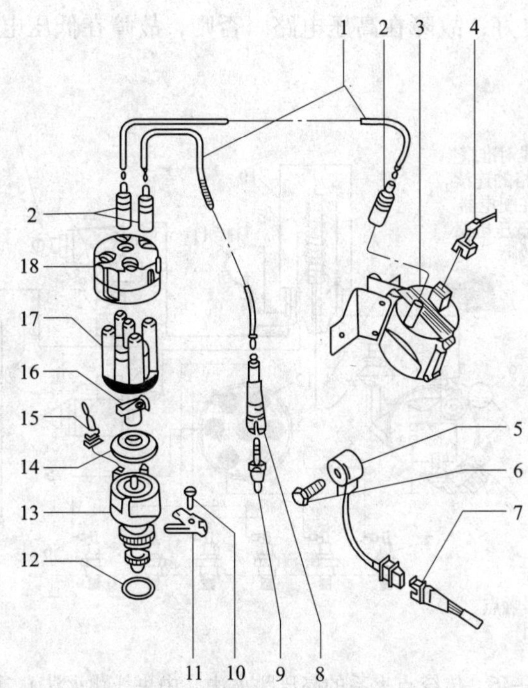

图 4—45　桑塔纳轿车点火子系统

1—点火导线　2—带抗干扰元件的连接插座　3—点火线圈　4—点火线圈插头　5—爆震传感器　6—螺钉　7—爆震传感器插头　8—火花塞插头　9—火花塞　10—分电器压板紧固螺钉　11—分电器压板　12—O 形圈　13—带霍尔传感器的分电器　14—防尘罩　15—霍尔传感器接插头　16—分火头　17—分电器盖　18—屏蔽层

一、传统点火系统常见故障

采用传统点火系统的汽车发动机常见的故障有：不能启动或突然熄火，运转不匀，动力不足，手摇启动时反转，加速时爆震，高速运转不良及用起动机时着火、松开起动开关发动机立即熄火等。

1. 高压无火故障

故障现象：

使用起动机或手摇把启动发动机时均不着火，也无着火的迹象，或者发动机运转中突然熄火，再启动时不着火。

故障诊断：

（1）检查蓄电池供电是否正常

按电喇叭或开大灯，若喇叭不响，大灯不亮，说明蓄电池及其接线有故障或熔丝盒“跳开”。

（2）判断故障在低压电路还是高压电路

1）电流表法。接通点火开关，摇转曲轴（或使用起动机），观察电流表。若电流表指示放电 3 ~ 5 A，并做间歇摆动，说明低压电路良好，故障在高压电路；若电流表指示 3 ~ 5 A 不动，指零，5A 以上 10 A 以下或指示 10 A 以上，均说明低压电路有故障。

2）高压跳火法。拔出分电器中央座孔高压线，使其端头离缸体 6 ~ 8 mm，接通点火开关，摇转曲轴（或用一字旋具拨动闭合的断电器触点），观察高压跳火情况。火花强烈，表明低压电路及点火线圈良好，故障在高压电路。否则，故障在低压电路或点火线圈。中央线跳火法如图 4—46 所示。

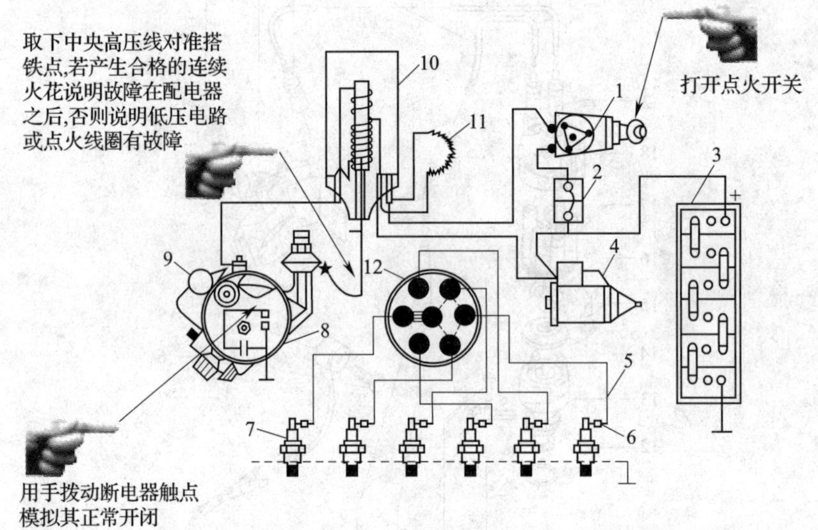

图 4—46　传统点火系的高压跳火法（中央线跳火法）检验

1—点火开关　2—电流表　3—蓄电池　4—起动机　5—高压导线　6—阻尼电阻　7—火花塞　8—断电器　9—电容器　10—点火线圈　11—附加电阻　12—配电器

(3）低压电路故障诊断

1）指示 3 ~5 A 不动，表示触点不能打开或电容器 C1 击穿或点火线圈“ - ”柱与断电臂间有搭铁点。

2）指零，断路，表明触点不能闭合或电路断开。

3）指示 5 A 以上 10 A 以下，说明附加电阻至点火线圈间辅助接柱搭铁。

4）指示 10 A 以上，则为电流表至附加电阻或辅助接柱（接钥匙）搭铁。

(4）高压电路故障判断（见图 4—47）

高压试火后，装回分电器中央高压线，然后从火花塞上拆下分缸高压线对机体试火。

1）火花强烈，表明分电器和高压线正常，故障为点火正时不准，火花塞积炭或损坏。

2）无火花，故障在分电器盖、中央炭柱、分火头或高压线。

2. 发动机转速不匀（缺火）

故障现象：

发动机发动后运转不稳，排气管冒“黑烟”并发出有节奏的“突突”声，甚至放炮。化油器有时回火，动力下降。

故障诊断：

(1）找出缺火气缸

用旋具将火花塞接线逐个搭铁短路（或将高压分线帽取下置于一旁）。若发动机振动加剧，从排气管处能听到更加明显的异常声响，则说明此缸原来工作。

若发动机并没有任何反应，表示此缸原来就不工作。另外，根据火花塞的温度也可判断，不着火缸火花塞的温度常低于正常工作的火花塞温度。

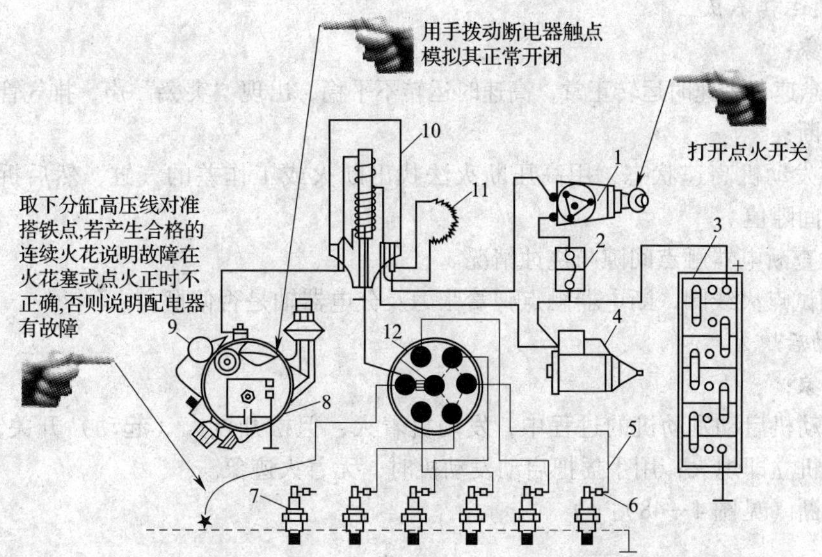

图4—47　传统点火系的高压跳火法（分缸线跳火法）检验

1—点火开关　2—电流表　3—蓄电池　4—起动机　5—高压导线　6—阻尼电阻　7—火花塞
8—断电器　9—电容器　10—点火线圈　11—附加电阻　12—配电器

（2）找出缺火原因

将缺火缸火花塞上的高压分线拆下，使其端头离缸体 6 ~ 8 mm 试火，如有连续火花，说明火花塞有故障；如无连续火花，表明高压分线或分电器盖旁座孔漏电（见图4—47）。

3. 点火过迟

故障现象：

发动机运转中，突然开大节气门，发动机转速不能随之迅速提高，有发“闷”之感。行车过程中，加速爬坡时明显地感到发动机无力，甚至产生发动机过热，排气管放炮，化油器回火，发动机启动困难等现象。

故障诊断：

（1）检查分电器固定螺栓是否松动，如有松动，则应检查是否引起点火过迟。

（2）检查是否点火过迟。松开分电器固定螺栓，将分电器逆着分火头旋转方向适当转动一定的角度，若发动机运转情况好转，则说明点火过迟。

（3）检测触点间隙是否过小。若间隙过小，调准后再试。

4. 点火过早

故障现象：

用手摇柄启动发动机时曲轴反转，加速时发动机出现清脆的金属敲击声，怠速维持不住或发抖。

故障诊断：

（1）检查点火时间是否过早。松开分电器外壳固定螺钉，将分电器顺着分火头旋转方向转动，发动机工作状况好转，说明点火过早。

（2）检查触点间隙是否过大。若间隙过大，调整后再试。

5. 高速运转不良

故障现象：

发动机怠速、中速时运转正常，高速时运转不平稳，出现“突突”声，排气管可能放炮。

故障诊断：

（1）在发动机高速状态，用高压断火法找出断火或工作差的气缸，然后拆下火花塞，检查积炭和间隙值。

（2）检查断电器触点间隙与烧蚀情况。

（3）测试点火线圈，断电器触点弹簧张力及分电器轴是否偏摆。

6. 启动后熄火

故障现象：

使用起动机启动发动机的过程中，发动机着火，但松开点火（起动）开关，起动挡断电后，发动机立即熄火；用手摇把启动发动机时，无着火迹象。

故障诊断（见图4—48）：

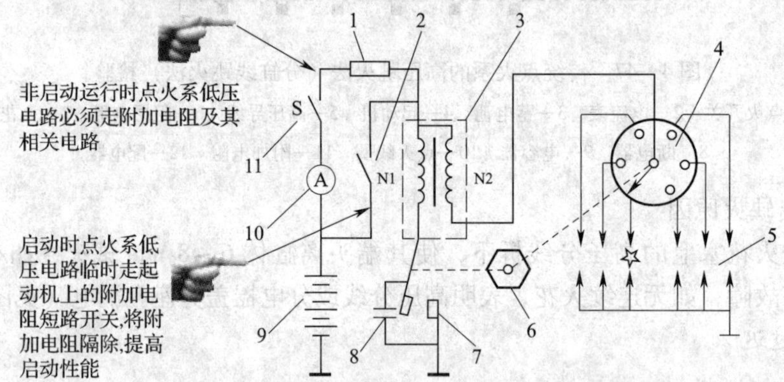

图4—48　传统点火系启动时和非启动时电路的区别

1—附加电阻　2—附加电阻短路开关　3—点火线圈　4—配电器　5—火花塞　6—断电器凸轮　7—断电器触点　8—电容器　9—蓄电池　10—电流表　11—点火开关

（1）检查附加电阻是否断路。

（2）检查点火开关至点火线圈“+”接线柱导线是否断路。

二、电子点火系统高压无火故障

电子点火系统的电路、原理差异较大，因此，产生故障的部件和原因也不尽相同，诊断故障的方法自然区别较大，现就一般规律简述如下：

1. 直观检查

仔细检查接线、插接件是否可靠，电线有无老化与破损，蓄电池的技术状况是否良好。

2. 判断故障在低压电路还是在高压电路

判断方法与传统点火系统基本相同。采用高压跳火法检查时，从分电器盖上拔出中央高压线，使其端头离缸体5～7 mm，然后接通点火开关，摇转曲轴，观察跳火情况。

（1）跳火正常，说明点火线圈输出的高压电正常，故障在高压电路。高压电路的故障诊断与传统方法完全相同。

（2）无火花，为低压电路故障。此时应分别检查点火信号发生器、电子组件和高能点火线圈。

3. 点火信号发生器

（1）磁脉冲式点火信号发生器（见图 4—49）

1）检查转子凸齿与定子铁心或凸齿之间的气隙（见图 4—50）。

2）检查传感器线圈电阻，并与标准值比较。若无穷大，为断路，若较小，为匝间短路。传感器的电阻参考值，丰田为 140 ~ 180 Ω，JFD667 为 500 ~ 600 Ω，CA1092 为 600 ~ 800 Ω。

图 4—49　磁脉冲式点火信号发生器

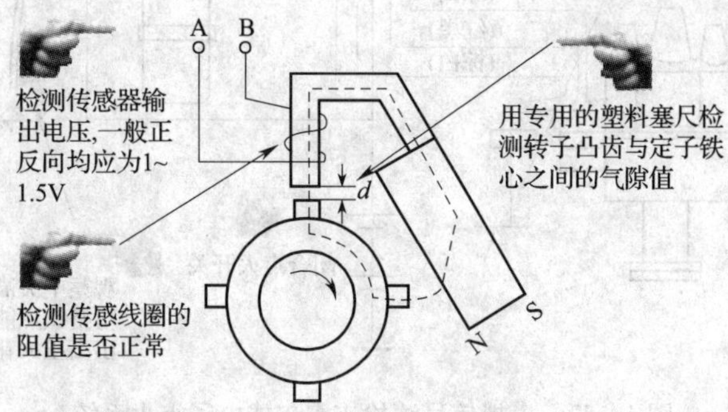

图 4—50　磁脉冲式信号发生器的检测

3）检查传感器的输出信号电压并与规定值（一般为 1 ~ 1.5 V）比较，偏低或为零有故障。

（2）霍尔式信号发生器

1）测霍尔电压法。如图 4—51 所示，可在系统连接正常的情况下测量霍尔信号发生器的输出电压来判断故障。接通点火开关，转动分电器转子，测量其输出接柱“O”和“ - ”间输出电压，当叶片离开气隙时，输出电压应为 0.4 ~ 0.5 V，当叶片进入气隙时，输出电压应为 9 V，否则，信号发生器已失效。

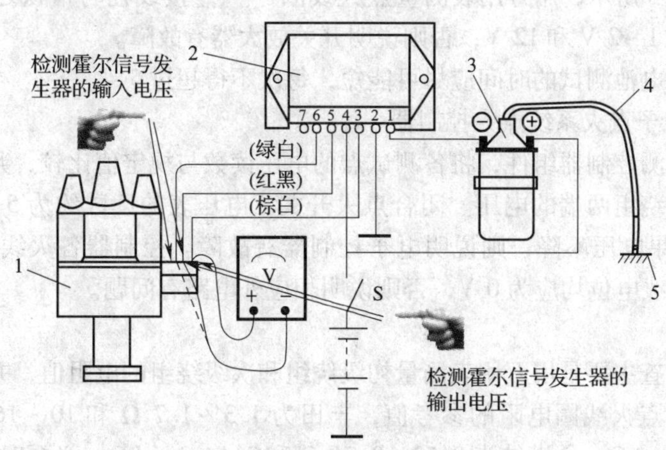

图 4—51　霍尔信号发生器输入输出电压的检查

1—分电器　2—点火电子组件　3—点火线圈　4—高压导线　5—发动机机体

2）模拟信号法。如图 4—52 所示，在点火线圈“－”接柱与搭铁点间并联一试灯，从分电器上拔下插接器，接通点火开关，把插接器中心端子短暂搭铁，同时用中央高压线试火，若试灯闪亮且中央高压线跳火强烈，说明信号发生器已失效；若试灯亮度不变，无高压火，说明点火控制器或其输出信号线断路。

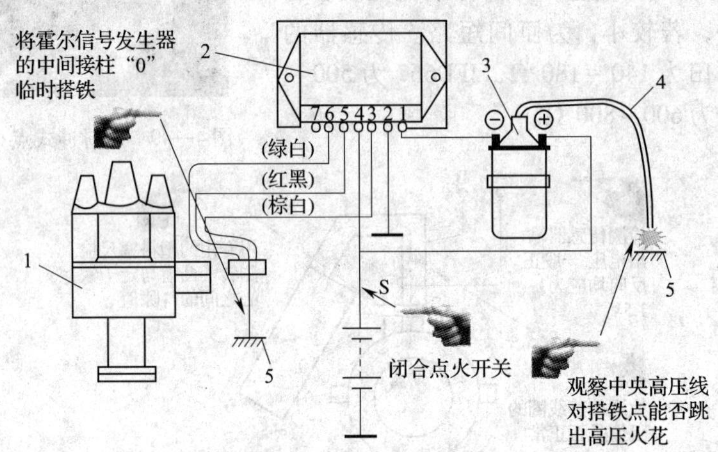

图 4—52　模拟信号法检查霍尔式电子点火系统

1—分电器　2—点火电子组件　3—点火线圈　4—高压导线　5—发动机机体

4. 电子点火系统点火控制器（开关放大器）

（1）磁脉冲式电子点火系统点火控制器

1）测量开关放大器的输入电阻值与标准值比较，当差值较大时应检查插接器、屏蔽线和各级晶体三极管。

2）检测开关放大器的工作情况，以丰田为例，可按下列方法进行，如图 4—53 所示。

①松开分电器上的线路插接。

②接通点火开关，用一个 1.5 V 的干电池，将它的正、负极分别接开关放大器的两输入线，如图 4—53a、b 所示，用万用表测量点火线圈“－”接线柱与搭铁之间的电压。两次测量的结果分别为 1 ~2 V 和 12 V，否则说明开关放大器有故障。

注意：使用干电池测试的时间应尽可能短，每次不得超过 5 s。

（2）霍尔式电子点火系统点火控制器

可用电压表检测控制器组件，将各测试点的电压读数与规定值比较，判断其故障。也可用万用表测量初级绕组两端的电压。闭合点火开关，电压表的读数约为 5 ~6 V，并在几秒内迅速降到 0。如果电压不降，则说明电子控制器有故障。控制器各火线电位均应为 12 V（或 5 V），各搭铁线电位均应为 0 V，否则说明相应外电路有问题。

5. 点火线圈

点火线圈的检查主要是用万用表测量初级绕组和次级绕组的电阻值，并根据其大小判断是否短路、断路。点火线圈电阻的参考值，丰田为 1.3 ~1.7 Ω 和 10 ~16 kΩ，CA1092 为 0.7 ~0.8 Ω 和 3 ~4 kΩ，桑塔纳为 0.52 ~0.76 Ω 和 2.4 ~3.5 kΩ。必要时应上实验台复检，如图 4—54 所示。

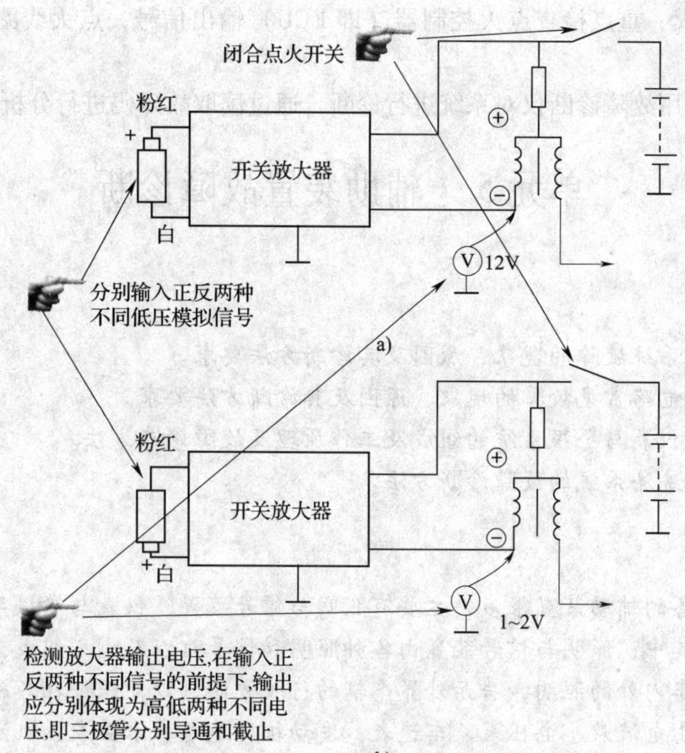

图 4—53 开关放大器的检查

a）大功率三极管导通 b）大功率三极管截止

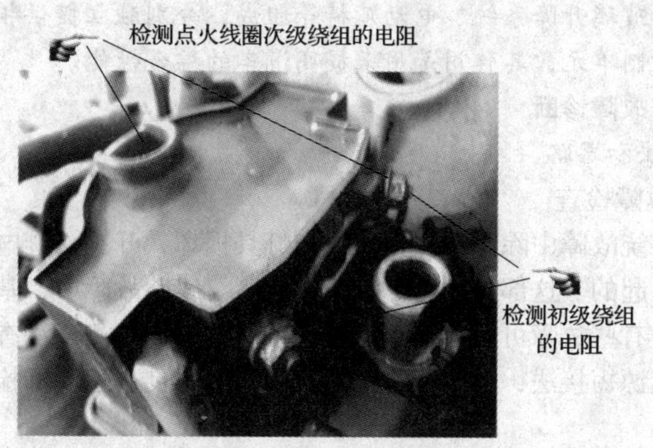

图 4—54 点火线圈的检查

三、无分电器计算机控制点火系统的故障诊断

无分电器的计算机控制点火系统其实属于无触点晶体管点火系统，故诊断方法基本相同，也可重点对下列部位和原因进行诊断：

1. 发动机停转时：检查系统各接线连接是否良好。

2. 发动机运转时：

若有个别缸缺火，重点检查火花塞及点火线圈次级绕组。

若多缸不跳火，重点检查点火控制器（即 ECU）输出信号，点火线圈及低压电路是否有故障。

3．也可用专用故障诊断仪对系统进行诊断，通过读取故障码进行分析与处理。

单元5　辅助装置故障诊断

学习目标：

1．掌握照明系统故障的现象、原因及其诊断方法要求。

2．掌握喇叭电路常见故障的现象、原因及其诊断方法要求。

3．熟练掌握仪表与警报系统的组成及工作原理及故障诊断方法。

4．掌握刮水洗涤系统的故障诊断方法。

知识回顾

汽车电气设备的辅助装置很多，主要有照明与信号装置、仪表与警报系统、舒乐系统及其他辅助设备。其中，照明与信号装置由各种照明和信号灯以及喇叭组成，其功能是保证车辆在各种条件下车内外的照明，告示外界车辆的行驶方向，以便保证在各种条件下车辆和行人的安全。仪表由电流表、电压表、车速表、发动机转速表、水温表、机油压力表、燃油表等组成，警报系统包括大量的指示灯及音响信号如蜂鸣器等，能够把车辆的各种信息及时地反映出来，便于驾驶员的判断和操作。舒乐系统由暖风机、制冷部分、音响视听装置组成，其作用是为驾驶员和乘客提供良好的工作空间和舒适的环境。辅助电器由电动刮水器、风挡玻璃清洗系统、电动玻璃升降系统、电动座椅等组成，分别独立提供相应辅助性功能。电子控制系统包括各类控制单元，其作用是用来提高汽车的综合性能。

一、照明系统的故障诊断

1．诊断常用方法和思路

（1）电气线路故障检查

照明装置电气系统故障中除了部件损坏，如灯具损坏，开关、继电器损坏等，一部分是由于导线连接不当引起的。这部分故障称为线路故障。线路故障中，基本上有断路、短路和接触不良三种情况。有些故障可以外部直观发现，有些则需用测试法查出。测试的方法有以下几种：试灯法、电源短接法，适用于检查断路和接触不良；逐段拆检法，适合对线路的搭铁短路故障的检查。

（2）电气线路开关的检查

电气线路中开关种类繁多，但各种开关的检查方法都是相同的。即都是将开关与线路的多端接头断开，用万用表的欧姆挡来检查各接头间的导通情况，根据每一开关位置各接头间的电阻值是否符合标准值，来判断开关的好坏，但需注意：不同车型的开关接线形式有所不同。

（3）照明线路控制继电器的检查

照明线路中有大量的控制继电器。继电器相当于电磁开关。在检查继电器好坏时，可使用与开关检查相同的方法，即用欧姆表来检查继电器各接线端子间的通断情况是否符合要求。所不同的是继电器还应检查其工作状态下的导通情况，即给继电器相应端子接入工作电压后，观察其导通的变化情况。

2．常见故障诊断

（1）前照灯不亮

故障原因：

前照灯熔丝烧断；前照灯变光开关有故障；前照灯配线或搭铁有故障；电源线松动和脱落断路。

故障诊断（见图4—55）：

检查熔丝，如有熔断应予以更换。检查车灯火线有无电压，若有电应检查灯丝及其搭铁线；若无电应逐步向前排查，检查灯光变光开关，必要时给予更换；检查灯光总开关大灯挡位是否接触不良，必要时给予修理和更换；检查灯光继电器的线圈及触点是否正常，若均无问题应检查各处接线情况是否有松动、脱落或断路，必要时进行紧固和更换。

（2）前照灯灯光暗淡

故障原因：

蓄电池端电压降低；发电机不发电或发电量不足，输出电压低；散光玻璃或反射镜太脏；开关、导线等处有接头松动和锈蚀现象，使电阻增大。

故障诊断：

检查蓄电池，如电压不足应进行补充充电。检查大灯火线电压是否过低，若正常，检查其搭铁情况是否良好，无问题则检查前照灯是否反射镜、配光镜过脏，拆开前照灯，予以清洁，灯座的接触部位和接头部位也应清洁处理，必要时给予更换；若车灯火线电压过低，则应逐步往前排查开关、继电器及导线，看是否有接触不良致使电压降过大；均无问题应检查发电机的传动带松紧度，修复或更换发电机，检查电压调节器，必要时给予调整、修理或更换。

（3）灯泡经常烧坏

故障原因：

电压调节器调整不当或失调，使发电机输出电压过高。

故障诊断：

重新调整电压调节器的调节电压值。

（4）前照灯变光时，远光灯或近光灯有一只不亮

故障原因：

灯泡烧毁；接线板或插接器到灯泡的导线断路；灯泡与灯座之间接触不良。

故障诊断：

更换同型号的灯泡；修理灯座、清除污垢、锈蚀，使其接触良好；检修线路并接牢。

（5）接通前照灯远光或近光时，右侧前照灯正常，左侧前照灯明显发暗，或正好相反

故障原因：

左前照灯搭铁不良；左前照灯散光玻璃或反光镜上积有灰尘；左前照灯灯泡玻璃表面发黑；导线接头松动或锈蚀，使线路电阻增大。

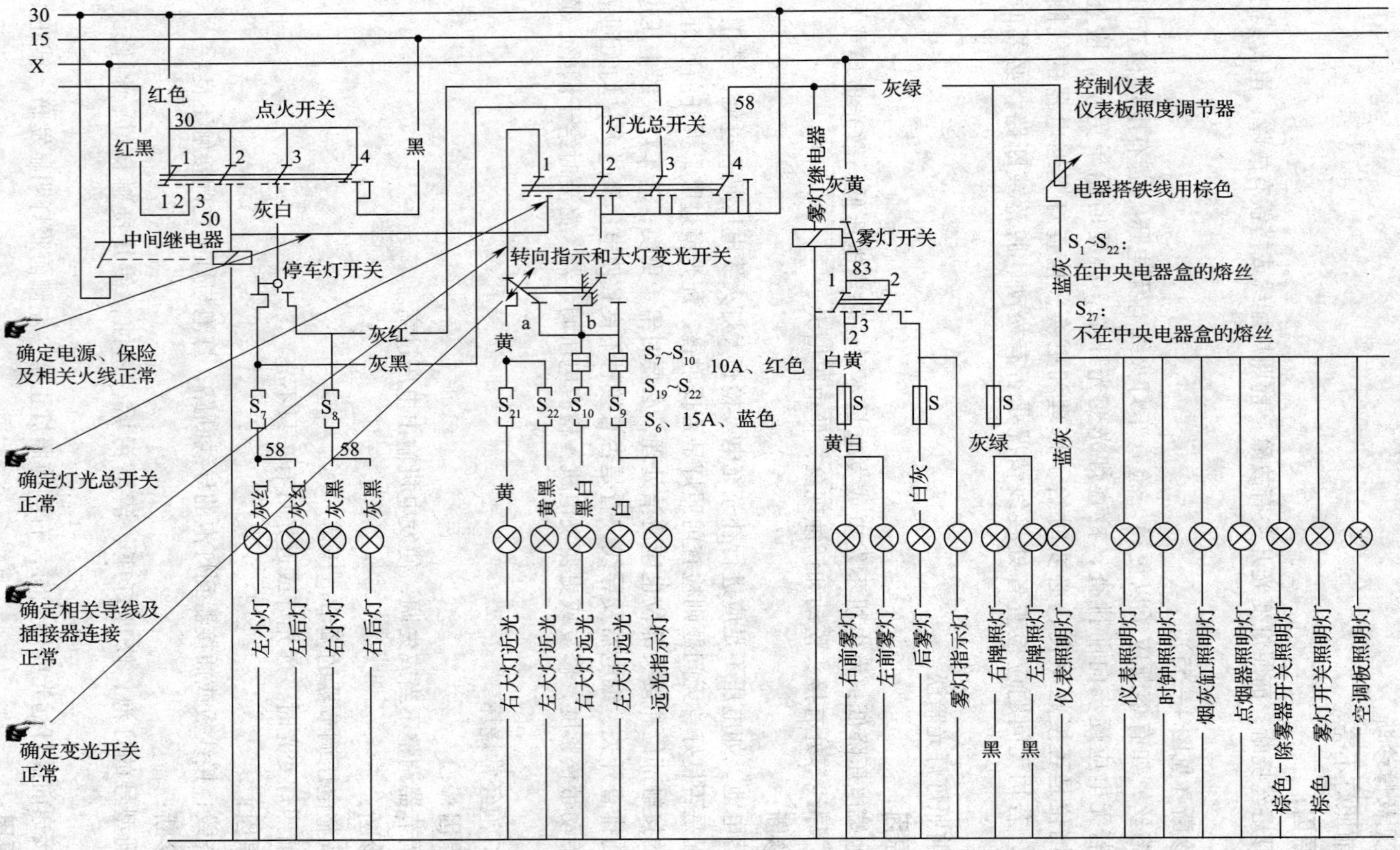

图 4—55　桑塔纳前照灯不亮故障的诊断

故障诊断：

检修左前照灯搭铁部位；拆开左前照灯进行清洁；更换同一型号的灯泡；检修线路，拧紧导线接头，清除锈蚀。

（6）前照灯远、近光不全

故障现象：

灯光开关在前照灯挡位时，只有远光亮，而近光不亮，或只有近光亮而远光不亮。

故障原因：

变光开关损坏；远、近光的一条导线断路；双丝灯泡中某灯丝烧断。

故障诊断：

更换变光开关；检查前照灯线路，必要时修复与更换；更换同一型号的灯泡。

（7）熔丝盒跳闸（或熔丝熔断）

开前照灯，若车灯总开关的熔丝熔断，说明车灯总开关、变光开关或线路有搭铁短路故障。如果只在接通某灯时才跳闸，则为该灯的线路有搭铁短路故障。

（8）雾灯不亮（以桑塔纳为例）

故障现象：

打开雾灯时发现前后雾灯均不亮。

故障原因：

雾灯继电器损坏；雾灯开关损坏；车灯总开关上小灯开关部分损坏或接触不良，线路有损坏或接触不良。

故障诊断（见图4—56）：

因后雾灯和前雾灯、小灯之间特殊的连接与工作关系，所以当发现它们全不亮时，应首先考虑其公共电路部分发生了问题。

首先检查雾灯熔丝是否熔断，若有应检查电路中的短路故障并处理、更换熔丝；打开车灯总开关上的小灯挡，看小灯能否正常点亮，若小灯也不亮，应先对小灯开关进行检查；若小灯能亮，则对雾灯继电器进行检查；均无问题则分别对前后雾灯开关进行检查；最后排查线路中的接触情况。

二、信号系统的故障诊断

信号系统分为灯光信号与音响信号两类，其中灯光信号系统包括前小灯、后尾灯、转向及危险警报灯、制动灯等，音响信号包括喇叭与倒车蜂鸣器等。不同车型的信号装置配置不全相同，多数车型直接用灯光总开关控制各种灯具火线，有的则安装继电器，用开关控制继电器线圈，而用继电器触点控制灯丝电路的通断。

1. *左右转向信号灯都不工作*

闪光器的故障检查：汽车转向灯的闪光频率通常为65～110次/min，但以70～90次/min为宜。若发现闪光器的频率太快或太慢，则予以适当的调整与检查。若损坏，则需更换。

故障原因：

熔丝烧坏；转向闪光器失灵或损坏；转向灯开关有故障；配线与搭铁有故障。

故障诊断（见图4—57）：

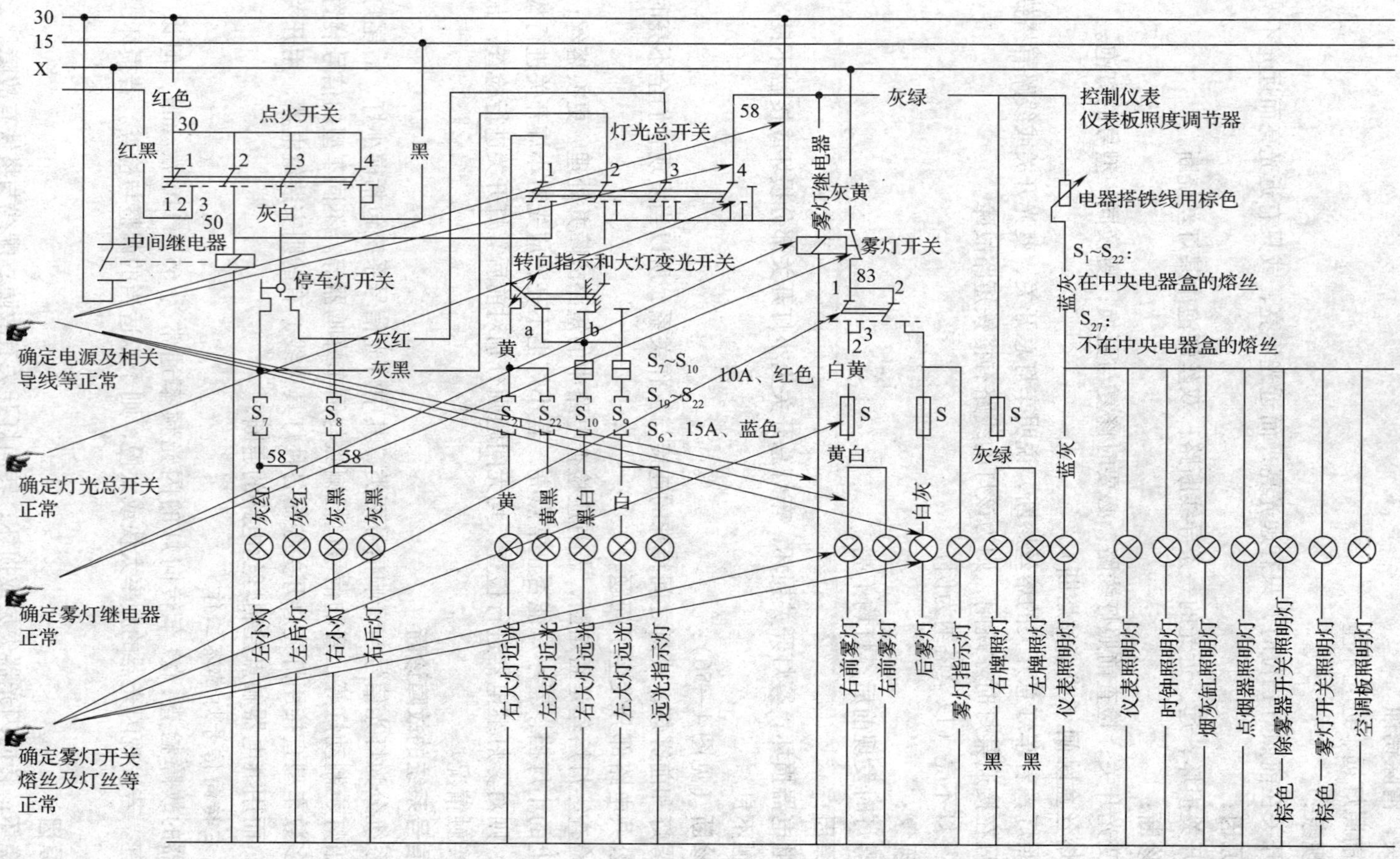

图 4—56　桑塔纳雾灯不亮的故障诊断

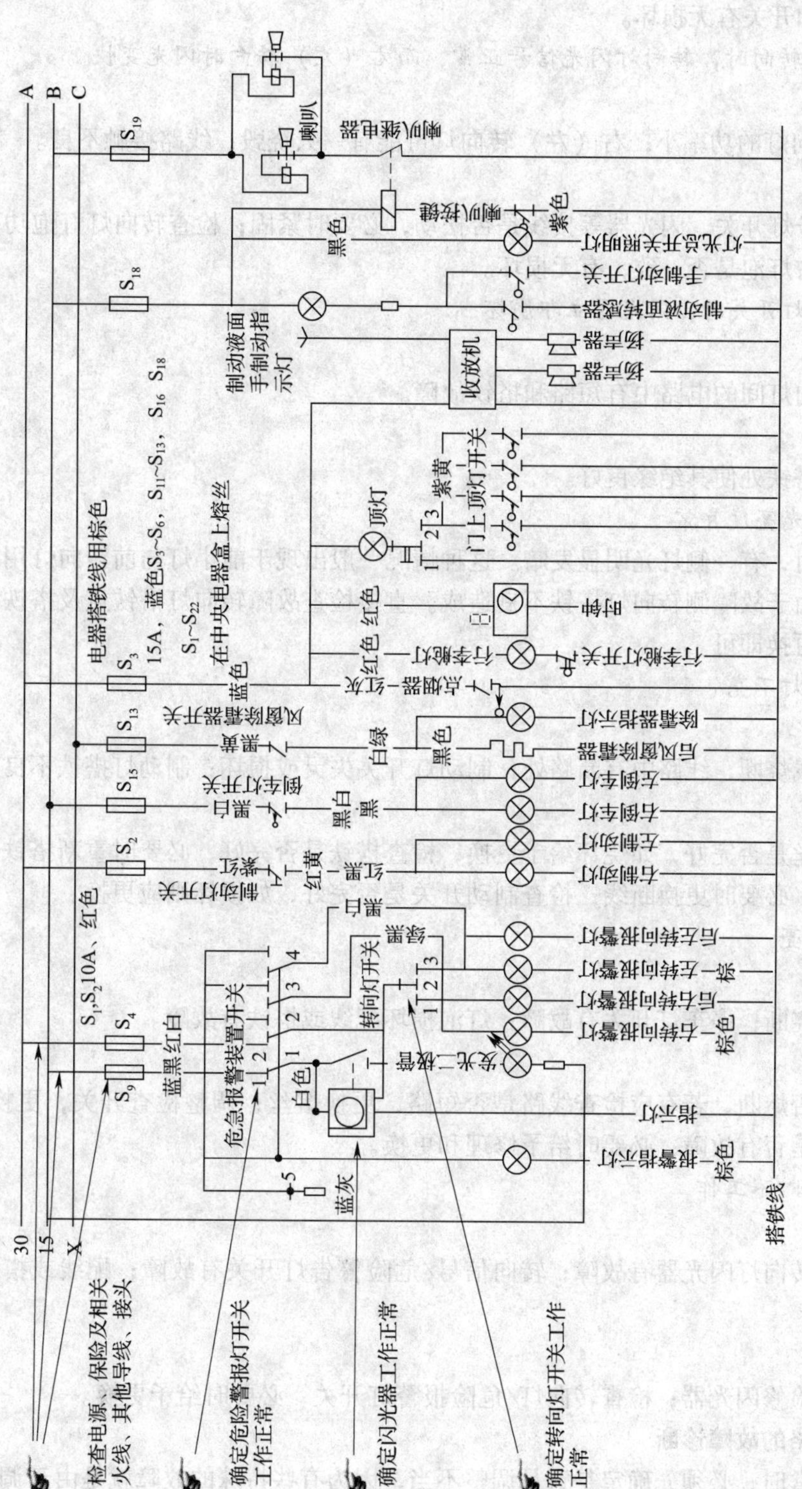

图 4—57 桑塔纳转向及危险警报灯故障的诊断

逐段排查线路中熔断器、电源、闪光器、转向开关、转向指示灯和转向信号灯有无断路和短路，闪光器和开关有无损坏。

2. 左（右）转向时，转向灯闪光信号正常，而右（左）转向时闪光变快

故障原因：

右（左）转向灯的功率小；右（左）转向灯可能有一只烧毁；线路接触不良。

故障诊断：

检查转向信号灯开关、闪光器等接线是否松动，必要时紧固；检查转向灯灯泡功率是否与规定相同，左右灯泡是否一致，有无损坏。

3. 接通转向灯开关时，闪光器立即烧坏

故障原因：

该挡位的转向灯间的电路中有短路和搭铁故障。

故障诊断：

找出短路、搭铁处使其绝缘良好。

4. 转向灯闪光亮度异常

接通转向灯时，有一侧灯光明显发暗。这种情况一般出现于前小灯与前转向灯用双丝灯泡的汽车。多是由于故障侧转向灯搭铁不良造成。直接检查故障转向灯搭铁点及搭铁线，予以必要的坚固或更换即可。

5. 制动信号灯不亮

故障原因：

灯泡灯丝灯线烧断，线路中有断路处；制动灯开关失灵或损坏；制动灯搭铁不良。

故障诊断：

检查灯泡灯丝是否完好，如烧坏给予更换；检查搭铁是否完好，必要时重新搭铁；检查线路中有无断路，必要时更换断线；检查制动开关是否完好，如损坏则应更换。

6. 停车灯不亮

故障原因：

停车灯熔丝烧断；停车灯开关有故障；灯泡损坏配线或搭铁有故障。

故障诊断：

检查熔丝是否熔断，若有应检查线路是否短路，更换熔丝；调整检查开关，更换灯泡；检查配线和搭铁是否有故障，必要时给予修理和更换。

7. 危险报警灯不工作

故障原因：

熔丝烧断；转向灯闪光器有故障；转向信号/危险警告灯开关有故障；配线或搭铁有故障。

故障诊断：

更换熔丝；检修闪光器；检查转向灯/危险报警灯开关，必要时给予更换。

三、喇叭电路的故障诊断

喇叭声音异常时，必须先确定是否是调整不当，因为有些特殊的故障就是由于调整不当引发的，所以应先通过调整确定其属于故障后才能予以诊断处理。喇叭的调整包括音量调整与音调调整两项。如图 4—58 所示。

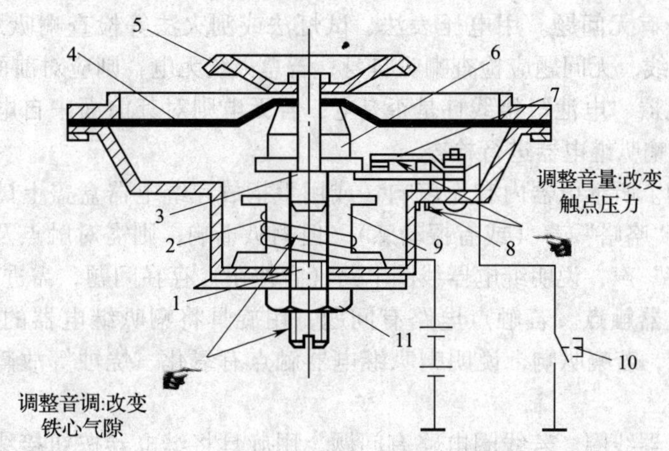

图 4—58　喇叭的调整

1—铁心　2—线圈　3—衔铁　4—膜片　5—共鸣板　6—压铁　7—触点
8—调整螺钉　9—磁轭　10—按钮　11—锁紧螺母

音量的大小取决于电流的大小，而电流的大小与触点的压力有关，因此可以通过调整喇叭触点的接触压力实现音量调整。

音调的高低取决于膜片的振动频率，而振动频率又决定于衔铁与铁心之间的气隙，所以调整气隙就可调整音调。

1．喇叭不响

故障现象：

按下喇叭按钮，喇叭不响。

故障原因：

电池亏电严重，继电器线圈或触点损坏，按钮损坏，熔丝烧断，喇叭内部损坏或线路有短路断路等故障。

故障诊断（见图 4—59）：

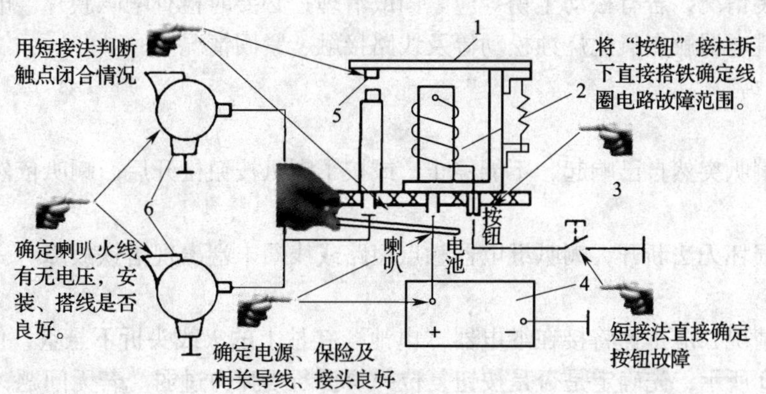

图 4—59　喇叭不响故障的诊断

1—衔铁　2—线圈　3—按钮　4—蓄电池　5—触点　6—喇叭

(1) 电池是否亏电，熔丝是否熔断，若熔丝熔断应分段检查熔丝之后线路的搭铁短路故障。

(2) 喇叭自身有无问题。用电压表法、试灯法或刮火法等检查喇叭总火线是否有电，若有电则检查分火线，无问题应检查喇叭自身；若总火线无电，则应对前面电路进行检查。

(3) 喇叭继电器“电池”接线柱是否有电，若无电则对其前面来自电池的火线进行检查。若有电，则对喇叭继电器进行检查。

(4) 喇叭按钮。听继电器内有无声响（或用手指放在继电器盒盖上试试有无触点闭合的振动感），若有“咯嗒”声（或有振动感），但喇叭不响，则需对触点及其所在电路进行检查；若无“咯嗒”声，说明继电器线圈电路（含按钮）存在问题，需进一步检查。

(5) 喇叭继电器触点。若触点电路有问题，用旋具将喇叭继电器的“电池”与“喇叭”两接线柱短接，若喇叭响，说明喇叭继电器触点有氧化、烧蚀等故障，否则，喇叭本身或连接线有故障。

(6) 喇叭继电器线圈。若线圈电路有问题，用旋具将继电器按钮接线柱搭铁。若喇叭响，说明按钮或连接线有故障；若喇叭不响，听不到“咯嗒”声，搭铁时又无火花，为线圈断路；火花强烈，为线圈短路。喇叭不响，但能听到继电器中有“咯嗒”声，为触点接触不良。

(7) 喇叭内部。按下按钮，喇叭只发出“嗒”的一声就不响了，原因在喇叭内部短路。先调整音量，确定是否触点闭合压力过大；无问题调整音调，确定是否铁心气隙过小；再无问题应打开喇叭确定是否触点不能打开，还是触点间电容器或灭弧电阻短路。

2. 喇叭响声不正常

故障现象：

喇叭声音沙哑、发闷或刺耳。

故障原因：

电池亏电，音量、音调调整不当，电路中有接触不良之处造成电流不稳，如喇叭触点或继电器触点氧化烧蚀松动等，机械原因，如膜片破裂、各螺丝未拧紧等。

故障诊断：

首先检查蓄电池存电是否充足；然后对音量、音调调整情况进行检查处理；若均无问题，应检查安装情况，若有松动生锈等应紧固或清理；必要时检查喇叭膜片。电路中重点检查喇叭触点或继电器触点氧化烧蚀松动等及线路接触、紧固情况。

3. 喇叭长鸣

故障现象：

行车中，喇叭突然自己响起，不能停止，或按了喇叭按钮松开后，喇叭依然鸣叫。

故障原因：

喇叭开关损坏无法断开，喇叭继电器触点短路或线圈末端出现搭铁故障。

故障诊断：

遇到这种情况，应迅速将接在继电器“电池”接柱上的火线头拆下悬空，使喇叭停响。

如图 4—60 所示，先确定是否是按钮复位弹簧折断或弹力过弱。若无问题，拆除继电器“按钮”接线柱上的连接头，然后用原先的“电池”接柱上的火线碰划“电池”接线柱试验，若喇叭不响了，可能是继电器“按钮”接线柱至按钮之间的连线破损搭铁、线头搭铁；若喇叭响，可能是继电器触点烧结，弹簧弹力过弱或继电器“喇叭”“电池”接线柱短路。

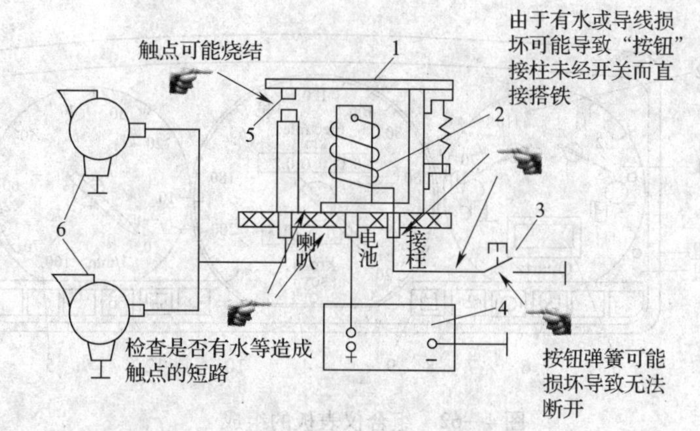

图 4—60　喇叭长鸣故障的诊断

1—衔铁　2—线圈　3—按钮　4—蓄电池　5—触点　6—喇叭

4．一只喇叭不响（喇叭声小）

故障现象：

按下喇叭按钮，只有高音或低音喇叭能响。

故障原因：

音量、音调调整不当，喇叭内部故障或火线断路。

故障诊断：

首先用万用表、试灯或对调两喇叭连接线，检查火线有无断路，检查搭铁是否良好。若无问题，检查喇叭的音量、音调调整是否变动。仍无问题则检查喇叭内部，重点检查触点能否闭合及其中是否存在断路故障。

5．喇叭音量小

故障现象：

按下喇叭，发现其音量明显偏小。

故障原因：

电池电压太低，音量、音调调整不当或电流太小。电流表太小的原因主要在于触点表面氧化、烧蚀或接触面积太小，电路中有接触不良之处，尤其继电器触点接触不良等。

故障诊断：

检测蓄电池电压，进行音量、音调调整。若无问题，直接将电源火线接到喇叭，听其声音，若声音正常，则查找外线路中接触不良之处，其中继电器触点可用短接法直接判断；若声音小则打开喇叭，对触点及能影响电流的各处接触情况予以检查处理即可。

四、仪表与警报系统的故障诊断

为了正确地使用汽车，并了解汽车在行驶过程中发动机等主要部分的工作情况，及时发现和排除可能出现的故障，汽车上装有很多检测仪表，如电流表、电压表、机油压力表、燃油表、水温表、车速里程表和转速表等（见图 4—61、图 4—62、图 4—63）。

图 4—61　桑塔纳 2000 轿车的仪表板

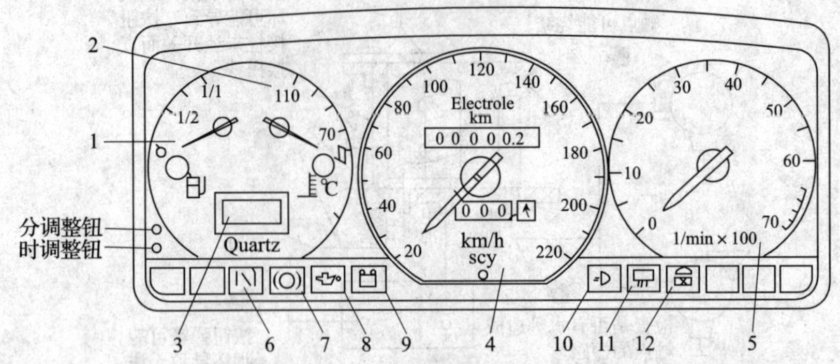

图 4—62　组合仪表板的组成

1—燃油表　2—冷却液温度表　3—液晶钟　4—电子车速里程表　5—电子转速表　6—阻风门指示灯　7—驻车制动和制动液面警告灯　8—机油压力警告灯　9—充电指示灯　10—远光指示灯　11—后窗加热指示灯　12—冷却液液面警告灯

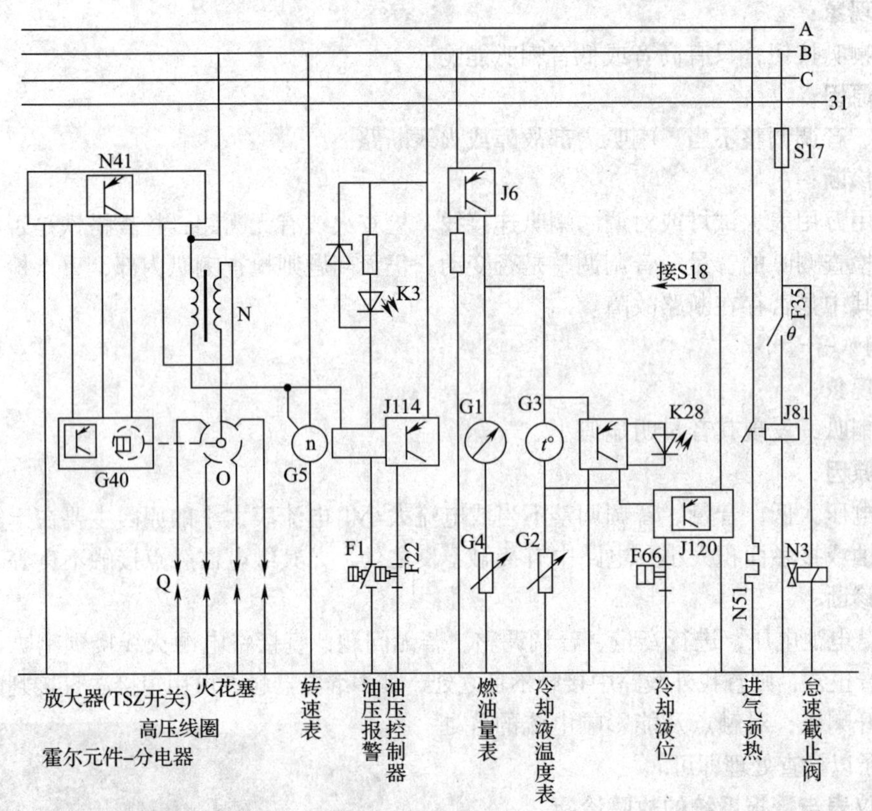

图 4—63　桑塔纳轿车仪表线路

汽车仪表在汽车上的安装形式分为两大类，一类是分体式仪表，一类是组合式仪表。

仪表与警报系统产生故障时，如果是分体式仪表，可解体后对各仪表进行单独的故障诊断，而组合式仪表则一般只能在不解体状态下进行一些总体性的检查与诊断。

1. 分体式仪表的故障诊断

分体式仪表板解体后，可对其中各仪表及相应的传感器进行单独诊断。

（1）发光二极管的诊断检测

仪表板上发光二极管应用较多，而发光二极管故障率较高。检查时可通过对其正反向电阻的测试来进行初步判断，然后将其加以正向额定电压，看其能否正常发光即可判断其好坏。

（2）稳压器的检查

仪表板背面的稳压器同时连接于燃油表和冷却液温度表指示系统内。如果燃油表或温度表指示不准确，很可能是稳压器的故障，应对其进行检查。检查稳压器时，用电压表测量其输出电压即可，即测量其输出接柱（如图 4—64 所示中 1 号端）和接地端（如图 4—64 所示中 2 号端）之间电压，应保持在 10 V 左右，若电压大于 10.5 V 或小于 9.5 V，说明该稳压器有故障，需进行更换。

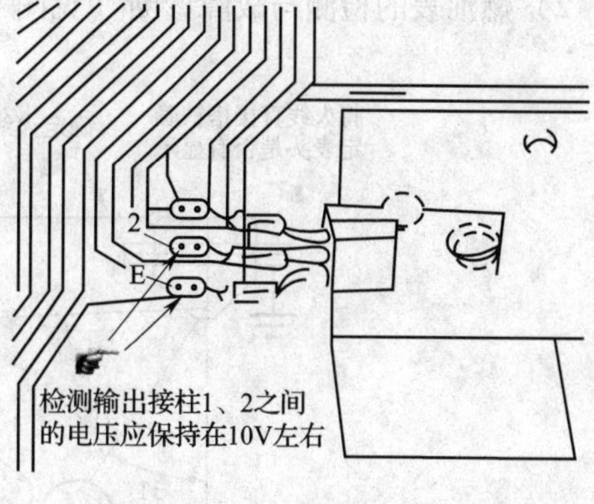

图 4—64　仪表稳压器的检查

（3）电流表的检查与诊断

1）使用注意事项

①不同型号的汽车使用不同型号的发电机，配用不同量程的电流表。电流表的量程有 −20 ~ +20 A、−30 ~ +30 A、−50 ~ +50 A、−60 ~ +60 A 等。

②电流表应与铅蓄电池串联，接线时极性万不可接错。通常在负极搭铁的汽车电系中，电流表的“ − ”接线柱与蓄电池的正极相连，电流表的“ + ”接线柱与发电机的正极相连。

③电流表只允许通过小电流，一般对点火系统、仪表系统等长时间连续工作的小电流可经电流表，而对短时间断续用电设备的大电流，如起动机、转向灯、电喇叭等均不通过电流表。

2）电流表的检验及故障处理

将被试电流表与标准直流电流表（−30 ~ +30 A）及可变电阻串联在一起，接通蓄电池电流，逐渐减小可变电阻值，比较两个电流表的读数，若读数差不超过 20%，则可认为被测电流表工作正常。故障电流表可直接更换处理。

（4）电压表的检测与诊断

现代轿车上已越来越多地应用电压表来监测电源电压情况。怀疑电压表有故障时，可将被检电压表与可调电压的标准电源并联，观察显示数与标准电源电压是否一致。故障电压表可直接更换处理。

（5）燃油表（见图 4—65、图 4—66）

图 4—65　桑塔纳燃油表

图 4—66　桑塔纳 2000 的燃油表与水温表组合

1）燃油表使用诊断注意事项

①燃油指示表，必须与其配套的稳压器、传感器配套使用。

②燃油指示表的接线必须连接可靠，不得与金属导体相接触。

③两接线柱式燃油表，一般情况下应将上接线柱与电源线相连，下接线柱与传感器相连。

2）燃油表的检测与故障诊断（见图4—67）

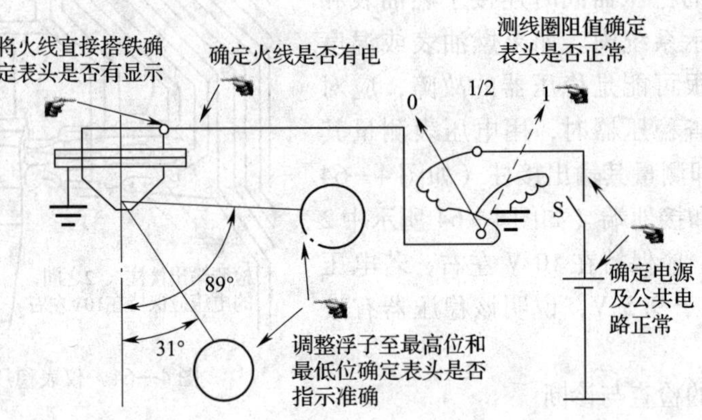

图4—67 燃油表系统故障的诊断

燃油表不工作，可能原因为表损坏、传感器损坏、仪表稳压器损坏或接线损坏。

若为稳压器故障则通常水温表也不正常，通过测其输出电压便可予以确定；对传感器，可通过将传感器火线拆下搭铁的方法观察表有无反应，若有反应说明传感器已损坏，可能其内部滑片与变阻部分接触不良，变阻器氧化、锈蚀等；若无反应应通过电压或电阻测量迅速判断导线故障，若均无问题则为表的故障。

①用万用表分别测量燃油表线圈和传感器的电阻值，均应符合原制造厂规定；否则，可拆开表壳更换线圈，拆开传感器外壳更换电阻丝；或更换总成。

②燃油表传感器的检测诊断。将被试燃油表与标准传感器（检查燃油表）或标准指示仪表与被试传感器（检查传感器）按如图4—67所示接线，将浮子分别摆到规定位置时，指示仪表的指针应相应地指在“0（E）”和“1（F）”的位置上，且误差不应超过10%，即为良好，否则应予以调整或更换新表或新传感器。

（6）燃油量报警装置的检测诊断

燃油量报警灯电路的故障原因一般为灯丝损坏、传感器损坏、线路损坏等。可与燃油表指示情况结合予以判断。通常传感器的问题可通过将其火线短暂搭铁判断出，导线可通过测量判断出，灯丝可通过观察或测量其通断情况予以判断。

（7）油压表的检测诊断

1）使用检测注意事项

①油压表指示器必须与其配套设计的传感器配套使用。

②油压表安装时必须注意接线柱的绝缘应良好，拆卸时不要敲击或磕碰。

③双金属脉冲式机油压力表传感器安装时，一定要使传感器上的箭头符号向上并与垂直中心线的夹角小于30°。

④弹簧管式油压表安装时必须保证管口的密封，以防漏油。

2）油压表及传感器的检测。先用万用表测量指示表内线圈、传感器的电阻，其值应符合原制造厂规定，否则应更换。或与标准油压表、标准传感器比较测量值，若有较大误差应予以更换。

3）油压表的常见故障及排除（见图4—68）。油压表不正常时，应考虑到表、传感器及相关导线均有可能出现问题。

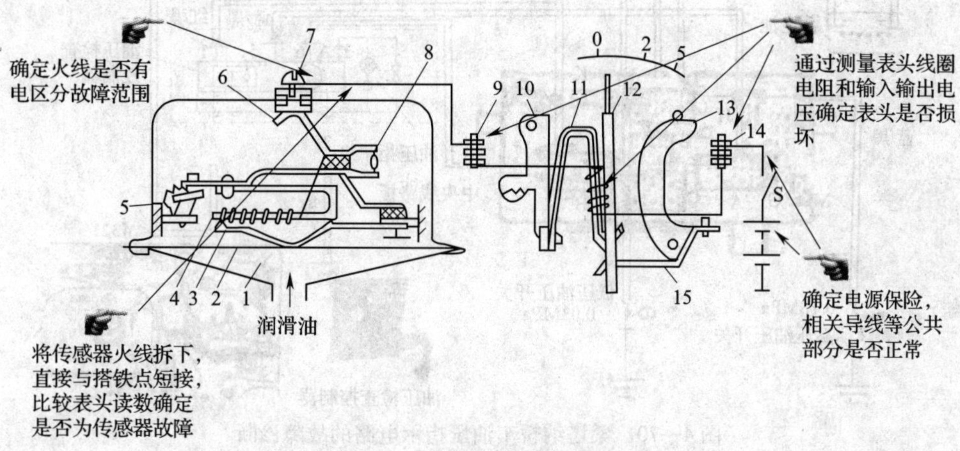

图4—68 机油压力表故障的诊断

1—油腔 2—膜片 3—弹簧片 4、11—双金属片 5—调节齿轮 6—接触片 7、9、14—接线柱 8—校正电阻 10、13—调节齿扇 12—指针 15—弹簧片

首先将传感器火线短暂搭铁，观察表有无反应，若有则传感器有问题；通过测电阻或电压判断导线有无故障；若均无问题则故障应在表上，需对其进行检测。

（8）机油压力警报灯（见图4—69、图4—70）

1）桑塔纳轿车在接通电源而不启动发动机时，发光二极管应亮且蜂鸣器不响为正常。如果油压指示灯不亮，应做如下检查：

拔下0.03 MPa低压报警开关黄色导线并接地，如果指示灯亮则说明低压油压开关已损坏，应更换新件。

如果黄色导线接地后油压指示灯仍不闪亮，应拆下仪表板，从油压检查控制器上的插座“6”处直接引一导线搭铁，如果此时油压指示灯闪亮，则故障可能在中间的连接导线上；

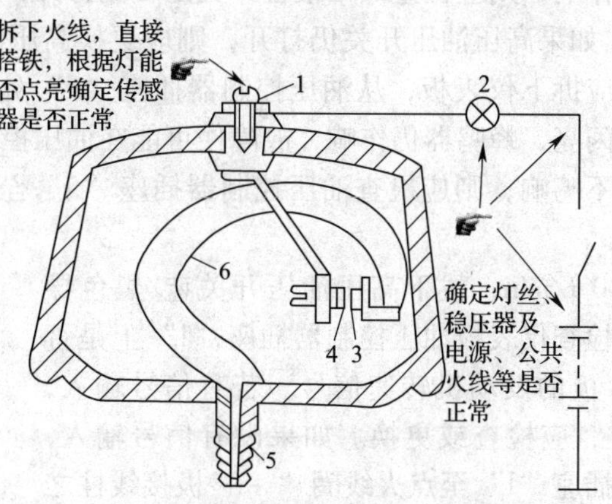

图4—69 机油压力警告灯电路的故障诊断

1—接线柱 2—警告灯 3—动触点 4—静触点 5—管接头 6—管形弹簧

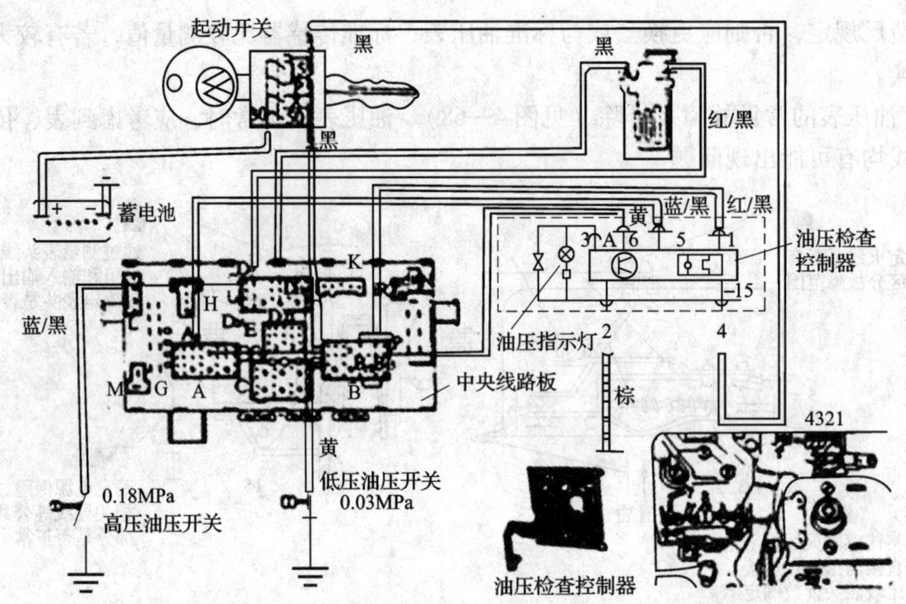

图 4—70　桑塔纳轿车油压指示电路的故障诊断

1—接点火线圈“－”柱　2—搭铁　3—接油压指示灯　4—接点火开关“2”柱　5—接高压开关　6—接低压开关

如果油压指示灯仍不亮，则应检查仪表板的印制电路板、稳压二极管、油压指示灯等是否良好。油压指示灯采用发光二极管，当正向电压大于 1.7 V 时，便能闪亮。若发光二极管检查良好，则故障在油压控制器上，必要时应予以更换。

2）发动机转速低于 2 000 r/min 时，油压指示灯熄灭。但拔下低压油压开关的黄色导线并搭铁时，油压指示灯应不亮，且蜂鸣器不响，否则应检查低压油压开关。

拔下低压油开关的黄色导线接地，油压指示灯不闪亮，检查方法同 D 项。如果此时蜂鸣器响，一般情况下故障在油压控制器上。

3）打开点火开关，发动机转速高于 2 000 r/min 时油压指示灯应不闪亮，蜂鸣器不鸣响。如果拔下高压油压开关的蓝/黑色导线时，油压指示灯应亮，蜂鸣器应该发出报警声响。

如果发动机油压正常，转速高于 2 000 r/min 且未拔下高压油压开关上的连接导线时，油压指示灯亮，蜂鸣器作响，则应检查低压报警开关是否能打开，不能打开则应更换；当转速高于 2 000 r/min 时，如果高压油压开关仍打开，则应更换高压油压开关。如果高压、低压油压开关均为正常，应拆下仪表板，从油压控制器插座“5”处直接引出一根导线接地。如果此时油压指示灯仍闪亮，蜂鸣器仍作响，故障便可能在油压控制器上。如果此时油压指示灯不闪亮，蜂鸣器也不鸣响，则应检查油压控制器插座“5”至高压油压开关蓝/黑色导线之间是否有断路故障。

如果转速高于 2 000 r/min，拔下高压油压开关蓝/黑色导线，蜂鸣器不鸣响，应检查仪表板油压控制器插座“l”上是否有来自点火线圈“－”极的发动机转速信号。若有信号输入，则故障在油压控制器上，应检查或更换。如果没有信号输入，则应检查自油压控制器插座“l”至点火线圈“－”极接线柱之间是否有断路，或接触不良之处。

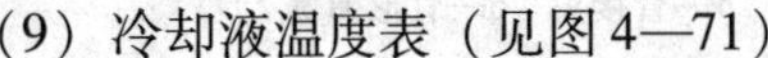

图 4—71　桑塔纳水温表

（9）冷却液温度表（见图 4—71）

1）冷却液温度表使用诊断注意事项

①冷却液温度表必须与其配套的稳压器、传感器配套使用。

②冷却液温度表与传感器安装时，必须注意连接柱的绝缘，同时必须保证各接线可靠，并不得与金属体相碰。

③冷却液温度表和传感器拆卸时不要敲打和碰撞。

2）冷却液温度表及传感器的检测

先用万用表测量指示表内线圈及传感器的电阻值，应符合原制造厂的规定，否则更换。或与标准水温表、标准传感器比较测量值，若有较大误差应予以更换。

3）冷却液温度表的故障诊断（见图4—72）

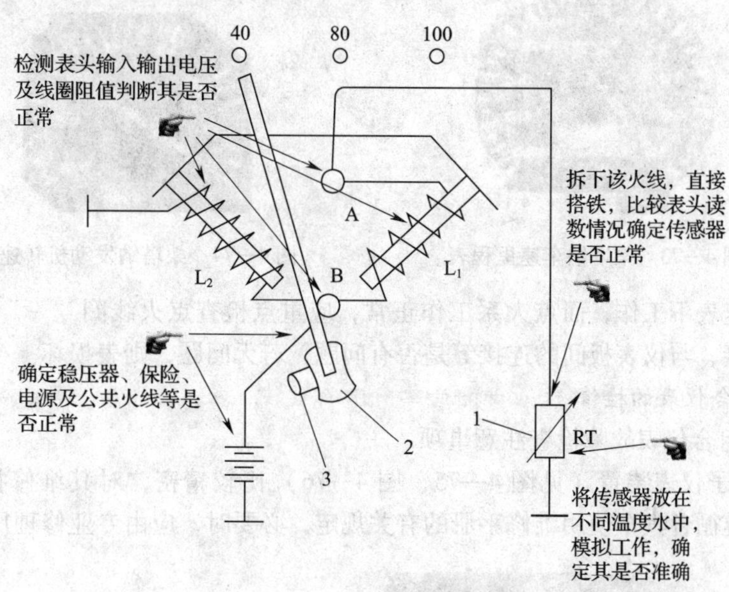

图4—72　水温表故障的诊断

1—热敏电阻水温传感器　2—转子　3—平衡块　L_1、L_2—线圈　A、B—接线柱

冷却液温度表工作不正常可能的原因有稳压器损坏、传感器损坏、表损坏及线路损坏。

诊断时先通过观察燃油表能否正常工作来判断稳压器有无损坏；若无问题则检查传感器，将传感器火线直接短暂搭铁看表有无反应，若有则为传感器故障；若无反应测试导线是否正常；若均无问题则表有问题，应予以检测。

（10）车速里程表（见图4—73）

1）车速里程表使用诊断注意事项

①软轴与车速表以及变速器或分动器的输出轴连接牢固可靠。

②软轴安装时应有一定的纵向间隙，不得有扭曲和弯折，否则造成指针摆动不定或软轴折断。

2）车速里程表的检测

①使用车速里程表检测仪在车上检查车速里程表指示误差、针摆和异常噪声，检查里程表是否工作正常。

②对比法检验，用可调速的电动机同时驱动标准表和被检表，在改变电动机转速的情况

下，观察两表的指示值，其值应基本相同。

若经过检测、检验，不符合要求的车速表，对于磁感应式车速表，可拆开表壳拨动盘形弹簧下面的调整柄校准或更换新表；对于电子式车速表，则须更换传感器、控制电路或车速表。

3）车速里程表的常见故障排除。车速里程表不工作或指示不准时，应重点检查：变速器输出轴处小齿轮的磨损和啮合情况，表后蜗轮蜗杆的啮合情况；表针发卡应检查表中游丝；指示不稳应检查软轴两端的磨损。

（11）发动机转速表故障诊断（见图 4—74）

图 4—73　桑塔纳车速里程表

图 4—74　桑塔纳发动机转速表

发动机转速表不工作，而点火系工作正常，应重点检查点火线圈“－”极端转速信号输出线及其连接、与仪表板间的连接等是否有问题，若无问题，则表损坏。

2. 电子组合仪表的检修

（1）电子组合仪表故障检查注意事项

1）汽车电子仪表装置（见图 4—75、图 4—76）比较精密，对其维修技术要求较高，维修检查时应遵循各汽车使用维修手册的有关规定，必要时，应由专业修理厂承修。

图 4—75　桑塔纳 2000 仪表板

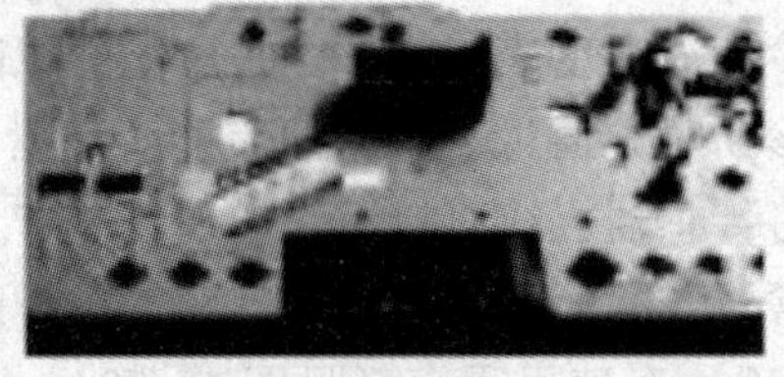

图 4—76　桑塔纳 2000 仪表板（背面）

2）汽车电子仪表显示板和母板（逻辑电路板）不仅较易损坏，而且价格较贵，因此在检查时应多加保护和特别谨慎，除有特殊说明外，不能用蓄电池的全部电压加于仪表板的任何输入端。在多数情况下，由于检测仪表（如万用表）使用不当而造成计算机电路的严重损坏，所以在进行仪表检测时应特别注意这一点，应使用高阻表检查电压、电阻等。

3）当需要拆卸电子仪表板时，要按拆装顺序进行，拆装时注意不要猛敲猛打，以防本来状况良好的元器件因敲打而损坏。在拆卸仪表板总成之前，应首先切断电源。新的电子仪表元件应放置在镀镍的包装袋里，需要更换时，再从袋中取出，取出时注意不要碰触各部接头，不要提前从袋中取出。在拆装作业中，只能用手拿仪表板的侧边，不能碰及显示窗和显示屏的表面等部分。

4）在处理电子车速/里程表的电路芯片时，必须使用原有的塑料盒，以免因静电放电而损坏。如不慎碰及电路芯片的接头时，会使仪表的读数清除，此时应该将仪表送往专门修理单位进行重新编程后才能使用。

5）在检查电子仪表板时，必须用静电防护装置，即带有搭铁的装置，如腕带和放置电子部件的导电垫板等，设法使维修地点和维修人员不带静电。从仪表板上拆卸下来的电子部件应放在具有搭铁装置的导电垫板上，不能放在地毯或座椅上；检查维修人员不能穿着合成纤维面料的衣服等。否则，均会带静电而损坏电子元器件及电子组合仪表装置。

（2）电子组合仪表的故障检查

汽车电子组合仪表的检测与故障诊断，除由车载计算机自诊断系统进行自诊断外，还可使用专门的检测设备对其进行检测和诊断。在检测时应首先将传感器电路断开或拆下，用检测设备对它们逐个进行检查。

汽车电子仪表显示系统的故障一般都出在传感器、针状插接器和导线、个别仪表及显示器上。其检测方法是：

1）传感器的检测。

对各种电阻式传感器的检查，通常是采用测量其电阻的方法来判断它的好坏，即把所测得的电阻值与其规定的标准电阻值相比较，判断传感器有无故障。若所测的电阻值小于规定值时，传感器内部短路；若电阻值很大，则说明传感器内部断路或接触不良，应该更换传感器。

2）针状插接器的检测。

采用电子仪表的汽车，往往要用很多插接器把电线束连接到仪表板上去。这些插接器一般都采用不同颜色，以便辨认它属于哪一部分的连接，为保证其连接牢固、可靠，插接器上设有闭锁装置。在进行检测时，要注意防止插接器的闭锁装置、针状插头以及插座等受损、毁坏。特别是将测试设备与其导线连接时，最好使用备用的插接器插头，以防插接器针状插头腐损、松动等而造成接触不良。

3）个别仪表的故障检查。

个别仪表发生故障，首先应检查各导线的连接情况，包括各插接器接触情况，线束是否破损、搭铁、短路和断路等；然后再用检测设备分别对该仪表及其传感器进行测试，以判明故障。

4）显示屏上部分笔画、线段故障。

电子组合仪表上的显示屏部分笔画、线段出现故障，应将仪表板上的显示器调整到静态显示状态，仔细观察是否还有别的故障。如果仅有一两个笔画或线段不发亮或不显示，则说明逻辑电路板通过多路传输的脉冲信号正确，可能只是显示装置的部分线段工作不正常，遇此情况应进一步检查，属于接触不良的应加以紧固，确保其电路畅通；若是电子显示器件本身问题，通常只有更换显示器件或显示电路板。

五、刮水洗涤系统的故障诊断（见图4—77、图4—78、图4—79）

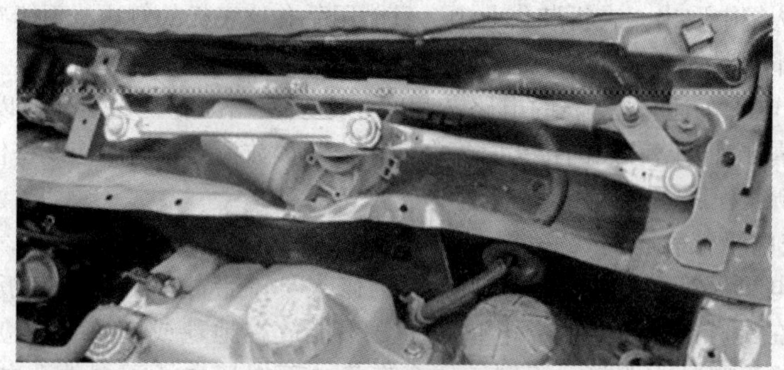

图4—77　刮水器在车上的安装

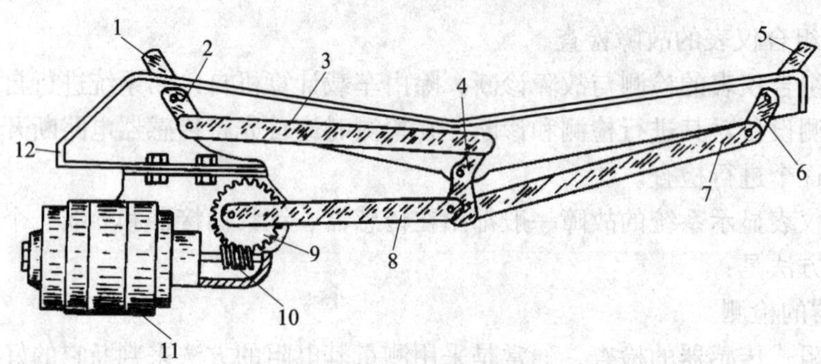

图4—78　电动刮水器

1、5—刷架　2、4、6—摆杆　3、7、8—拉杆　9—蜗轮　10—蜗杆　11—电动机　12—底板

为了保证汽车在雨天、雪天行驶时驾驶员有良好的视线，确保行车安全，汽车上都装有电动刮水器。它与洗涤器配合，还可以清洁挡风玻璃。另外，有的车型在后窗玻璃上也用刮水器，但通常只用一个刮臂和刮片；也有用于前照灯或后视镜上的。

为避免行驶中的灰尘落在挡风玻璃上阻挡驾驶员的视线，汽车上增加了喷水洗涤装置，它能向风窗表面喷洒洗涤液或水，通过手动或自动配合刮水，来保持风窗玻璃表面的洁净。

1. 桑塔纳轿车电动刮水器的组成

桑塔纳轿车的刮水器与洗涤器组合在一起，线路如图4—80所示。其中，洗涤器受刮水器电动机附近的一掷二位开关控制，刮水器提供低速、高速、点动、间歇四个挡位，又由于刮水器电动机和洗涤器电动机共同受三掷五位组合开关E22控制，故打开洗涤泵时刮水器也可接通。

2. 刮水器与洗涤器的故障诊断

电动刮水器出现故障时，要综合考虑电气原因与机械原因两个方面。按各挡位的工作要求，逐步进行诊断。

（1）刮水器高低速均不工作或某个挡位不能工作

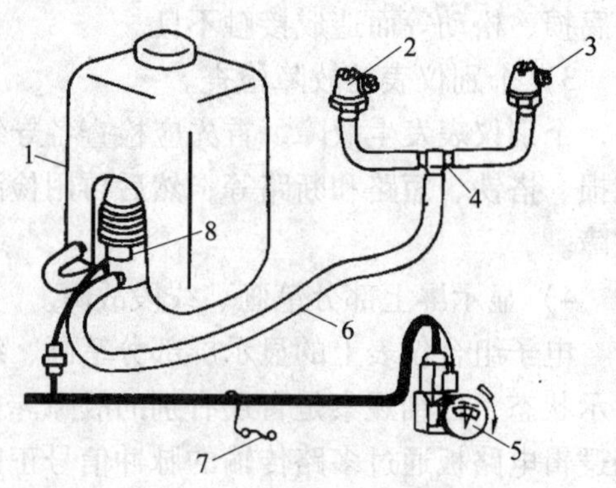

图4—79　风窗玻璃洗涤器

1—洗涤液缸　2、3—喷嘴　4—三通管接头

5—刮水器开关　6—软管　7—熔断器　8—电动泵

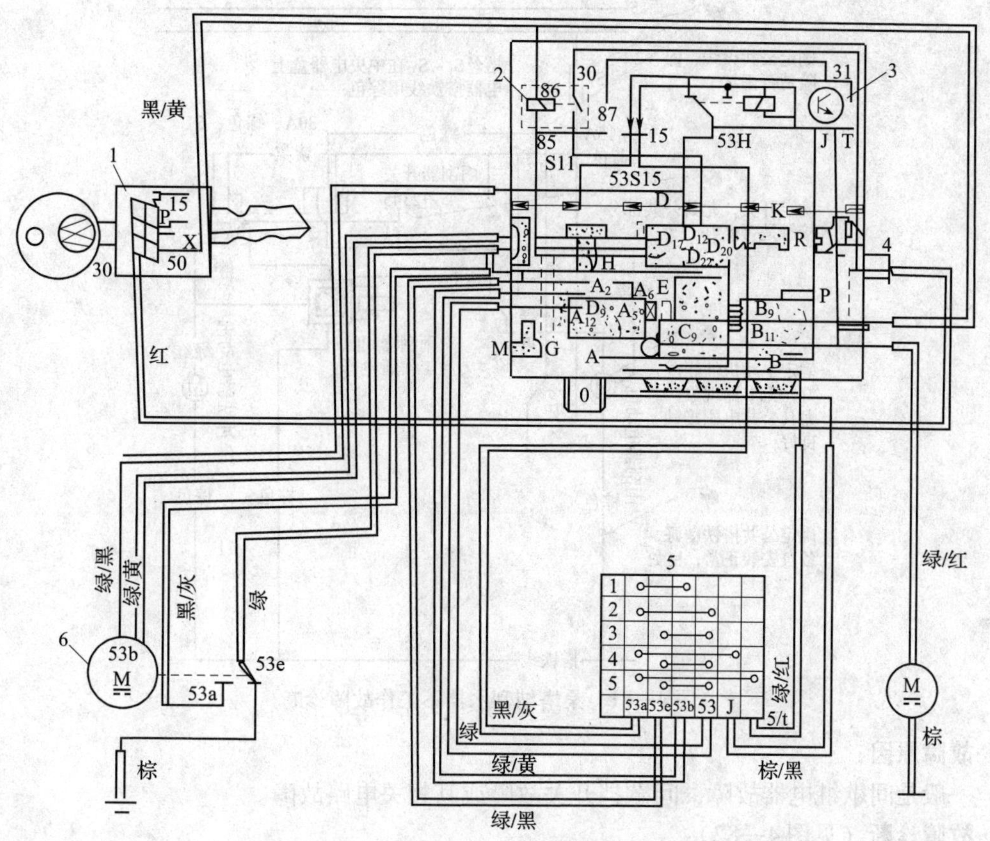

图4—80　桑塔纳轿车刮水器及清洗装置电路

1—点火开关　2—减荷继电器　3—前风窗雨刮继电器　4—中央配电器　5—风窗雨刮器开关　6—雨刮器电动机

故障现象：

将刮水器打到高低速挡位时均不能工作。

故障原因：

电源亏电，熔丝烧断，电动机损坏，开关损坏，导线损坏或接触不良；机械卡滞。

故障诊断（见图4—81）：

1）检查打开开关时电动机能否旋转，先排除机械卡滞原因，若无问题检查电路。

2）检查熔丝，检查电源；用火线直接给电动机通电试验，若电动机不转，重点检查电动机自身及其搭铁，若电动机能转重点检查开关及继电器。

3）检查继电器。打开开关至高速挡或低速挡，短接继电器触点，若电动机能转，为继电器触点故障；若不转，进一步检查开关。

4）检查开关。短接触点，同时短接开关，若电动机能转，为开关问题；若仍不转，需排查开关火线至电动机火线。

（2）刮水器间歇挡不能工作

故障现象：

高低速挡位时刮水器工作均正常，但间歇挡时却不工作。

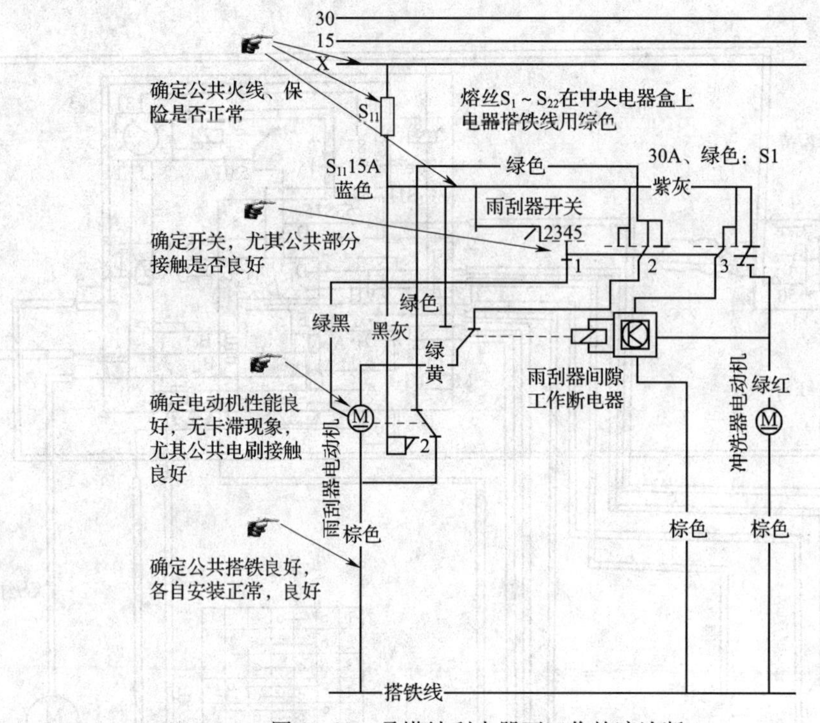

图 4—81　桑塔纳刮水器不工作故障诊断

故障原因：

一般是间歇继电器故障，间歇挡开关故障或其相关电路故障。

故障诊断（见图 4—82）：

将开关打到间歇挡，听声音或用手指放在继电器盒盖上判断有无触点闭合动作，若无动作，应重点检查继电器线圈电路；若有动作，应重点检查继电器常开触点。短接常开触点，若电动机能转即为触点问题，否则应检查触点火线及其输出线。

3．刮水器不能停止工作

故障现象：

关断刮水器时刮水器仍运转不停。

故障原因：

刮水器开关内部触点烧结或变形短路，从开关至电动机间导线温度过高绝缘被损坏发生串线。

故障诊断（见图 4—83）：

检查刮水器开关；检查从开关至电动机间导线。检查自动复位电路是否存在短路搭铁现象。

4．刮水器间歇时不能自停

故障现象：

间歇挡时刮水器常刮不停。

故障原因：

间歇继电器线圈电路损坏，导致线圈无法断电；继电器常开触点闭合时烧结无法打开；刮水器开关内损坏或变形导致间歇挡时无法断开电路。

故障诊断（见图 4—84）：

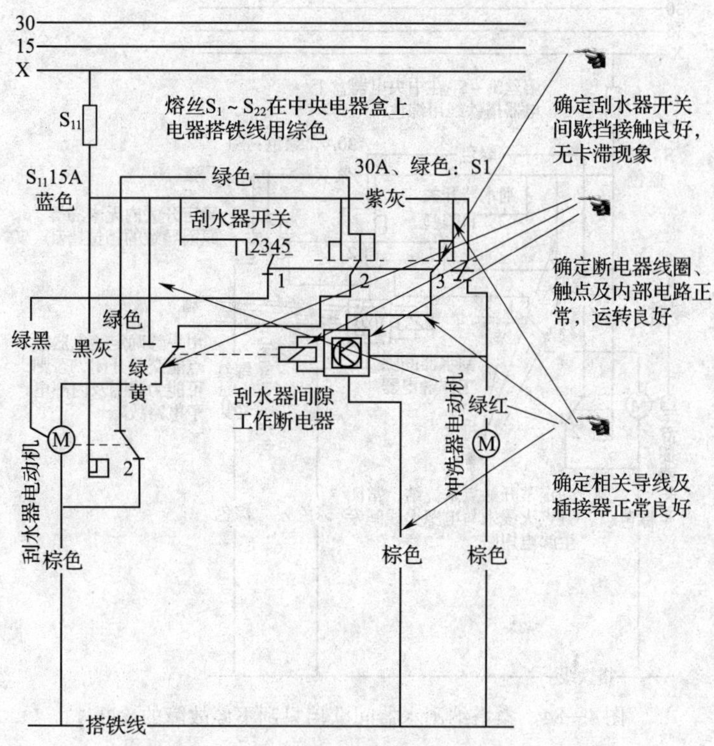

图 4—82　桑塔纳刮水器间歇挡不工作故障诊断

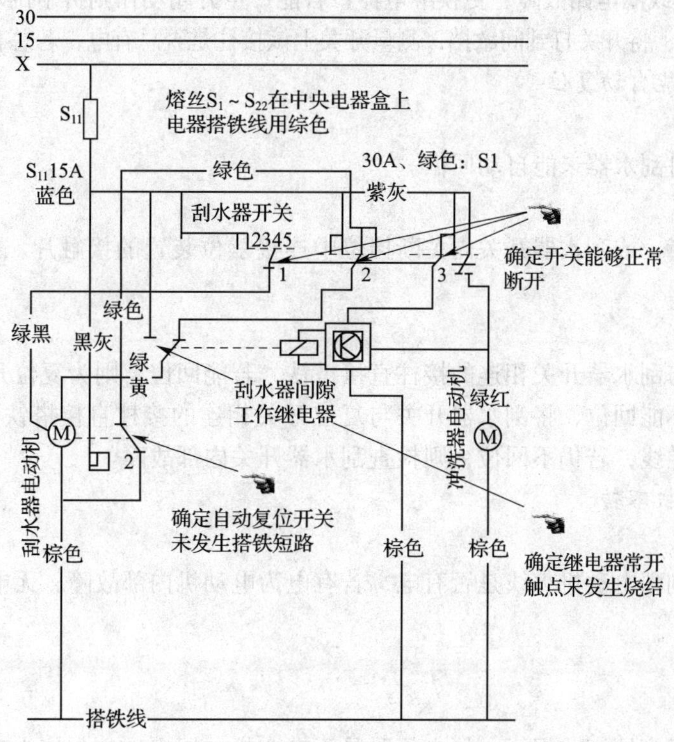

图 4—83　桑塔纳刮水器不能停转故障的诊断

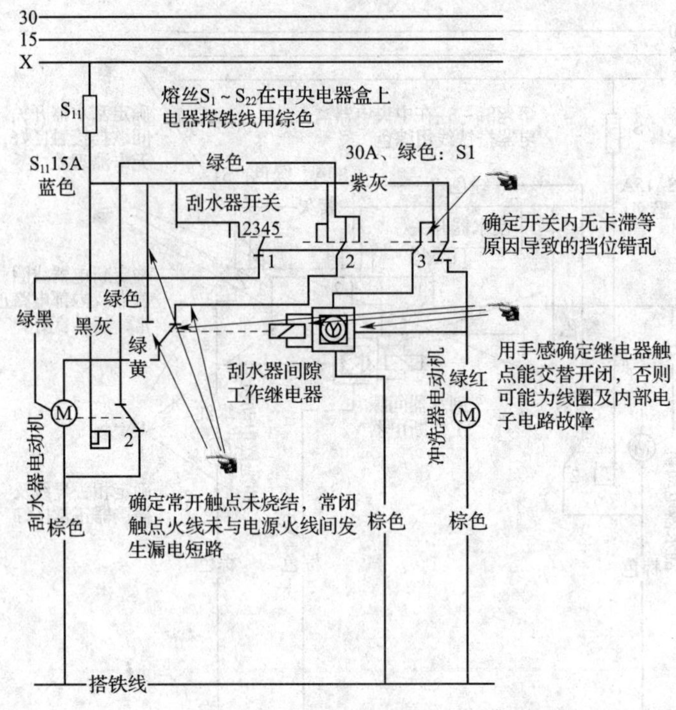

图 4—84　桑塔纳刮水器间歇挡只刮不停故障的诊断

将刮水器开关打到间歇挡，用手指放在继电器盒盖上判断触点能否产生开闭振动动作，不能则为触点烧结或线圈电路故障，更换继电器；若能产生开闭动作则拆下刮水器开关至继电器常闭触点的输出线，将开关打到间歇挡，测量开关上该接柱是否总有电，若总有电为开关问题。

5. 刮水器不能自动复位

故障现象：

关断刮水器时刮水器未能自动回位。

故障原因：

复位开关故障，或刮水器开关内关断挡位中连接复位装置的接触片、接柱损坏变形等，复位线路有问题。

故障诊断：

将复位开关与刮水器开关相连的接柱直接搭铁，若能回位，则为复位开关内部故障或其搭铁不良；若仍不能回位，将刮水器开关与复位开关相连的接柱直接搭铁试验，若能回位，则检查两接柱间导线，若仍不回位，则检查刮水器开关内部故障。

6. 洗涤电动机不转

故障诊断：

检查熔丝；判断电动机火线是否有电，若有电为电动机内部故障，无电则进一步检查开关和线路。

7. 喷水异常

故障诊断：

检查喷嘴是否有堵塞或损坏，检查管路是否有弯折、压扁现象，接头有无泄漏之处，检查电动机及泵是否正常。

单元6　空调系统故障诊断

学习目标：

1. 掌握用压力表诊断空调系统故障。
2. 掌握空调系统常见故障诊断和自诊断方法。

知识回顾

空调制冷系统主要由压缩机、蒸发器、冷凝器、储液干燥器、膨胀阀、管路及制冷剂、控制电路、电磁离合器等组成。

其工作原理是由压缩机压缩蒸气提供动力，蒸发器中制冷剂蒸发制冷，冷凝器中制冷剂冷却散热，膨胀阀控制制冷剂流量和制冷量，储液干燥器暂时储存制冷剂并进行过滤、干燥处理，控制电路通过控制电磁离合器的动作来控制系统运转。如图 4—85、图 4—86 所示。

制冷剂是实现制冷的介质，目前主要应用的有 R12 和 R134a 两种，如图 4—87、图 4—88 所示，以桑塔纳系列轿车为例，桑塔纳轿车制冷空调系统使用 R12，桑塔纳 2000 型轿车使用 R134a。

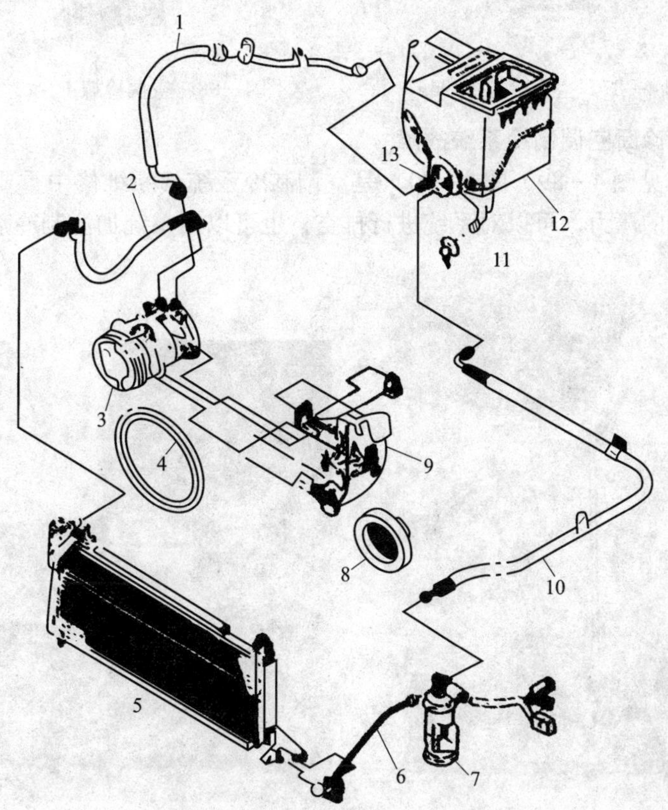

图 4—85　桑塔纳轿车空调系统

1、2—软管总成　3—SD508 压缩机　4—V 形皮带　5—冷凝器　6、10—软管　7—储液罐
8—带盘　9—压缩机支架　11—蒸发器溢水管橡皮圈　12—蒸发箱　13—膨胀阀

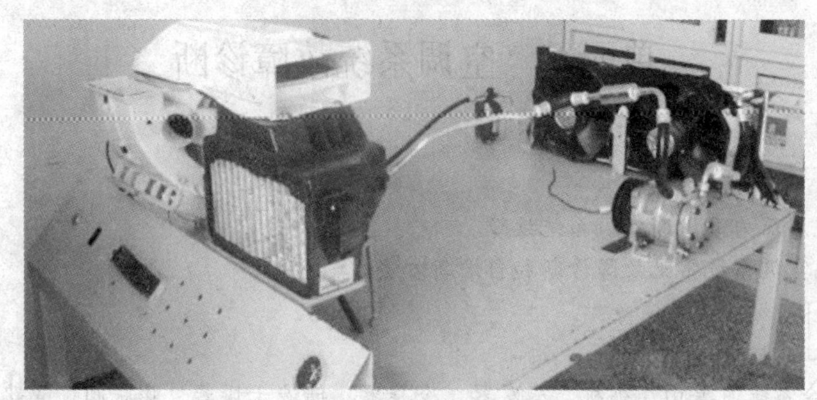

图 4—86　桑塔纳轿车的空调系统

图 4—87　空调冷媒 R134a

图 4—88　空调冷媒 F－12 雪种

一、用压力表诊断空调制冷系统故障

歧管压力表（见图 4—89、图 4—90）是空调制冷系统诊断维修中重要的工具，可以检测系统高低压两侧的压力，可以对系统进行排空，也可以向系统加注制冷剂。

图 4—89　歧管压力表

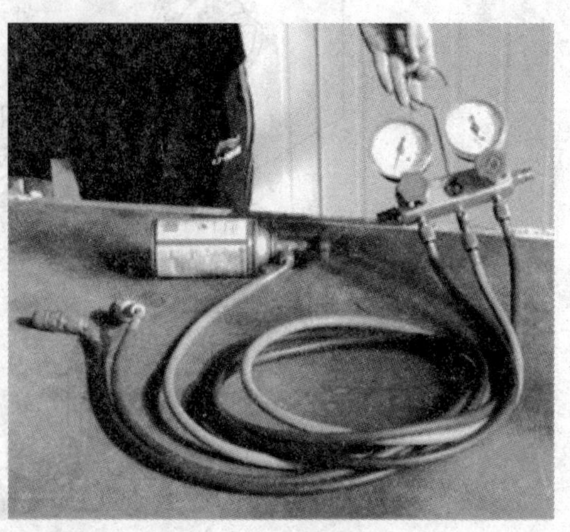

图 4—90　歧管压力表

歧管压力表结构如图 4—89、图 4—90 所示。其中，有高压表与低压表两个表，两端各有一个手动截止阀，能使三根软管实现相互连通或隔离。高压表下的红色软管用以连接系统高压侧接口，低压表下的蓝色软管用以连接系统低压侧接口，中间黄色软管根据需要连接真空泵或制冷剂罐。如图 4—91、图 4—92 所示。

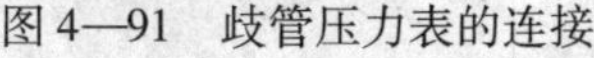

图 4—91　歧管压力表的连接

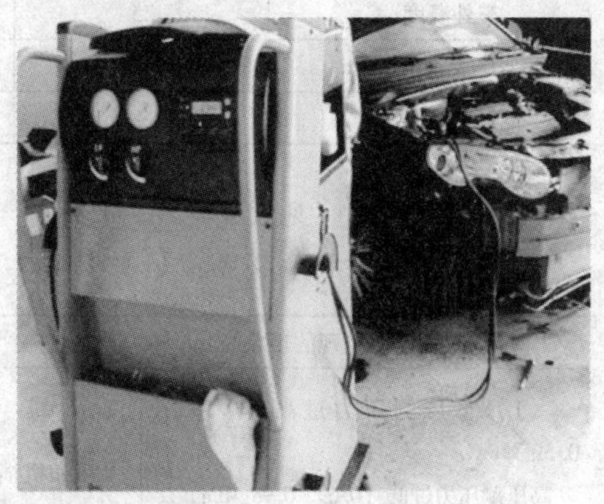

图 4—92　空调系统的抽真空操作

使用歧管压力表测量系统高低压两侧的压力，与标准值比较，可以用来判断系统故障及其原因。方法是（见图 4—93）：

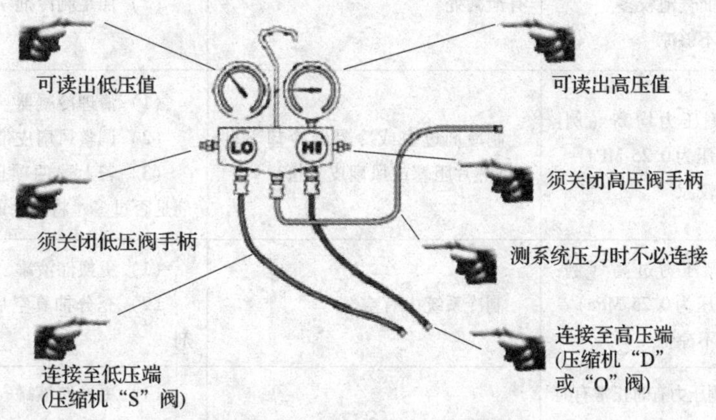

图 4—93　歧管压力表的连接要求

1. 安装歧管压力表

先将两个截止阀顺时针拧到底，高低压管路不得接错。

2. 排除软管中空气

逆时针稍微转动截止阀，至中间管有“嗞嗞”声且有白气冒出时锁紧。

3. 读数

打开空调，使其正常运行，当压力表读数稳定后读出其压力值。正常情况下，在冷气装置进风口温度为 30℃，发动机转速 2 000 r/min，鼓风机以最高速运转，温度控制旋钮置于最大冷却挡时，高低压表的标准值为：

高压：1. 35 ~ 1. 55 MPa；

低压：0. 15 ~ 0. 2 MPa。

注意标准压力值受外界影响很大，故一定要先考虑环境因素后才能确定故障存在。不同气温下标准高低压值参考见表4—1。

表4—1　　不同气温下标准高低压值参考

车外温度/℃	25	30	35	40
高压表示值/MPa	1.05～1.25	1.35～1.55	1.45～1.81	1.89～2.53
低压表示值/MPa	0.10～0.15	0.15～0.20	0.20～0.25	0.25～0.30

4. 判断故障（见表4—2）。

表4—2　　制冷系统故障判断

制冷系统中出现的现象	原因	措施
（1）低压侧压力过高（0.39～0.59 MPa） 高压侧压力过低（0.69～0.98 MPa） （2）制冷效果极差	压缩机损坏	检修或更换压缩机
（1）高低压两侧压力均低（例：高压为0.78～0.9 MPa，低压为0.08 MPa） （2）观察玻璃下面气泡较多 （3）吹出的冷风不够凉	制冷剂不足，可能制冷系统中有泄漏处	（1）检测泄漏并修理 （2）加足制冷剂
（1）高低压两侧压力均高（例：高压为2.0 MPa，低压为0.25 MPa） （2）吹出的冷风较凉	制冷剂过多或冷凝器冷却不良（散热片阻塞或风扇皮带松）	（1）清理冷凝器 （2）调整风扇皮带张力 （3）若上述两项正常，则检查制冷剂是否过多，将多余的排出
（1）高低压两侧压力过高（例：高压为2.3 MPa，低压为0.25 MPa） （2）吹出的冷风不凉快	制冷系统中有空气	（1）更换储液罐 （2）充分抽真空后重新注入新制冷剂
（1）运转中低压侧压力有时正常有时成负压（例：低压为-0.07～0.15 MPa） （2）吹出的冷风一阵凉一阵不凉	制冷系统中有水分	（1）更换储液罐 （2）反复抽真空以排潮气 （3）注入适量新制冷剂
（1）低压侧指示负压（-0.1 MPa），高压侧压力大大低于标准值（0.59 MPa） （2）制冷效果极差 （3）干燥器或膨胀阀前后管路上可看到霜或露珠	制冷剂不流动。可能是系统内水分冻结或尘埃堵塞膨胀阀小孔；膨胀阀感温包泄漏以致失效	（1）停止压缩的运转，过一会再启动，如正常了则是冰堵，否则为脏堵 （2）如感温包破损则更换 （3）反复抽真空后，注入制冷剂
（1）高低压两侧压力均高于标准值（例：高压为1.96 MPa，低压为0.25 MPa） （2）低压管上挂霜或大量结露 （3）冷却效果差	膨胀阀故障，可能是膨胀阀开度大或松脱，造成低压回路中制冷剂量过多	（1）检查紧固感温包 （2）若安装正常，则调整膨胀阀开度

二、空调系统常见故障诊断

汽车空调的故障多种多样，除磨损外，操作不当、维护不好也会引起故障。由于空调制冷机与汽车本身装配在一起，因而在寻找故障原因时，不仅要从空调设备本身考虑，还应考虑汽车与空调设备的联系。

1. 汽车空调故障诊断常用的方法

空调系统是一个密闭系统，制冷剂在系统内状态变化看不见，摸不着，一旦出现故障往往无从下手，所以检修汽车空调必须有专门的技术和工具，在原理不明、结构不清楚的情况下不要贸然去拆空调系统中的零部件，因为这不但有可能损坏空调机本身，而且系统中的高压制冷剂也对人体有害。

诊断汽车空调系统的故障，一般是通过听、看、摸等直观方法和检测诊断等方法综合分析，找出故障所在，也有的车型现在可以采用车载自诊断系统或专用仪器读取故障码进行分析诊断。

（1）直观检查

1）听。听空调运行时声音是否正常，是否有异响或噪声等。

2）看。仔细查看制冷系统安装连接情况是否正常，各连接管路是否有损坏和压扁的地方，管接头处是否连接牢靠，有无渗漏现象。查看散热片是否被污物堵住，空气进口滤网是否被尘埃、杂质堵塞等。

通过观察窗口来判断氟量的多少：在刚刚接入空调时，刚关闭空调时，向冷凝器喷水时，通过观察窗口，观察气泡的产生情况和制冷剂流动有无异常现象确定系统工作状态和充氟量是否正常。

查看连接管道、储液干燥器、膨胀阀等有无结霜或结露。通过观察蒸发器表面状态可以判定膨胀阀状态：蒸发器表面结霜，一是说明蒸发器表面温度控制失灵，二是说明膨胀阀开度调节失灵或感温筒泄漏、失灵。

3）摸（见图4—94）。用摸设备、管路温度或手感吹出冷风温度等的方法来确定系统工作状况。开启空调10～15 min后，用手感比较车厢冷气栅格吹出的冷风凉度及风量大小。用手分别触摸压缩机进出两根管子，应有明显的温度差。用手感比较冷凝器进出两根管子间的温度，在正常情况下，后者较冷，若温差不大，甚至相同，说明冷凝器未能将气体冷却。用手触摸储液干燥器前后管道的温度是否一致，不应有前热后凉的现象，否则说明制冷剂过多或流通不畅；膨胀阀前面的管道发烫，出口应相当冷，否则膨胀阀有毛病。

（2）通过检测仪器检测诊断

1）用压力表检查。将压力表接到压缩机的高低压阀上，在压缩机静止和运转状态下，根据表的读数，确定压力是否正常，可以找出故障的原因。

桑塔纳系列轿车在气温30℃左右时，发动机转速在1 500～2 000 r/min，风扇速度开关在最大位置，冷气开关在最强时，低压阀的压力为147～196 kPa，高压侧的压力为1 421～1 470 kPa，表示制冷系统工作正常。

2）用点温计判断（见图4—95）。用点温计可以判断出冷凝器、蒸发器、储液罐的故障原因。

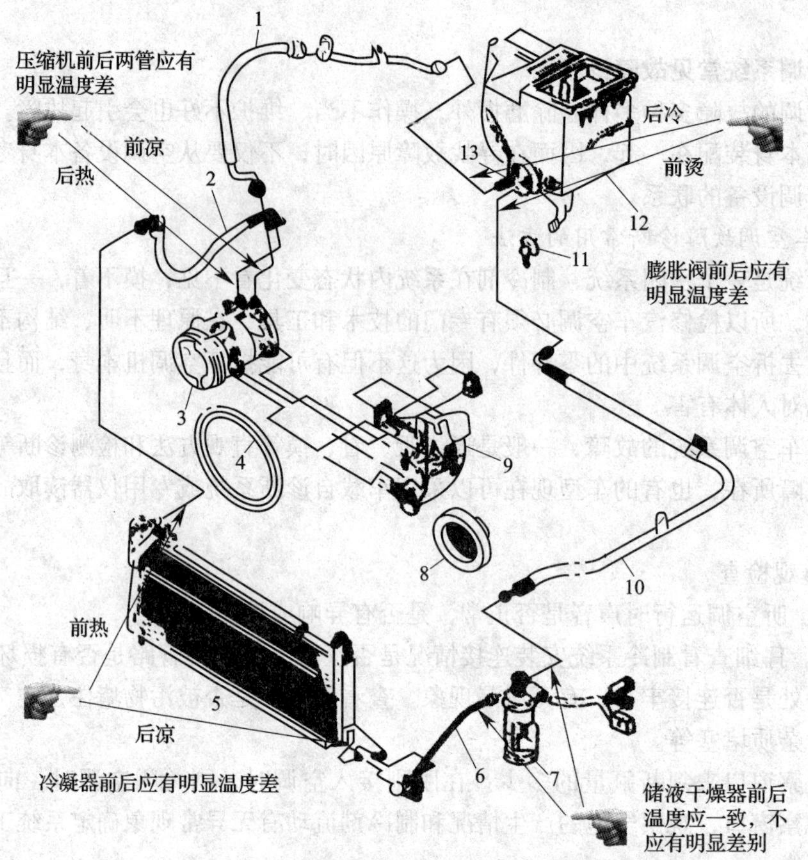

图 4—94　用手摸温度检查空调系统故障

1、2—软管总成　3—SD508 压缩机　4—V 形皮带　5—冷凝器　6、10—软管　7—储液罐　8—带盘　9—压缩机支架　11—蒸发器溢水管橡皮圈　12—蒸发箱　13—膨胀阀

冷凝器：空调工作正常时，冷凝器入口管的温度为 70℃，出口管温度为 50℃左右。

蒸发器：空调装置正常工作时，蒸发器表面温度在不结霜的前提下越低越好。

储液罐：储液罐的温度正常情况下应为 50℃左右。检查时，测量储液罐上下温度，如不一致，说明储液罐中滤网堵塞。

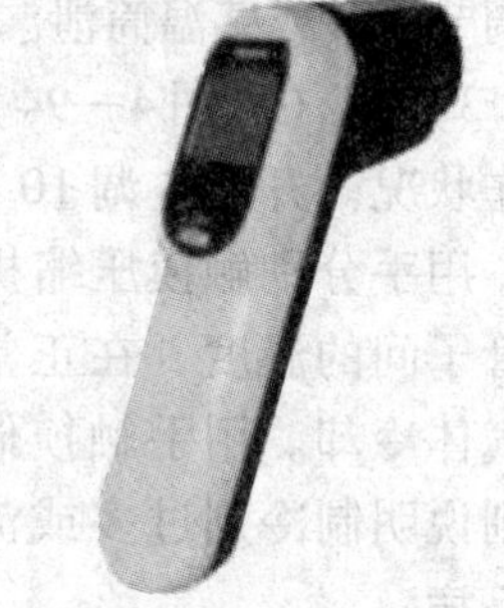

图 4—95　专用红外测温仪

3）用检漏仪检漏（见图 4—96、图 4—97、图 4—98、图 4—99）。用检漏仪可以检查整个空调系统的密封性。

图 4—96　卤素检漏仪

图 4—97　手持式氮氢检漏仪

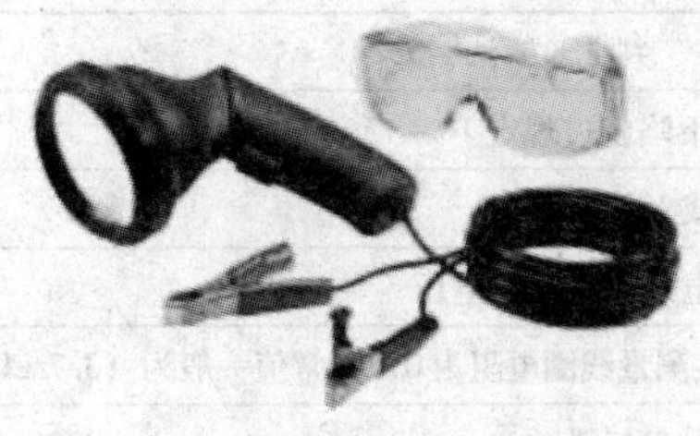

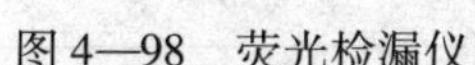

图 4—98　荧光检漏仪

图 4—99　用检漏仪对汽车空调系统进行检漏

4）用万用表检查。用万用表可以测出空调系统电路的故障。

5）用风速仪判断。用风速仪可以判断出出风口风速是否符合标准（0.2～0.4 m/s）。

2. 空调系统故障的一般诊断程序（见图 4—100）

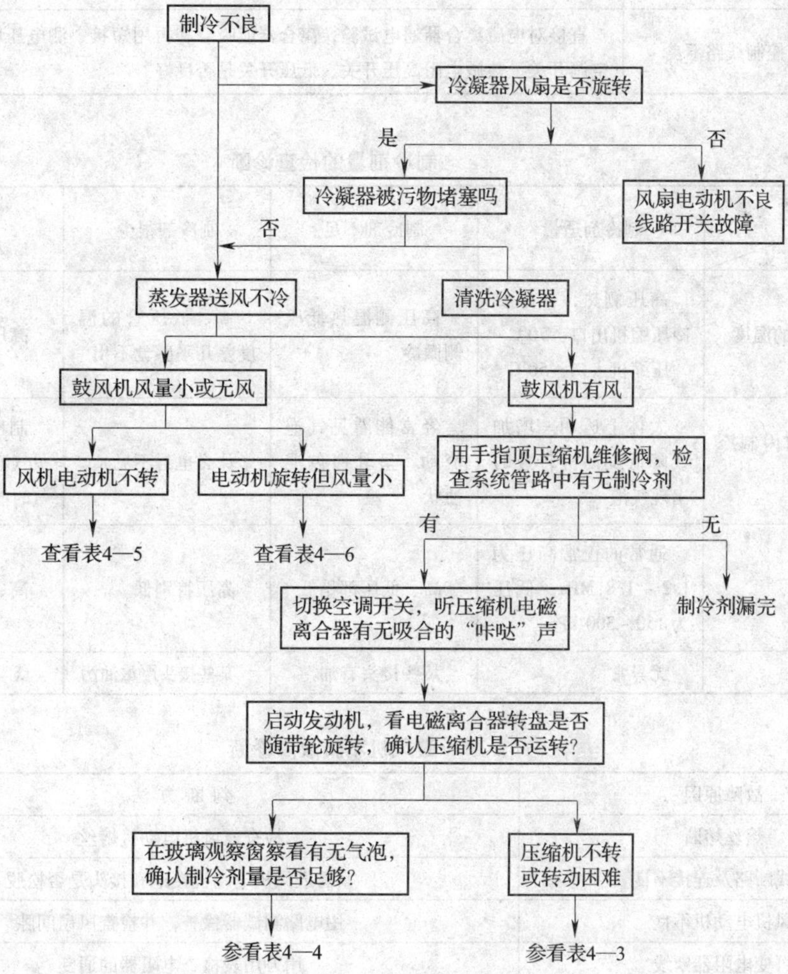

- 制冷不良
  - 冷凝器风扇是否旋转
    - 是：冷凝器被污物堵塞吗
      - 是：清洗冷凝器
      - 否：蒸发器送风不冷
    - 否：风扇电动机不良 线路开关故障
- 蒸发器送风不冷
  - 鼓风机风量小或无风
    - 风机电动机不转 → 查看表4—5
    - 电动机旋转但风量小 → 查看表4—6
  - 鼓风机有风
    - 用手指顶压缩机维修阀，检查系统管路中有无制冷剂
      - 无：制冷剂漏完
      - 有：切换空调开关，听压缩机电磁离合器有无吸合的“咔哒”声
        - 启动发动机，看电磁离合器转盘是否随带轮旋转，确认压缩机是否运转？
          - 在玻璃观察窗察看有无气泡，确认制冷剂量是否足够？ → 参看表4—4
          - 压缩机不转或转动困难 → 参看表4—3

图 4—100　空调制冷系统故障诊断程序

汽车空调系统故障的诊断见表 4—3、表 4—4、表 4—5、表 4—6。

表 4—3　　　　压缩机不转或发卡故障判断

<table>
<tr><th colspan="2">故障原因</th><th>判断方法</th></tr>
<tr><td colspan="2">V 带松弛</td><td>用 100 N 力作用在 V 带中部，下陷超过规定 10 ~ 15 mm</td></tr>
<tr><td colspan="2">压缩机内部故障</td><td>用手扳动，看压缩机是否卡住或 V 带打滑</td></tr>
<tr><td rowspan="6">电磁离合器及相关零部件</td><td>电池电压不足</td><td>开前照灯与正常时比较或用放电叉测量动态电压</td></tr>
<tr><td>电磁线圈短路</td><td>离合器通电后不吸合，用万用表测量线圈电阻为 0，正常值一般为（3.7 ±0.2）Ω</td></tr>
<tr><td>离合器表面油污</td><td>检查离合器结合面是否因油污引起打滑</td></tr>
<tr><td>离合器转盘与摩擦片之间的间隙过大</td><td>通电能吸合但转盘与摩擦片结合不紧</td></tr>
<tr><td>电磁线圈断路</td><td>离合器通电后不吸合，用万用表检测不导通</td></tr>
<tr><td>电磁线圈引线断路或接地不良</td><td>即使把电磁线圈搭在蓄电池上也不动作，检查引线与接地线</td></tr>
<tr><td colspan="2">空调开关及控制线路不良</td><td>直接对电磁离合器通电试验，离合器能吸合，再用短接、测电压电阻等方法检查空调开关、热敏电阻高压开关、低压开关是否良好</td></tr>
</table>

表 4—4　　　　制冷剂量的检查诊断

灌入量 检查项目	制冷剂适量	制冷剂不足	制冷剂很少	制冷剂过量 或混入空气
高、低压管的温度	高压侧热，低压侧冷压缩机出口：70℃ 压缩机入口：50℃	高压侧温热低压侧微冷	高、低压管的温度差几乎感觉不出	高压侧异常热
观察玻璃窗内制冷剂的流动状态	大体上透明。增加或降低发动机转速时出现气泡	经常能看见气泡流动。呈乳白色混浊状	什么也看不见	制冷剂过量时看不见气泡。制冷剂混入空气时能看见大的气泡
压力状态	通常的正常高压为 1.2 ~ 1.8 MPa，低压为 150 ~ 300 kPa	高、低压都稍低	高压特别低	高、低压都特别高
管接头状况	无异常	某些接头有油污	某些接头严重油污	无异常

表 4—5　　　　鼓风机不转故障诊断

故障原因	判断方法
熔丝熔断	检查鼓风机电动机熔丝
导线断路及连接不良	察看鼓风机电动机接地和接头是否松脱
风机电动机不良	用电路测试器检查，并检查风扇间隙
可变电阻器断线	用万用表检查电阻器的通断
风机开关不良	在各挡位检查风机转速

表 4—6　　鼓风机风量不足故障诊断

故障原因	判断方法
蒸发器通风不良	检查蒸发器是否太脏或滤网堵塞
漏风	检查送风通道的密封情况及风口接合处

3. 常见故障诊断

空调制冷系统故障可能的部位可归结为机械、制冷和电气三个方面。常见故障和故障原因如下：

（1）无冷气

故障现象：

开启空调冷气开关后，无冷风吹出或虽有风但无凉的感觉。

故障原因：

1）电气系统故障，使压缩机电磁离合器或鼓风机不工作而导致制冷系统不制冷。可能的故障原因有（见图 4—101）：

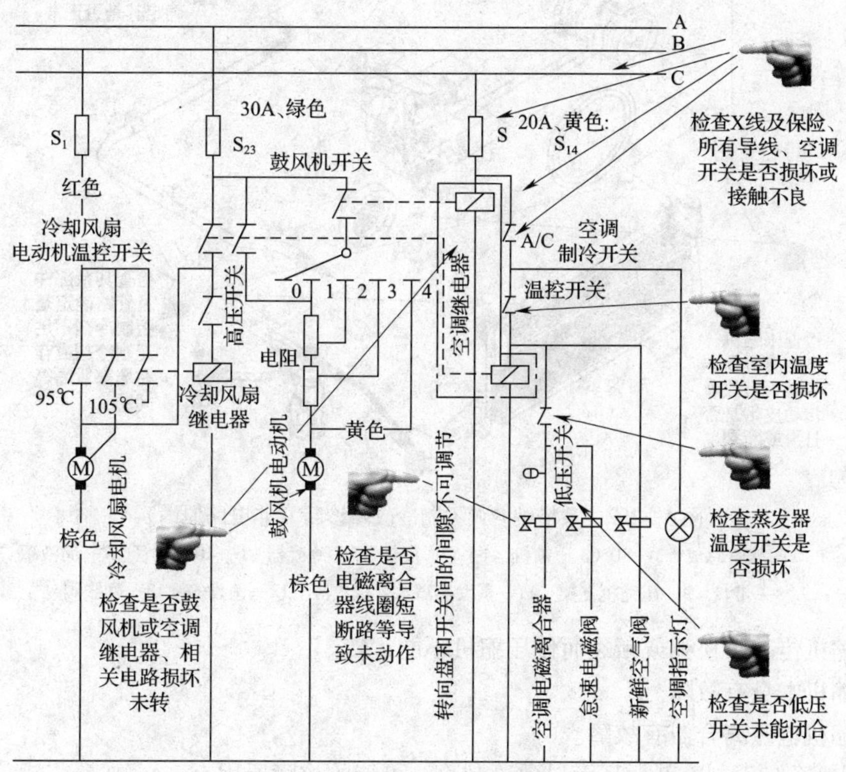

图 4—101　桑塔纳空调不制冷故障诊断（电路原因）

①熔丝熔断，继电器损坏。

②冷气开关接触不良或损坏。

③控制系统线路有断路或接触不良。

④压力开关触点损坏或接触不良。

⑤蒸发器温度传感器损坏。

⑥温度控制继电器触点接触不良。

⑦空调调节控制器内有断路故障。

⑧温度控制器有故障。

⑨压缩机电磁离合器线圈有断路或短路故障。

⑩鼓风机电动机或其控制模块有故障而使鼓风机不转。

2）机械故障，使制冷压缩机不工作。可能的故障原因有（见图4—102）：

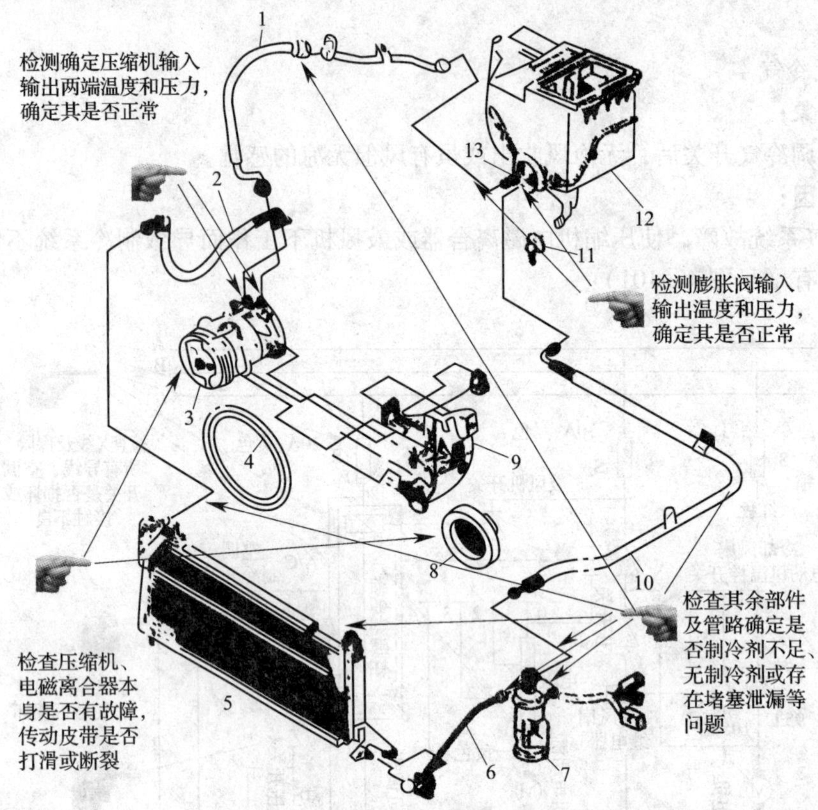

图4—102　桑塔纳空调不制冷故障诊断（非电路原因）

1、2—软管总成　3—SD508压缩机　4—V形皮带　5—冷凝器　6、10—软管　7—储液罐　8—带盘　9—压缩机支架　11—蒸发器溢水管橡皮圈　12—蒸发箱　13—膨胀阀

①压缩机传动带松弛或断裂而使压缩机不能运转。

②压缩机本身有故障。

③压缩机电磁离合器有故障。

3）制冷系统无制冷剂循环而导致不制冷。可能的故障原因有：

①膨胀阀有故障。

②制冷系统管路堵塞，制冷剂不循环或循环不畅。

③制冷系统管路有泄漏，制冷剂严重不足或无制冷剂。

故障诊断：

打开空调系统，检查电磁离合器工作情况，若能吸合，检查压缩机进出压力或温度是否正常，若正常则检查膨胀阀；若电磁离合器不能吸合，直接给其供电观察其能否转动，不能转则其内部有故障，能转则在外线路，检查熔丝、继电器、开关及各处线路。

（2）冷气时有时无

故障现象：

开启空调冷气开关后，车内时而有凉意，时而又无凉爽的感觉。

故障原因：

1）机械故障，使压缩机工作断断续续。可能的故障原因有：

①压缩机传动带松弛打滑。

②压缩机电磁离合器打滑。

2）制冷系统故障，使制冷剂循环不连续。可能的故障原因有：

①膨胀阀有故障。

②制冷剂中含有过多的水分造成冰堵。

3）电气系统故障，制冷控制电路时通时断，造成鼓风机或压缩机时而工作，时而不工作。可能的故障原因有：

①制冷系统电气控制线路连接处有松动而使电路时通时断。

②压力开关接触不良。

故障诊断：

检查电磁离合器皮带是否打滑；检查制冷剂量是否正常，若不正常则加注制冷剂或系统中制冷剂进行更换；若正常，直接给电磁离合器供电观察是否能恢复正常制冷，若不能，则压缩机内部有故障或电磁离合器有打滑故障，若没有则检查蒸发器、冷凝器表面脏污、堵塞情况。

（3）只在高速时有冷气

故障现象：

开启空调冷气开关后，只有在车速很高时车内才有凉意，在低速时则无凉爽的感觉。

故障原因：

1）机械故障，使压缩机的工作性能不良。可能的故障原因有：

①传动带松弛。

②压缩机性能不良。

2）制冷系统故障，使得在中低车速时制冷剂循环流量不足。可能的故障原因有：

①冷凝器有脏堵。

②制冷剂中有空气。

③制冷剂不足或过多。

故障诊断：

检查电磁离合器皮带是否过松；检查制冷剂流量是否正常，若不正常予以调整或修理脏堵；若均无问题，直接给电磁离合器通电观察冷气供应是否恢复正常，若能，则外线路中存在接触不良致使电磁离合器中电流过小，从而离合器打滑；若冷气供应不能恢复正常，则电磁离合器本身有问题导致打滑或压缩机内部有问题导致制冷量不足。

（4）冷气不足

故障现象：

开启空调冷气开关后，无论车速高低，车内总是不够凉爽。

故障原因：

1）机械故障，使压缩机工作性能不良。可能的故障部位有：

①传动带松弛打滑。

②压缩机本身性能不良。

③压缩机电磁离合器打滑。

2）制冷系统故障，使制冷剂循环流量过小。可能的故障原因有：

①膨胀阀有故障。

②冷凝器有阻塞。

③制冷剂中有空气。

④制冷剂不足或过多。

⑤储液干燥器有阻塞。

⑥压缩机润滑油过多。

3）电气系统故障，使温度控制不正常。可能的故障原因有：

①蒸发器温度传感器不良。

②空调调节控制器不良。

故障诊断（见图4—103）：

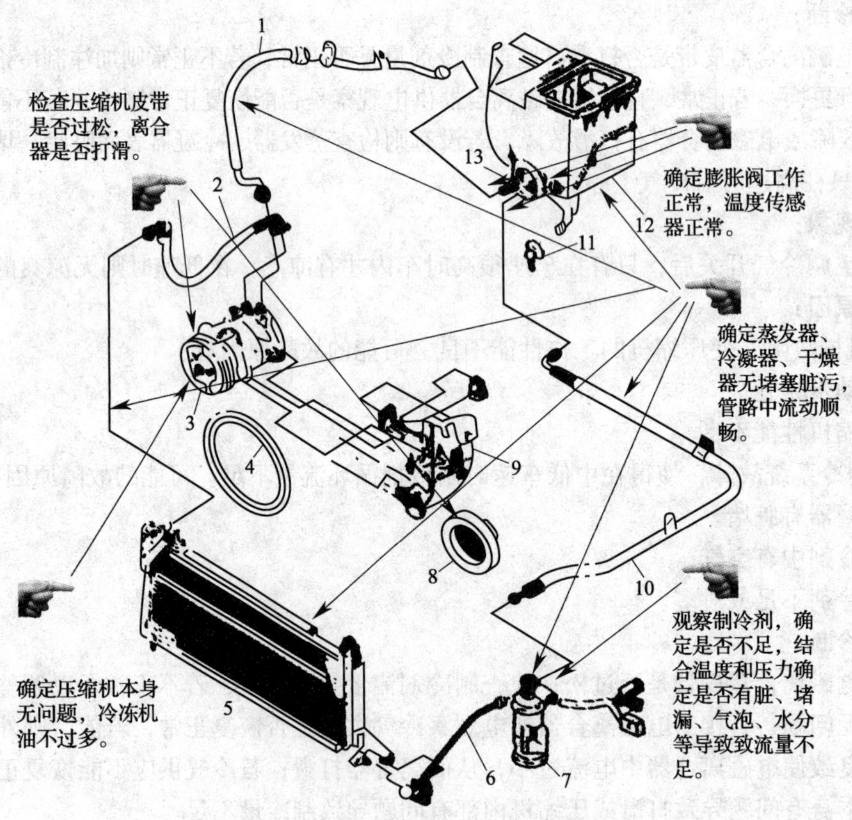

图4—103　桑塔纳空调制冷量不足故障的诊断

1、2—软管总成　3—SD508压缩机　4—V形皮带　5—冷凝器　6、10—软管　7—储液罐

8—带盘　9—压缩机支架　11—蒸发器溢水管橡皮圈　12—蒸发箱　13—膨胀阀

检查电磁离合器皮带是否过松；确定制冷剂加注量及流量是否正常，若不正常，结合各处压力或温度检查确定予以调整或处理脏堵问题；若均无问题，直接给电磁离合器通电观察冷气供应是否恢复正常，若能恢复正常，则检查膨胀阀性能是否正常，正常则可能外线路中存在接触不良致使电磁离合器中电流过小，从而离合器打滑；若冷气供应不能恢复正常，则确定是否电磁离合器本身有问题导致打滑或压缩机内部有问题导致制冷量不足；仍无问题应检查冷凝器是否有堵塞或脏污现象；均无问题考虑检查压缩机内冷冻机油是否加注过多。

（5）冷气风量不足

故障现象：

开启空调冷气开关后，出风口很凉，但感到风量不足，车内总是不够凉爽。

故障原因：

1）机械故障，使鼓风机风量损失。可能的故障原因有：

①蒸发器结霜。

②冷气通道有渗漏空气之处。

③空气进口有阻塞。

2）电气系统故障，使鼓风机工作性能不良。可能的故障原因有：

①鼓风机电动机有故障而使其性能不良。

②鼓风机电动机控制模块有故障或电路接触不良。

故障诊断：

先确定鼓风机运转是否正常，若不正常可直接对其通电确定，若恢复正常说明外线路存在故障导致其供电不足，若仍不正常为电动机内部故障；若鼓风机运转原本正常，则检查蒸发器有无结霜现象，有则检查膨胀阀及其感温包，未结霜则检查冷风通道是否畅通，有无泄漏情况。

（6）空调系统噪声

故障现象：

开启空调冷气开关后，有凉意，但感到空调系统有噪声。

故障原因：

1）机械故障。可能的故障原因有：

①压缩机本身有故障而产生工作噪声。

②压缩机安装不牢固而产生振动噪声。

③压缩机电磁离合器接触不良而产生碰、擦噪声。

2）电气系统故障。可能故障原因有：

①鼓风机风扇松动或磨损过度而产生的工作噪声。

②鼓风电动机磨损过度而产生的工作噪声。

故障诊断：

根据噪声特点及来源直接予以确定解决。

（7）空调系统不送暖风（见图4—104）

故障现象：

打开空调暖风控制开关后，风口无暖风吹出。

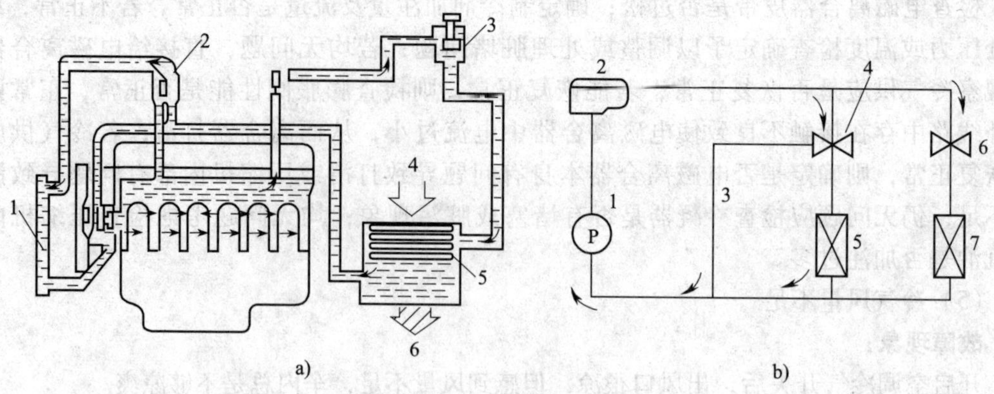

图 4—104　水暖式暖风装置

a）模式图

1—水箱　2—节温器　3—热水阀　4—内气　5—暖气热交换器　6—暖风

b）管路图

1—水泵　2—发动机　3—旁通管　4—节温器　5—散热器　6—热水阀　7—暖风热交换器

故障原因：

1）电气故障，鼓风电动机没有工作。可能的故障原因有：

①鼓风电动机故障。

②鼓风机控制模块故障。

③冷却液温度控制器故障（如果有）。

④鼓风机开关或控制线路有断路或短路。

说明：上述故障原因同时也会使制冷系统不送凉风。

2）暖风系统机械故障。可能的故障原因有：

①暖风及通风控制开关总成有故障。

②导风管及活门有故障。

故障诊断：

确定鼓风机能否旋转，若能，则检查暖风通路各处能否畅通；若不能，将电源电压直接加至鼓风机观察能否正常旋转，若不转为鼓风电动机内部故障；若能转，检查冷却液温度传感器（如果有）；若无问题则检查外部线路故障。

（8）暖风量过小

故障现象：

打开空调暖风控制开关后，虽有暖风，但风量很小且不能调大。

故障原因：

1）暖风系统机械部分的故障，系统有漏气或空气阻塞。可能的故障原因有：

①暖风机壳体或风道有破损或裂口而漏风。

②暖风调节开关总成有故障。

③空气进口有阻塞。

2）电气系统故障，鼓风机只能低速运转或运转速度过低。可能的故障原因有：

①鼓风机控制模块故障。

②冷却液温度控制器故障（如果有）。

③鼓风电动机性能不良。

④外部线路故障，导致暖风电动机中电流过小。

故障诊断：

确定鼓风机能否正常旋转，若能，则检查暖风通路各处能否畅通；若不能，将电源电压直接加至鼓风机观察能否正常旋转，若不能正常旋转为鼓风电动机内部故障；若旋转正常，检查冷却液温度传感器（如果有）；若无问题则检查外部线路故障。

（9）送风温度低

故障现象：

打开空调暖风控制开关后，从出风口送出的空气温度低或为凉风。

故障原因：

1）暖风系统机械故障：冷却液未经热交换器循环或循环量小而无热量交换或散热量小等。可能的故障原因有：

①暖风水管堵塞。

②热交换器堵塞或表面脏污。

2）电气系统故障：经热交换器的冷却液温度低。可能的故障部位为冷却液温度控制器（如果有）。

故障诊断：

用手摸热交换器的进、出水管温度，若进水管热、出水管较凉（差别明显），则检查清理热交换器表面及空气通道，检查清理热交换器内部堵塞；若进水管和出水管温度均较高，则检查热交换器表面是否太过脏污，予以清理，检查风门位置是否正常及整个空调外壳的破裂等；若进、出水管均较凉，则应检查暖风水阀的开启情况，检查清理暖风水管堵塞；检查发动机节温器性能；均无问题应检查温度控制器（如果有）工作是否正常。

4．空调系统故障自诊断

各种自动空调系统还可以利用车载自诊断系统或外接专用故障诊断仪进行空调系统故障码的读取。但故障码提供的信息有时并不全面也不是问题的核心，所以诊断故障时仍需对系统结构及其工作情况予以深入了解和综合分析才能得出正确结论，读码只作为辅助手段。下面以一辆桑塔纳时代超人空调系统故障为例，介绍一下用 V. A. G1552 故障诊断仪（见图 4—105）进行诊断处理的步骤。

图 4—105　汽车故障诊断仪 V. A. G1552

故障现象：

桑塔纳时代超人轿车，当点火开关处于 ON 位置不启动发动机时，打开空调开关后，冷却系统散热风扇能够正常运转，空调压缩机电磁离合器也能吸合。而启动发动机后，再次开空调，散热风扇能工作，但空调压缩机电磁离合器不吸合。

故障检修：

出现该故障的最大可能在于发动机电控单元的空调压缩机切断功能出了问题。另外，当下列情况发生时，发动机控制单元将切断空调压缩机的工作：发动机处于全负荷状态；发动机处于紧急运转模式；冷却液温度超过 120℃。

为确定电控系统是否存在故障，将故障诊断仪 V. A. G1552 与位于变速杆防尘罩下的 OBD—Ⅱ16Pin 诊断插座进行连接，然后启动发动机，使发动机怠速运转。输入地址码 01、功能码 08 进行阅读数据流，分别调出 003、004 显示组，发现冷却液温度为 85℃，节气门开度为 3°。随后进入 20 显示组。如图 4—106 所示为用 V. A. G1552 故障诊断仪检测帕萨特轿车故障。当打开空调开关时，区域 3 显示 A/C—High，区域 4 显示 Kompr—Aus，说明控制单元内部空调切断功能失效，更换发动机控制单元，对控制单元进行编码，并与防盗单元匹配后，故障排除。

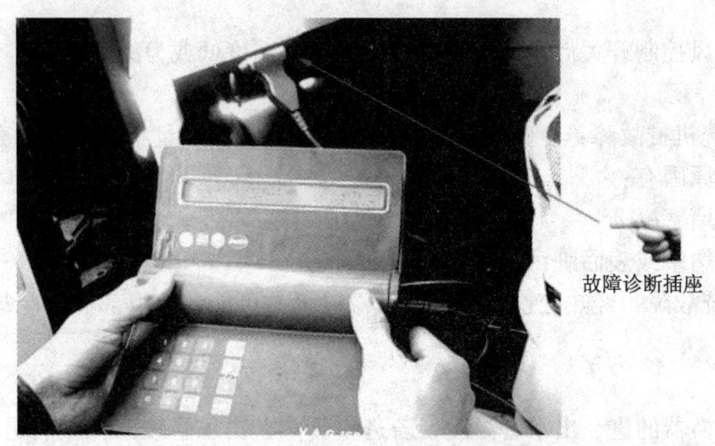

图 4—106 用 V. A. G1552 故障诊断仪检查帕萨特空调系统故障

在排除时代超人轿车空调系统故障时，应了解该车空调系统与电控单元之间的关系，正确使用专用设备，以便能在短时间内排除故障。